미리
배우지 않아도
좋아요

내 아이의 열정을 훔치는 위험한 조기교육

데이빗 엘킨드 지음 | 이지연 옮김

미지북스

3부 | 잘못된 교육의 위험성

4부 | 건강한 교육

10여 년 전 나는 「유아교육Early Childhood Education: Instruction or Enrichment」이라는 제목의 논문을 발표했다. 당시 나는 논문에서 일부 교육 프로그램이 유아들에게 읽기나 수학 같은 공부를 가르치려고 한다는 점에 대해 우려를 표명했다. 그러나 지금 기준으로 생각해보면 그런 프로그램의 영향을 받은 아이들은 정말 소수였고, 대부분의 유아교육 프로그램은 아이들의 연령에 맞는, 아동 중심의 교육과정을 갖고 있었다. 그로부터 몇 년이 지난 후 나는 다른 주제를 다룬 몇몇 연구에 동참하게 되었는데, 그중에는 특히 부모나 사회가 아동 청소년에게 너무 일찍, 그리고 너무 급하게 성장을 강요하는 문제도 포함되어 있었다. 이에 관해 내가 목격하고 조사한 결과를 두 권의 책으로 펴낸 것이 바로 『기다리는 부모가 큰 아이를 만든다』와 『다 컸지만 갈 곳 없는 청소년』이다.

하지만 지난 몇 년 사이 나는 다시 유아교육의 실태에 관심을 갖게 되었다. 요즘은 단지 몇몇 유치원에서만 유아교육에 공부를 도입하는 것이 아니라 공립학교에서도 버젓이 같은 일이 벌어지고 있다. 또 유아들에게 공부를 시키는 것으로도 모자라 체조, 수영, 발레, 스키, 태권도까지 가르친다. 1970년대에는 일부 유치원만의 가벼운 감기처럼 보였던 문제가 1980년대가 되자 도처에 퍼진 유행병이 되었다.

처음에 나는 이 문제를 단순하게 내가 이전 저작들에서 '재촉 hurrying'이라고 표현한 것이 하향 확대된 것에 지나지 않는다고 생각했다. 하지만 내가 개별 상담을 하는 부모들과 전국 강연에서 만난 부모들, 교육자들 그리고 건강 전문가들의 말을 들어보니 조금 다른 그림이 그려졌다. 1980년대 초에 첫아이를 낳은 부모들은 1970년대 초에 첫아이를 낳은 부모들과는 많이 달랐다. 과거에는 몇십 년이 지나도 육아 심리나 육아 관행이 바뀌지 않았지만 요즘에는 채 10년도 안 되는 주기로 휙휙 바뀌고 있는 것 같다.

돌이켜보면 1970년대 초에 첫아이를 낳은 부모들은 성과 결혼, 이혼 및 자녀 양육에 대한 태도를 바꿔놓은 특수한 사회적 혁신이 남긴 정신적 상처를 안고 있었다. 기본적 가치와 신념을 흔들어놓은 이런 변화들 때문에 당시의 부모들은 광범위한 영역에서 많은 적응이 필요했고, 그러다보니 일반적인 스트레스나 특히 자녀 양육에서 오는 스트레스에 대처할 에너지가 남아나지 않았다.

거대한 사회 변화에 적응한 부모들은 자녀의 끝없는 요구에 대처할 자원이 부족했고, 재촉 현상은 어느 모로 보나 그 직접적인 결과였다. 부모로서의 에너지 소모를 피하기 위한 한 방편으로 아이가 빠르게 성장하기를 기대(사실상 '요구')한 것이다. 미디어는 '어른화'된 아이들의 이미지를 잔뜩 보여주며 이런 재촉 현상을 반영하는 동시에 조장했다. 학교도 교육과정이나 시험 위주의 교육을 하향 확대하면서 그런 사회적 분위기에 장단을 맞췄다.

아이를 재촉하면, 다시 말해 실제보다 훨씬 성숙한 아이처럼 느끼고 생각하고 행동하기를 바라면, 아이는 스트레스를 받는다. 기대에 부응해야 한다는 과도한 압박감을 느낀다. 이런 재촉의 결과는 우리가 흔히 아는 각종 스트레스 징후로 나타난다. 유치원생이 두통과 복통을 일으키고, 초등학생이 학습 장애와 우울증을 앓으며, 10대가 약물 남용과 임신, 섭식 장애, 자살 등을 경험한다. 재촉받는 청소년은 아이들의 개인사적인 문제가 무엇이었건 분명 내적인 갈등뿐만 아니라 외부 압박에도 반응하고 있는 것이다.

그러나 영유아에게 잘못된 교육을 시키는 부모들은 자녀를 재촉하는 부모들과는 사정이 달라 보인다. 잘못된 교육을 시키는 부모들은 이미 새로운 가치관 아래에서 성장했고, 따라서 이전 세대가 겪었던, 적응에서 오는 스트레스나 갈등을 겪지 않은 경우가 많다. 예컨대 오늘날의 젊은 남녀에게는 지금의 성풍속이나 여성의 새로운 지위가 아주 당연한 일이다. 다른 성풍속이나 여성의 지위를 알지 못하기 때문이다. 물론 스트레스 요인이야 많겠지만 대체로 1980년대에 첫아이를 낳은 부모는 1970년대의 부모가 겪었던 양심의 갈등을 겪지는 않는다.

1970년대에 자녀를 키웠던 부모들은 여러모로 역부족을 느꼈고, 그래서 쏟아지는 부담감을 일부나마 줄이고 싶은 마음에 자녀가 빨리 성장하기를 바랐다. 하지만 요즘 부모는 자신의 삶에 있어서나 자녀 양육에 있어서나 더 많은 결정권을 가졌다고 느낀다. 이런 주인 의식, 즉 내가 결정권을 갖고 있고 상황을 직접 통제한다는 느낌은 (1970년대의 부모들과는 대조적으로) 1980년대의 부모들에게 매우 두드러지게 나타나는 특징이다. 요즘 부모들은 자신이 자녀의 삶을 바꿔놓을 수 있다고 생각하며, 자녀를 먼저 유리한 고지에 올려놓아 경쟁자들보다 더 똑똑하고 유능하게 만들 수 있다고 믿는다. 1970년대의 부모들이 자녀를 재촉했다면 1980년대의 부모들은 자녀에게 '잘못된 교육'을 한다. 1970년대의 부모들은 성숙한 자녀를 원했다. 하지만 1980년대의 부모들은 '슈퍼키드superkid'를 원한다.

잘못된 교육은 결과 면에서도 재촉과는 차이가 있다. 둘 다 아이에게 스트레스를 준다는 점은 같지만 그 방법이 다르다. 예컨대 맞벌이 가정의 자녀가 재촉을 받는 이유는 어려운 상황(장시간 집에 혼자 있는 것)에 대처해야 하기 때문이다. 육아 도우미에게서 어린이집으로, 다시 육아 도우미에게로 맡겨지는 아이는 짧은 시간에 적응해야 할 것이 너무 많아서 재촉을 받는다. 이런 상황은 대체로 부모에게 다른 선택권이 없는 경우가 많다. 직장에는 가야 하는데 적합한 아동 보육 시설이 없는 경우처럼 말이다. 마찬가지로 일부 한 부모 가정의 부모가 자녀를 격의 없는 친구 대용으로 삼는 것도 누군가와 마음을 터놓고 싶은, 깊숙한 욕구에서 기인하는 것이 보통이다. 하지만 영아에게 읽기나 수영, 체조를 가르치려는 부모들은 이와는 다르다. 이들은 분명 다른 선택을 할 수 있음에도 부모로서의 '필요'보다 부모로서의 '자존심'을 반영하는 일을 하기로 선택한 것이다. 잘못된 교육을 시키는 부모들은 그게 '자녀를 위한' 일이라고 정당화할지 몰라도 실제는 '부모를 위한' 교육일 뿐이다. 바로 이 점에서 잘못된 교육은 재촉과는 다르며, 그 결과 역시 재촉의 영향과 다르다.

아이들이 잘못된 교육을 받아들이고 협조하는 이유는 아이들 스스로 그런 교육이 재미있다고 느끼거나 즐거워서가 아니라 그게 자신의 애착 대상인 부모를 기쁘게 하는 일이기 때문이다. 그렇기 때문에 잘못된 교육은 아이에게 내적 갈등을 일으킬 수 있다. 또한 신경증에 걸리거나 신경증적인 성격을 형성하는 단초가 될 수 있다. 어떻게 보면 잘못된 교육은 재촉보다 더 위험하다. 재촉보다 더 고질적이고 되돌리기 힘든 문제를 일으킬 수 있기 때문이다. 예컨대 공부 면에서 재촉을 받았던 아이들은 대학을 졸업한 후 1, 2년 정도 방황하다가 다시 잘 살아갈지도 모른다. 하지만 잘못된 교육을 받은 아이는 평생 회복할 수 없는 정서적 장애를 안고 살아갈 수도 있다.

이 책을 쓰는 일이 나로서도 쉽지 않았다는 얘기를 하지 않을 수 없다. 한 사람의 아버지로서, 또 가족 심리 치료사로서 육아가 분명 보람 있는 일이라는 것을 잘 알지만 다른 한편으로 얼마나 어렵고 또 '보람 없는' 일이 될 수도 있는지 잘 알고 있기 때문에 나는 대체로 부모들에 대해 안타까운 마음이었다. 부모들이 느끼는 스트레스를 나도 똑같이 겪어보았기에 자녀를 재촉하는 부모의 심정도 이해가 갔다. 하지만 자녀에게 잘못된 교육을 시키는 부모들에게만

큼은 동조하기가 힘들었다. 왜냐하면 그것은 너무도 잘못 알고 저지르는, 충분히 피할 수 있는 일이기 때문이다.

하지만 결국 나는 요즘 부모들도 기본적으로는 옛날 부모와 한 치도 다르지 않다는 사실을 깨달았다. 그리고 재촉 현상과 잘못된 교육 사이에 겹치는 부분도 상당하다는 것을 알게 되었다. 여러 양육 유형은 새삼스러운 것이 아니다. 양육 유형은 시대가 바뀜에 따라 돌고 도는 것으로, 지금은 그 순환 주기가 그 어느 때보다 빠를 뿐이다. 여러모로 볼 때 잘못된 교육을 시키는 부모들은 재촉하는 부모들 이전에 존재했던 자녀를 '버릇없이 키우는' 부모들의 복사판이다. 요즘 부모들 역시 자녀에게 최선의 것을 해주고 싶어하는 마음은 옛날 부모들과 다를 바가 없으며, 이들은 조기의 정규교육이 정말로 자녀에게 도움이 될 거라고 믿는다. 이렇게 본다면 요즘 부모들 역시 사회적 압력과 미디어의 과대 선전, 그리고 이 나라 교육 관행의 두드러진 특징인 '유행'의 피해자인 셈이다.

이렇게 심정적인 거부감을 극복한 후에야 비로소 나는 잘못된 교육을 시키는 부모들이 안타까워졌고 이 책을 쓸 수 있었다. 이 책의 목표는 유아를 둔 부모들이 잘못된 교육의 원인과 그 장단기적인 위험을 이해할 수 있게 돕는 것이다. 그리고 건강한 학교 교육을 구분하는 방법과 어떻게 하면 가정에서도 건강한 교육을 실시할 수 있는지 널리 알리는 것이다. 이 책은 주로 부모들을 위한 것이지만 유아 및 유아를 둔 가정과 함께 일하는 교사나 행정가들, 그리고 건강 전문가들에게도 도움이 되었으면 한다.

1부

때이른 교육이
아이를 망친다

1장

건강한 교육, 잘못된 교육

지금 미국에서 일어나고 있는 현상은 정말이지 믿어지지가 않을 정도다. 소문보다는 팩트fact(사실)를 중시하고, 과학적 조사 결과를 얼마든지 열린 마음으로 받아들이고, '전문가'의 의견을 존중한다고 자랑스럽게 이야기하는 이 사회에서 부모들과 교육자, 행정가, 입법가들이 마치 다 함께 공모라도 한 것처럼 팩트와 전문가의 의견, 과학적 조사 결과를 철저히 무시하고 있다. 어린아이들에 대한 학습 원리와 최선의 유아교육법에 관한 얘기다.

지금 전국 각지에서는 초등학생을 위해 만들어진 교육 프로그램이 유아용 교육 프로그램으로 둔갑하고 있다. 일부 주(뉴욕 주, 코네티컷 주, 일리노이 주 등)에서는 교육행정가들이 4세 아동을 학교에 입학시키자고 한다. 이미 많은 유치원들이 종일제 프로그램으로 바뀌었고, 어린이집은 흡사 예비 유치원처럼 변질됐다. 게다가 이런 유치원들은 숙제장을 비롯해서 이전에는 초등학교 1학년생에게나 해당되던 교육과정을 유아에게 도입하고 있다. 부모들을 겨냥하고 출시된 양육 도서들을 살펴보아도 영유아에게 읽기, 수학, 과학을 가르치라고 부추기는 저자들을 흔히 볼 수 있다.

아이에게 너무 일찍 공부나 수영, 체조, 발레 등을 가르치는 것은 '잘못된 교육 miseducation'이다. 아무런 타당한 목적도 없이, 단기적으로는 아이에게 스트레스를 주고, 장기적으로는 아이의 성격에 손상을 가할 수도 있는 위험천만한 일이다. 훗날까지 지속되는 효과를 놓고 봤을 때 조기교육이 득이 된다는 증거는 전혀 없으며, 오히려 해가 될 수 있다는 증거는 상당히 많다.

그렇다면 우리는 왜 이토록 건강하지 못한 일을 이렇게 대대적으로 벌이고 있는 걸까? 사회현상이라는 것이 으레 그렇듯이 지금 영유아에게 이뤄지고 있는 수많은 잘못된 교육은 그것을 만들어내고 정당화시키는 여러 복잡한 사회적 요인들의 합작품이다. 그리고 한 가지 확실한 사실은, 이런 잘못된 교육은 결코 영유아에게 이롭다고 정립된 교수법으로부터 나온 것이 아니라는 점이다. 오히려 지금 잘못된 교육이 성행하는 이유는 미국 가정의 크기와 구조, 생활방식 및 가치관이 변화한 데서, 그리고 1960년대에 진행된 교육평등 운동의 잔재에서, 또 1980년대 부모들과 교육자들이 경험한 새로운 지위나 경쟁 등에서 그 원인을 찾을 수 있다.

잘못된 교육은 어느 시대에나 있었지만(극성 부모들은 언제나 있게 마련이다) 지금의 문제는 잘못된 교육이 아예 사회적 표준이 되어버렸다는 점이다. 우리가 이 위험천만한 교육 관행 때문에 얼마나 큰일이 벌어질 수 있는지 빨리 깨닫지 않는다면 미래 세대의 상당수는 심각한 타격을 입게 될지도 모른다.

조기교육 열풍

1960년대까지만 해도 유아교육을 대단한 사업이라고 생각하는 사람은 별로 없었다. 또 유치원에 다니는 아이들의 수부터가 상대적으로 보면 얼마 되지 않았다. 당시 유아교육의 목표는 아이가 혹시나 가정에서 습득하지 못할 수 있는 풍부한 사회적 경험과 놀이 경험을 제공하는 것이었다. 이런 사회화 과정이나 놀이 경험은 아이의 정신 발달을 촉진한다고 여겨지기도 했지만 그것은 어디까지나 유치원에서 하는 여러 활동의 부가적인 결과였을 뿐이다. 유치원은 풍부한 사회적 경험을 제공하는 곳이었지 지적 자극을 제공하는 곳이 아니었다. 게다가 어린이집처럼 유아가 종일 집 밖에서 생활하는 시설은 문제 있는(미혼모나 무능력 부모 혹은 아동 학대 부모) 가정의 아이들을 돌봐주는 곳이라는 낙인이 찍혀 있었다. 직장 여성이 아이를 이런저런 형태의 외부 시설에 맡기게 되면 모성이 부족하다고 손가락질을 받거나 남편의 벌이가 시원찮을 거라는 동정 어린 시선을 받았다. 어쨌거나 어린아이를 장시간 지속적으로 외부 시설에 맡기는 것은 아이한테 해롭다는 인식이 널리 퍼져 있었다.

그러나 앞으로 보겠지만 1960년대의 사회적 혁신은 외부 시설에 대한 인식을 완전히 바꿔놓았다. 아이들은 외부 시설에 충분히 잘 적응할 수 있을 뿐만 아니라 심지어 그런 시설이 아이에게 도움이 된다는 생각이 나타났다. 이런 사실은 통계에서도 여실히 드러나는데, 5세 아동 가운데 유치원에 다니는 비율이 60퍼센트에 불과했던 1966년에 비해 1985년에는 82퍼센트가 공립, 사립 혹은 교회에서 운영하는 유치원에 다녔다.[1] 또 1965년에는 25개 주만이 공립유치원을 지원한 데 비해 1985년에는 50개 주 모두에서 어떤 형태로든 유치원에 공공 지원을 하고 있고, 유치원 이전 놀이 과정까지 지원하는 주가 늘고 있는 추세다.

유아교육 시설의 급증은 비단 다섯 살배기들에게만 해당되는 얘기가 아니다. 1965년 이후 유아원은 1,000배 증가했고, 1978년과 1985년 사이 면허를 보유한 어린이집의 수는 234퍼센트 증가했다.* 또 1965년에는 유치원 이전 놀이 과정 수업을 듣는 아이가 70만 명(11퍼센트)이었지만 1985년에는 약 250만 명(39퍼센트)으로 늘어났다.[2] 역사상 이렇게 많은 영유아가 이렇게 장기간 정기적인 외부 프로그램에 등록한 적은 단 한 번도 없었다.

🎅 유아기 논쟁

외부 프로그램에 등록한 영유아의 수가 점점 늘어나서 전체 영유아

---

* 당시 미국에서는 유치원 이전 '교육'에 치중하는 유아원과 '돌봄'에 치중하는 어린이집이 뚜렷이 구별되어 있었다.

의 절반을 넘어서게 되자 이들 프로그램이 과연 득이 되는지 해가 되는지에 관한 논쟁도 더욱 뜨겁게 가열되었다. 한쪽에서는 버턴 화이트와 레이먼드 무어, 도로시 무어 등의 심리학자가 외부 프로그램은 유아에게 해롭다고 주장하면서 부모 중 적어도 한 명은 집에 남아 아이를 돌보고 교육해야 한다고 말한다. 화이트는 3세가 될 때까지, 레이먼드 무어와 도로시 무어는 최소 8세가 될 때까지 아이들은 집에 있어야 한다고 주장한다. 이들과 정반대편 극단에는 데이빗 와이카트와 앨리슨 클라크 스튜어트가 있다. 이들은 외부 프로그램이라고 해서 꼭 해로운 것은 아니며 오히려 도움이 될 수 있다고 주장한다. 한편 화이트와 레이먼드 무어, 도로시 무어는 중산층 아동에 관한 연구 결과를 주로 논거로 삼는 데 비해 와이카트와 클라크 스튜어트는 저소득층 아동에 관한 연구를 자주 인용한다.

외부 프로그램이라고 해서 반드시 해로운 것은 아니라고 생각하는 사람들 사이에서도 유아에게 어떤 프로그램이 적절한지에 관해서는 여전히 상당한 논란이 있다. 한편에서는 외부 환경에 놓인 유아는 정규교육을 받아야 한다고 주장한다. 뉴욕 시의 교육국장이었던 고든 앰바크는 부모가 원하거나 필요로 하는 경우 4세 아동 누구나 공립 유치원을 이용할 수 있게 했다. 다른 24개 주에서도 현재 4세 아동의 유치원 입학을 고려 중이다. 반면에 예일대학교의 심리학자 에드워드 지글러나 미국 교육평가원의 선임과학자 어빙 시걸 같은 이들은 유치원 교육과정이 유아의 학습 능력에 맞아야 하며 읽기나 수학, 과학에 대한 정규교육은 포함시키지 않아야 한다고 주장한다. 한편 이번에도 조기교육 주창자들과 그 반대론자들은 서로 다른 논거를 제시하는데, 조기교육 주창자들이 취약 계층의 아동 연구 결과를 논거로 삼는 데 비해 조기교육 반대론자들은 전 소득 계층의 아동 연구 결과를 인용한다.

유아들은 집에서 교육을 받아야 한다고 생각하는 사람들 사이에서도 논란은 있다. 글렌 도먼 같은 저자들은 부모가 영유아에게 읽기와 수학을 가르쳐야 한다고 주장한다. 하지만 버턴 화이트 같은 저자들은 조기 학습에서 중요한 것은 도먼 등이 주장하는 특정 능력을 배우는 것이 아니라 부모와 자녀 사이의 사회적 소통이라고 주장한다.

사정이 이렇다보니 전문가들의 의견은 부모들에게 어떤 지침이 되기보다는 오히려 바벨탑처럼 혼란스럽게만 느껴질 때가 많다. 바로 사회가 급격히 변화할 때 생기는 전형적인 문제점이다. 이렇게 해서 만들어지는 새로운 사회현상은 정말로 문제되는 결과를 낳을 수도 있다. 그렇다면 부모들은 어떻게 해야 할까? 누구의 말을 들어야 할까? 자녀들에게 그리고 부모 자신에게 가장 좋은 길은 무엇일까? 간단히 답할 수 있는 문제는 아니지만 그래도 나는 부모들이 해당 분야의 권위자들을 따르는 것이 최선이라고 생각한다. 신빙성이 의심스럽고, 추천하는 제품이나 프로그램에서 경제적 이득을 얻는 자들보다는 말이다. 그리고 인정받는 전문가들은 한결같이 잘못된 교육에 반대한다.

아이들을 유치원에 보내자는 미국 유치원 운동의 교육철학에 읽기, 쓰기, 셈하기가 포함된 적은 한 번도 없다. 나는 이 원칙에 절대적으로 동감한다. 실제로 이 교육철학은 학교교육보다 우선순위로 신체적, 정서적, 지적, 사회적 발달을 거듭 강조한다. 읽기나 쓰기, 셈하기 같은 능력은 가장 손쉽게 습득할 수 있는 발달단계가 따로 있기 때문에 그 점을 무시하고 서둘러봤자 아무런 성과를 보지 못하기 일쑤다. 실제로 이미 수년 전에 실시한 실험에 따르면 7세에 읽기를 시작한 아동은 6세에 시작한 아동보다 읽기와 관련한 학습 장애를 덜 겪었다.

_벤저민 스포크, 소아과의사, 『아기와 육아Baby and Child Care』의 저자[3]

온갖 평범한 육아 활동(소리 내기, 흔들기, 먹이기, 놀아주기)으로도 아이는 자연스레 지적인 자극을 받는다.

_마이클 로덴버그, 워싱턴대학교 의과대학 소아과의사, 소아정신과의사[4]

부모가 자연스럽게 하는 여러 행동이 곧 아기에게는 꼭 필요한 행동이다. 안아주고, 눈을 맞추고, 아기를 한번 웃겨보려고 갖은 애를 쓰는 행동들 말이다.

_스탠리 그린스펀 박사, 미국정신건강연구소 임상아동발달연구센터장, 『첫 느낌First Feeling』의 공동 저자[5]

아이는 놀랄 만큼 잘 순응한다. 9개월에 걸을 수도 있고, 2세에 숫자를 욀 수도 있고, 3세에 글을 읽을 수도 있으며, 심지어 이런 기대에 부응해야 한다는 압박감에 대처하는 법까지 배울 수 있다. 하지만 우리 문화에서는 아이들을 위해 이렇게 외쳐줄 사람이 필요하다. '그

대가는 과연 무엇인가?'

_T. 베리 브래즐턴, 소아과의사, 『아기와 부모Toddlers and Parents』의 저자[6]

공부 중심의 프로그램으로 중무장한 유치원들이 아이들에게 몹쓸 짓을 하고 있다.

_어빙 시걸, 미국 교육평가원의 저명한 연구 과학자[7]

아동심리학, 소아과, 소아정신과 전문가들 중에서 영유아에게 (분야를 불문하고) 정규교육을 시키자고 주장하는 권위자는 없다. 실제로 전문가들은 확고부동하게 정규교육에 반대하며, 오히려 아이에게 자극을 줄 수 있는 풍부한 환경을 제공해야 한다고 말한다. 즉 아이의 선호와 배우는 속도를 존중하면서 따뜻하고 애정 어린 환경을 조성해야 한다는 것이다. 이렇게 스트레스는 주지 않으면서 묵묵히 도와주는 환경이라야 영유아들은 안심한 상태에서 긍정적인 자존감을 키울 수 있고, 장기적으로도 배움에 대한 열정을 품을 수 있다.

🎗잘못된 교육의 다양한 형태

잘못된 교육의 위험이 가장 큰 곳은 대부분의 아이들이 영향을 받게 되는 공교육 분야다. 아이들이 준비도 되기 전에 정규교육을 받게 함으로써 아무 이유도 없이 아이들을 위험에 내모는 공교육이 늘고 있다. "또다시 유치원 교실이 만원이 되고 있습니다. 초등학교 1학년 교실을 유심히 관찰한 부모들이 자녀에게 기초 학습을 더 시켜달라고 요구하고 있어요. 네 살배기에게 알파벳을 가르치는 유치원에 자녀를 보내는 부모가 늘고 있습니다. 그렇다보니 학교들도 놀이 중심이던 교육과정에 셈하기나 읽기 같은 무거운 내용을 추가하고 있어요. 요즘 부모들은 아이가 집에 올 때 종이 뭉치를 잔뜩 안고 오길 바랍니다." 버지니아 주 페어팩스 카운티의 웨인우드초등학교 교장인 메릴린 아우드의 말이다. "자녀가 뭔가를 배웠다는 확실한 증거를 원하는 거죠."[8]

공교육 분야에서는 다음과 같은 현상도 빚어지고 있다.

정식 학교교육을 시작하는 연령이 낮아지고 있다. 사실상 전국의 유치원에서 5세 아동의 유치원 입학이 보편화되면서 4세 아동도 정규 교육을 받게 해달라는 요구가 커지고 있다.

3, 4세 아동을 위한 빡빡한 교육과정을 준비하는 유치원 이전 과정이 늘고 있으며, 이는 특히 취약 계층 아동에게서 두드러지게 나타난다.[9]

유아교육 열풍이 다시 잘못된 교육 열풍으로 바뀌고 있는 모습은 뚜렷하다. 유아에 대한 잘못된 교육이 이처럼 확산되자 최근에는 유아 및 초등 교육과 관련된 전국적 기관들이 공동성명을 발표하기에 이르렀다.[10] 성명에 가세한 기관들은 국제아동교육협회, 교육과정개발감독협회, 국제읽기협회, 전국유아교육협회, 전국초등학교교장협회, 전국영어교사위원회 등이다.

공동성명에 포함된 우려 사항 몇 가지를 살펴보면 다음과 같다.

1. 많은 미취학 아동들이 딱딱한 예비 읽기 과정 정규수업을 받으면서 자신의 발달단계에 맞지 않는 사항을 요구받고 또 경험하고 있다.

2. 개별 아동의 발달단계와 학습 유형에 대한 관심은 거의 전무한 상황이다.

3. 프로그램의 빠른 진도를 쫓아가야 한다는 압박감 때문에 아이들 스스로 실험을 통해서 언어의 작용 원리를 체득할 수 있는 기회가 박탈되고 있다.

4. 개별 능력의 계발이나 읽기 과정의 추상적 부분에 너무 많은 관심이 집중되고 있다. 읽기와 함께 말하기, 듣기, 쓰기 등이 통합되지 못하고 있다.

5. 재미를 위한 독서에는 관심을 거의 기울이지 않기 때문에 아이들이 읽기를 즐거운 일로 인식하지 못하고 있다.

위 항목들이 지적하고 있는 잘못된 교육의 다양한 측면들은 아무 이유 없이 우리 아이들을 학습 장애의 위험으로 내몰고 있다. 위에 열거된 잘못된 교육의 잠재적 위험은 그 어떤 잠재적 이득보다 훨씬 더 크다.

유아에게 정규교육을 도입하는 것은 학교만이 아니다. 부모들 역시 똑같은 잘못을 저지르고 있다. 부모들이 접하는 수많은 사설 프로그램과 서적들은 부모들이 특정 과정만 따라 하면 영유아에게 읽기와 수학을 가르칠 수 있고, 심지어 아이를 더 똑똑하게 만들 수 있다고, IQ까지 높일 수 있다고 장담한다. 한마디로 슈퍼키드를 만들 수 있다는 것이다.

이런 슈퍼키드 만들기로 가장 유명한 사람이 글렌 도먼이다. 도먼의 책『아이에게 읽기를 가르치는 방법』이나『아기에게 수학을 가르치는 방법』,『아기의 지능은 무한하다』등은 수십만 부가 팔려 나갔다. 어떤 아이든 영재로 만들 수 있다는 도먼의 교수법을 배우기 위해 도먼즈베터베이비연구소에 와서 (490달러를 내고) 일주일간 수업을 듣고 간 부모들이 전국, 심지어 전 세계에 걸쳐 3,000명이 넘는다. 부모들은 비디오테이프와 교수법 교재까지 사간다.

아기에게 읽기를 가르치는 법에 관한 책에서 도먼은 영아에게 읽기를 가르쳐 슈퍼키드를 만드는 방법 '제1단계'를 다음과 같이 설명한다.

이제 엄마라는 단어를 아이의 손이 닿지 않는 곳에 높이 들고 또박또박 이렇게 말한다. "'엄마'라는 거야."

아이에게 그 이상 자세히 설명하지 않는다. 아이가 10초간 단어를 보도록 한다.

이제 아이에게 온전히 애정을 쏟으면서 1, 2분간 놀아주고 다시 같은 단어를 보여준다. 이번에도 아이가 10초간 단어를 보도록 하고 또랑또랑한 목소리로 다시 한 번 이렇게 말한다. "'엄마'라는 거야."

이제 다시 아이와 2분간 놀아준다.

다시 아이에게 10초간 카드를 보여주고 다시 '엄마'라는 말을 반복한다.

그게 무엇인지 아이에게 묻지 않는다.

이렇게 해서 아직 5분도 지나지 않았지만 첫 수업은 끝이 났다.[11]

본인이 시키는 대로만 조기교육을 하면 아이를 더 똑똑하게 만들 수 있다고 장담하는 사람은 도먼만이 아니다. 『우수한 아이 만들기Give Your Child a Superior Mind』의 저자 지그프리드 엥겔먼과 테레즈 엥겔먼은 유치원생도 읽기, 더하기, 빼기, 곱하기, 셈하기, 철자법, 시계 읽기 등을 할 수 있다고 주장한다. 더 큰 아이나 어른들보다 유아의 학습 속도가 더 빠르다고 주장하는 도먼과는 달리 엥겔먼 부부는 유아의 학습 속도는 느리다고 주장한다.

그래서 이들의 교수 방법은 도먼과는 차이가 있다. 도먼이 시간을 중시하는 데 비해 엥겔먼 부부는 학습 자료의 제시 순서를 중시한다. 그들이 아이에게 읽기를 가르치고 아이의 IQ를 높인다고 주장하는 방법은 예컨대 이런 식이다.

18개월까지 아이에게 물건을 제시할 때는 다음과 같은 과정을 따른다.

_물건을 분리한다.

_물건의 이름을 말한다.

_아이에게 물건을 가리키게 한다.

아이가 말을 더 잘하게 되면 이 과정을 다음과 같이 확장한다.

_물건을 분리한다.

_물건의 이름을 말한다.

_아이에게 그 이름을 따라 하게 한다.

_아이에게 가리키는 물건의 이름을 말하게 한다.[12]

『더 똑똑한 아이로 키우기Raising Brighter Child』에서 시드니 레슨은 슈퍼키드를 만드는 또 다른 방법을 제시한다. 읽기를 가르치고 아이를 똑똑하게 만들기 위해 통문자 방법을 사용하는 도먼이나 엥겔먼 부부와는 달리 레슨은 부모들이 유아에게 파닉스phonics*를 가르쳐야 한다고 말한다.

보통은 아이에게 'A'를 가장 먼저 가르친다. 하지만 꼭 그래야 될 이유는 없다. 'C'를 제일 먼저 가르치는 편이 우리 목적에는 더 잘 맞는다. 아이에게 69쪽에 있는 C를 보여준 뒤 이 모양은 '크'처럼 목청 가다듬는 소리를 내는 거라고('모양'이나 '소리'라는 단어를 써서 지도하라는 뜻은 아니다), 하지만 그르렁거리거나 '으' 소리를 내는 것은 아니라고 말해준다. 그냥 "에드위나, 이건 '크'라고 말하는 거야"라고 하면 된다. 그리고 아이에게 글자 모양을 따라 손가락으로 몇 번 그리면서 소리를 내보게 한다.[13]

마지막으로, 수전 러딩턴호 박사가 쓴『더 똑똑한 아기 만들기 How to Have a Smarter Baby』도 그런 책의 하나다. 이 책은 6개월밖에 안 된 영아를 둔 부모들에게 '추상적 사고 능력을 키워주는 추상화 게임'

---

* 철자와 소리를 연계해서 가르치는 읽기 교육법.

을 하라고 조언한다.

이 시기에 이상적인 것은 추상적 사고 게임이다. 먼저 집에서 익숙한 물건들을 불러보는 데서부터 시작하면 된다. 아기의 담요, 곰돌이, 유아용 의자 같은 것들 말이다. 평소에 부모가 이 물건들을 지나칠 때마다 친근하게 "안녕, 담요야" 하고 말을 건다. 물건의 이름을 불러주면 아기는 그 물건이 시야에 들어오고 그 물건을 잡으려고 할 것이다. 이런 식으로 시간이 지나면 아이는 바닥 가운데 앉아 다른 장난감에 관심을 기울이고 있다가도 당신이 "강아지!"라고 하면 강아지가 있는지 두리번거리게 될 것이다. 아이는 이제 '대상 영속성'을 이해하고 단어가 물건을 표현한다는 사실을 배웠음을 알 수 있다.[14]

이런 책에 나와 있는 내용은 전혀 새로울 것이 없다. 저자들은 그저 이미 잘 알려진 학습 원칙을 영유아에게까지 확장하거나 부모가 자녀와 소통하면서 자연스레 이용하는 방법들을 원칙으로 만들어놓았을 뿐이다. 이런 교수법이 아이가 장차 읽기 능력을 습득하는 데 도움이 된다거나 아이를 더 똑똑하게 만든다는 증거는 전혀 없다. 반면에 (앞으로 보게 되듯이) 너무 일찍 정규교육을 시작하면 해가 될 수 있다는 증거들은 분명하게 존재한다.

영유아에 대한 잘못된 교육은 결과에 대한 아무런 보장도 없이 아이에게 공부를 가르치려고 드는 데서 그치지 않는다. 잘못된 교육은 이미 유아 발달의 전 측면으로 확대되어 음악, 체조, 발레, 태권도 등을 유아들에게 정규 프로그램으로 가르치는 게 좋다는 생각을 퍼뜨리고 있다.

아이의 신체적, 지적 한계를 충분히 인식하고 어린아이는 쉽게 마음을 다칠 수 있다는 점을 배려하면서 교육을 진행한다면 이들 프로그램이 반드시 해로운 것만은 아니다. 하지만 이들 프로그램은 영유아를 쉬이 부적절한 학습 상황에 놓이게 만들기 때문에 신체적, 심리적으로 손상을 입힐 위험성이 크다. 아이에게 장기적으로 도움이 된다는 증거는 전혀 없는 채로 말이다.

영유아에 대한 사설 정규교육 프로그램이 급증하고 있다는 것은 이들 연령대에까지 정규교육을 확대하고 싶어한다는 명백한 증거다. 전국 각지에서 2, 3개월 된 아기들까지 체육 수업에 등록을 한다. 짐보리Gymboree나 플레이오라마Playorama, 엑서사이즈 플러스Exercise Plus, 그레이트 셰이프스Great Shapes 같은 아동 전용 스포츠센터들이 성업 중이다. 부모들은 이들 프로그램이 신체적으로나 심리적으로 아이에게 도움이 된다는 얘기를 듣는다. 『수지 프루든의 유아용 운동 프로그램Suzy Prudden's Exercise Program for Young Children』만 보더라도 다음과 같이 말하고 있다.

이른 시기의 운동은 흉근을 부드럽게 당겨서 가슴을 확장시켜주고 폐가 호흡할 수 있는 공간을 훨씬 더 넓혀준다. 혈액순환이 증가하여 더 많은 산소를 뇌로 공급하며 근력이 개선된다.[15]

위 설명이 틀린 얘기는 아니지만 대부분의 영아는 그저 바닥을 기거나 물건에 손을 뻗거나 침대를 짚고 일어서는 것만으로도 위에서 설명한 운동 효과를 충분히 얻을 수 있다. 이런 운동 수업은 아기나 부모에게 사교 활동으로 의미 있는 일일 수는 있지만 운동을 심하게 할 경우(어른들이 아기를 대상으로 어떤 목표를 설정할 경우 언제나 이럴 가능성이 있다) 정말로 신체에 손상을 유발할 수 있다. 또 부모가 성공과 실패에 지나치게 집착한다면 아이는 심리적 타격을 입을 가능성까지 있다.

영유아 수영 수업은 이미 보편화되어 있고 YMCA나 YWCA에서 후원하는 경우도 있다. 그러나 다시 한 번 말하지만 부모와 자녀가 함께 참여하는 사교 활동으로서 이런 수업이 의미 있을지는 몰라도 위험이 항상 따른다는 사실을 기억해야 한다. 수영 수업을 듣는 영아들은 중이염에 걸려 영원히 청력을 잃을 가능성도 있고, 물을 삼켜 질식하거나 설사를 할 위험도 있다. 아직 배변 훈련이 되어 있지 않은 아기들 때문에 수영장 물이 오염되었을 수도 있는 것이다. 그럼에도 이런 운동을 장려하는 사람들 가운데는 부모들이 느끼는 불안을 노리는 경우도 있다. 『일주일 만에 아기에게 수영 가르치기Watersafe Your Baby in One Week』의 저자 다누타 릴코는 다음과 같이 말한다.

매일같이 어린아이가 자기 집 뒷마당에 있는 풀장에서 목숨을 잃었다는 소식이 신문에 실린다. 이런 기사를 읽을 때마다 나는 가슴이 아려온다. 충분히 피할 수 있는 비극과 고통이기 때문이다. 의식이 있는 아이가 물에 빠져 죽어야 할 이유는 전혀 없다. 아이가 어떤 물에서도 목숨을 건질 수 있게 가르치는 것은 비교적 간단한 과정이다.

(…) 4개월밖에 안 된 아기에게도 풀장에 빠진 후 숨을 참았다가 수면까지 올라오도록 가르칠 수 있으며 등을 뒤집어서 편안하게 호흡하면서 (…) 무한정 (…) 필요하다면 누군가 도와줄 때까지 몇 시간이라도 (…) 떠 있도록 가르칠 수 있다.[16]

개인 풀장이 많은 지역이라면 이런 식의 호소가 어느 정도 일리 있을 수도 있다. 하지만 보스턴(뒷마당에 풀장이 있는 경우는 드물다)에 사는 9개월 된 아기 엄마의 경우라면 사정이 다를 수 있다. 하지만 그녀의 말에 따르면 많은 친구들이 아기를 수영 수업에 보내고 있고, 이 엄마에게도 빨리 보내라고 재촉했다. 하지만 이 아기 엄마는 위에 언급한 몇 가지 위험 때문에 그런 충고를 따르지 않았는데, 흥분한 친구는 이렇게 따졌다고 한다. "네 아이가 물에 빠져 죽기를 바라는 거야?" 이 발언이 정말로 경악스러운 이유는 부모의 책임이 아이로 하여금 절대로 물에 빠지지 않게 하는 게 아니라 영아에게 수영을 가르치는 것이 부모의 책임인 양 생각한다는 점이다. 대체 어떻게 물에 빠져 죽지 않는 게 아이의 책임이 될 수 있단 말인가! 애초에 그럴 일이 없도록 하는 것이야말로 책임 있는 성인으로서 우리가 해야 할 일이다.

유아 정규교육에 찬성하는 논리

3장에서 우리는 유아들도 학교에서 정규교육을 받아야 한다는 일부 전문가의 주장을 살펴볼 것이다. 이런 주장은 1960년대의 사회 운동 분위기에서 비롯된 것으로 당시에도, 현재에도 어떤 과학적 근거가 있는 것은 아니다. 가정에서의 조기교육이 효과가 있다는 근거로 항상 동원되는 몇 가지 주장 역시 겉으로는 상당히 그럴듯 해 보이지만 자세히 살펴보면 그렇지가 않다.

흔히 동원되는 근거 중에 조기교육을 받았던 뛰어난 인물들의 사례를 인용하는 경우가 있다. 철학자 존 스튜어트 밀이라든지 사이버네틱스 과학자 노버트 위너, 법학자이자 철학자였던 제러미 벤담, 영국의 역사가이자 시인이며 정치가였던 토머스 바빙턴 매콜리, 독일의 철학자이자 수학자인 고트프리트 빌헬름 폰 라이프니츠 같은 인물들을 예로 드는 것이다. 하지만 여기에는 몇 가지 문제점이 있다. 첫째, 부모가 조기교육을 시키지 않았던 뛰어난 인물도 많다는 점이다. 아인슈타인, 다윈, 마르크스, 프로이트, 피아제, 에디슨, 조지아 오키프, 엘리너 루스벨트 등은 조기교육을 받지 않았다. 뛰어난 인물이 되는 데 조기교육이 그렇게 중요하다면 이들은 어떻게 그토록 위대한 인물이 되었단 말인가?

둘째, 지적인 천재성이나 특별한 재능을 타고난 아이들은 어릴 때부터 부모에게 자극을 '요구'한다는 점이다. 이런 아이들은 정보를 닥치는 대로 집어삼킬 뿐만 아니라 세상에 대한 지식이나 자신이 가진 미술, 음악 혹은 글쓰기 재능을 부단히 연습할 기회를 찾는다. 만약 조기교육이 존 스튜어트 밀이나 노버트 위너 같은 사람들에게 어떤 영향을 미쳤다면 이들 인물은 처음부터 그런 천재성을 타고났을 가능성이 크다. 이들이 그처럼 잘 받아들이지 못했다면 이 위인들의 부모는 아마 포기했을지도 모를 일이다. 실제로 조기교육 지지자들은 조기교육으로 아이를 더 똑똑하게 만들려고 했지만 실패하고 말았던 수많은 부모에 대해서는 일체 언급하지 않는다.

마지막으로, 조기교육을 받은 위인들의 부모를 살펴보면 그 방법도, 교수법도, 정도도 모두 달랐음을 알 수 있다. 블레즈 파스칼은 아버지가 가르쳤고, 괴테는 유치원에 다녔다. 존 스튜어트 밀의 아버지는 아들에게 그리스어와 라틴어를 가르쳤고, 라이프니츠의 아버지는 어린 아들에게 역사에 대한 사랑을 심어주려고 노력했다. 모차르트는 '신동'으로 유럽 투어를 했고 이 경험이 또 다른 형태의 자극과 교육이 되었다. 만약 조기교육이 슈퍼키드를 만들어낸다면 어떤 형태의 조기교육을 말하는가? 언제 시작하고 누가 시켜야 하는가? 앞서 보았듯이 도먼이나 엥겔먼 부부 같은 현대의 조기교육 주창자들 사이에서도 제시하는 방법은 크게 다르다.

뛰어난 인물들의 조기교육을 예로 드는 방식이 갖는 가장 큰 문제점은 과학적이지 않다는 점이다. 벤저민 블룸 팀이 최근에 실시한, 천재적이고 재능 있는 인물들에 관한 체계적인 연구 결과를 보아도 조기교육의 유무와 특정 분야에서 뛰어난 능력을 보이는 것의 관련성은 없어 보인다. 블룸 팀은 재능 있고 성공한 인물 120명을 대상으로 그들의 배경 가운데 어떤 부분이 그들의 뛰어난 업적에 가장 크게 이바지했는지를 조사했다.

연구진이 조사한 수학자 20명을 한번 살펴보자. 수학자들은 모두 40세 이하로 슬론재단 장학금을 받았고, 일반적으로 동료들로부터 걸출하다는 평을 들었다. 부모의 교육 수준도 조사 대상이었는데 평균 이상의 지적 능력을 가진 사람들이었다.

이 연구에 포함된 수학자 20명의 부모들은 교육을 잘 받은 사람들이
었다. 아버지 가운데 14명(70퍼센트)은 고등 학위 보유자였는데 5명
은 박사, 3명은 의학박사, 2명은 법학 학위를 갖고 있었다. 나머지 6
명 중 3명은 대학에 다닌 적이 있고, 다른 3명은 고등학교 이상 진학
하지 못했다. 한편 어머니 가운데 11명(55퍼센트)은 하나 이상의 학사
학위를 갖고 있었고, 4명은 대학에 다닌 경험이 있고, 나머지 5명 중
1명만 제외하면 모두 고등학교를 졸업했다. 이 정도 수준의 교육을
받았다는 점이 특히 주목되는 이유는 수학자들의 부모가 대학을 다닌
시기가 대체로 대공황기였기 때문이다. 그들은 일을 하면서 야간 학
교를 다니거나 몇년씩 교육 기간을 연장하면서까지 학위를 따냈고,
심지어 몇몇 부모는 두각을 드러내기까지 했다. 아버지 가운데 1명은
로즈 장학생이었고, 우등 졸업생도 여럿이었다.[17]

부모가 총명했으므로 그들의 자녀도 총명하거나 특출할 가능
성이 평균보다 훨씬 높았다. 우리 입장에서 더욱 중요한 부분은 조
기 개입에 대한 이들 부모의 태도다.

수학자들의 부모는 자녀의 관심사를 좌지우지하는 것이 옳지 않다고
믿었다. 부모들은 자녀를 '정상'으로 대하려고 애썼다고 말했다.

제 생각에는 아이를 부모가 원하는 무언가로 만들려고 하는 것은 부

질없는 일인 것 같아요. 오히려 아이가 관심 있어하는 것을 지원해주고 스스로 되고 싶은 사람이 되도록 하는 편이 낫죠.(4번 수학자의 어머니)

아이에게 부담을 주고 부모의 기대에 맞춰 아이를 재단하려고 하는 것은 절대 반대예요.(12번 수학자의 어머니)

아들을 보호하고 평범하게 만들려고 노력했어요. (…) 똑똑한 아이지만 외골수가 아니라 잘 적응하고, 사람들하고 어울리고, 친구도 있고, 이것저것 관심이 많은 아이로 키우고 싶었어요.(17번 수학자의 어머니)[18]

120명의 조사 대상자 가운데 극성 부모는 단 한 사람도 없었다. 어린 시절에는 부모의 가르침도, 아이의 배움도 대체로 놀이 위주였다.

어린 시절 한 명을 제외하고 나머지 피아니스트들에게 피아노는 장난감이었다. 일부는 어릴 때부터 키보드를 가지고 놀아도 된다는 허락을 받거나 그렇게 하라고 적극 격려를 받았다. 다른 피아니스트들은 피아노까지 아장아장 걸어가서 "손가락뿐만이 아니라 손바닥으로 건반을 쿵쾅거리고 나서 엄마에게 달려와 '멋진 노래였어요?' 하고 묻고는 다시 돌아가서 건반을 두드리는" 식이었다. 또 "천둥 번개 소리를 내면서 건반 주변에서 노는" 아이였던 사람도 있었다.[19]

이 연구 결과를 보더라도 조기 정규교육이 지적인 천재성이나 창의적 재능으로 이어진다는 근거는 전혀 없다. 오히려 이들의 진술에서 일관된 내용이 있다면, 뛰어난 업적을 이룬 인물들의 부모는 자신이 중시하는 것을 자녀에게 강요하지 않으려고 주의했고, 자녀가 이끄는 대로 따라가려고 했다는 점이다. 이렇게 볼 때, 그리고 아이가 원만한 사람이 되기를 바랐다는 점을 감안해볼 때, 이들 부모는 자녀 중심의 건강한 조기교육을 옹호한 사람들이었다.

맥아더재단이 지원하는 사람들을 대상으로 한 최근의 연구 결과[20]를 보아도 블룸 팀의 조사 결과가 다시 한 번 확인된다.

시카고에 있는 '존 D. 앤드 캐서린 T. 맥아더 재단'은 우리가 흔히 천재적이고 재능 있다고 표현하는 창의적 삶을 살았던 100여 명의 인물을 연구 대상으로 추려냈다. 이들의 능력은 아주 다양했는데, 작가, 음악가, 영화감독과 같은 예술가도 있었고, 인류학자, 역사가, 심리학자처럼 인간의 행동을 관찰한 사람도 있었으며, 화학, 생물학, 수학, 천체물리학 같은 순수 과학 이론가들도 있었다. 또 교육이나 철학, 법학처럼 친숙한 분야를 연구한 사람, 마야의 상형문자 해독이나 도서 디자인처럼 이색적인 일을 한 사람도 있었다.

맥아더재단의 지원 대상자 선별 과정은 매우 엄격하다. 먼저 100여 명가량 되는 익명의 추천자 또는 '인재 발굴자'들이 특출한 장래성을 보여주는 개인들을 찾아낸다. 그리고 15명으로 구성된 위원회가 매달 만나 추천된 사람들을 검토한다. 선정된 예술가나 학자에게는 재단에서 전화를 걸어 향후 5년간 매년 2만 4,000달러에서 6만 달러에 이르는 지원금을 받게 되었다고 알려준다.

지원 대상자들은 따로 지원서를 내지 않는다. 특별한 계획이나 프로젝트를 제안할 필요도 없고 보고서를 제출하거나 결과물을 출판해야 할 필요도 없다. 다양한 분야에서 창의적인 노력을 기울이며 보여주었던 비범한 능력만으로도 지원금을 받을 자격은 이미 충분하기 때문이다.

연구 팀은 맥아더재단의 지원 대상자 전원에게 9항목으로 된 설문지를 송부했다. 그리고 그중 절반 정도(50명)로부터 회신을 받았다. 설문지의 항목 중에는 부모가 남다른 뒷받침을 해주었느냐는 질문도 있었다. 연구 팀이 내린 결론은 이랬다. "응답자들의 답변을 관통하는 하나의 공통된 테마를 찾는다면, 이들이 이례적으로 창의적인 인물이 되는 데 부모의 가이드와 가정생활이 매우 중요한 역할을 담당했다는 점이다."[21]

전형적인 답변 몇 가지를 살펴보면 다음과 같다.

실비아 로: 부모님은 교육을 잘 받은 분들이 아니었다. 그럼에도 내가 사회적 가치를 체득하고 지식이나 정보에 관해 관심을 갖게 된 것은 무엇보다도 부모님과 저녁 식탁에서 나눴던 대화가 중요한 역할을 했다고 생각한다.[22]

프랜체스카 록버그 홀턴: 나는 부모님과 아주 가까웠고 부모님은 나를 열심히 응원해주셨다. 나는 집에서 많은 독서를 했는데, 부모님이 늘 책 읽는 모습을 보여주셨기 때문이다. 이 점이 학교에서도 도움이 되었다고 생각한다.[23]

연구 팀은 이런 결론도 내렸다. "맥아더재단의 지원을 받는 인물들의 부모들은 자녀를 응원하되 지나친 부담은 주지 않았던 것으로 보인다."[24]

또 다른 전형적인 답변을 살펴보자.

스티븐 배리는 부모님이 자신을 한 번도 몰아붙인 적이 없다고 말한다.

부모님은 내가 나만의 관심사를 추구하는 것에 대해 상당히, 어쩌면 남달리 준비가 되어 있으셨다.[25]

윌리엄 클라크: 나는 책과 잡지, 신문이 넘쳐나는 집에서 자랐다. 우리는 그 안에 쓰인 내용이 마치 중대한 일이라도 되는 것처럼 끊이지 않고 토론을 했다. 그렇지만 이런 일은 극히 자연스러웠고 내가 느낀 부담감이라고는 그저 내 스스로 만들어낸 것뿐이었다.[26]

로버트 루트번스타인: 교육적으로 내게 가장 큰 영향을 미친 사람은 두말할 나위 없이 내 부모님이다. 부모님은 우리가 원하는 (최대한 넓은 의미의) '학습 도구'는 무엇이든 구해준다는 철학을 갖고 계셨다. 한 예로 형과 나는 둘 다 악기를 배웠는데, 우리가 먼저 부탁드린 후에야 이뤄진 일이었다.[27]

이런 결과들을 놓고 볼 때, 그리고 일찌감치 뛰어난 업적을 이룬 개인들에 관한 연구 결과를 놓고 볼 때, 몇 가지 결론을 도출할 수 있다. 지적인 천재성이 있거나 창의적인 재능을 가진 개인의 삶에서 부모가 중요한 역할을 하는 것만은 분명하다. 하지만 그 역할은 도먼이나 엥겔먼, 레슨이 주장하는 것처럼 자녀에게 특정 능력을 가르치는 적극적인 지도가 아니다. 오히려 부모가 자녀에게 보내는 응원과 격려 그리고 집 안에서 만들어내는 지적인 분위기가 중요한 요소인 것으로 보인다.

또 하나 관련 있는 내용이 있는데, 열악한 환경에서 자라 뛰어난 업적을 이룬 사람들의 자서전에서도 흔히 볼 수 있는 얘기다. 바로 걸출한 인물들의 첫 번째 멘토는 언제나 자기 분야의 특정 기술을 가르쳐준 사람이 아니라 (반드시 뛰어나지는 않았더라도) 그 분야에 대한 엄청난 열정을 가진 사람이었다는 점이다. 천재적이고 재능 있는 사람들은 그런 첫 번째 멘토를 통해 해당 분야에 큰 흥미를 느끼게 됐고 평생을 헌신하며 그 분야에 종사하게 되었다. 그에 비해 기술을 가르쳐준 멘토는 해당 분야에 들어선 후에야 비로소 만나게 된다.

이런 점들을 보더라도 조기교육이 뛰어난 아이를 만들어낸다는 생각은 분명 잘못된 것이다. 실제로 잘못된 교육은 인간의 자연적인 발달 순서를 거스른다. 보통의 아이들과 마찬가지로 천재성과 특별한 재능을 가진 아이에게 가장 중요한 것은 배움에 대한 흥분과 열정이다. 동기가 마련되면 기술은 쉽게 배울 수 있다. 그런데 잘못된 교육은 기술에 집중하느라 동기를 손상시킨다. 영유아에게 몇 가지 기교나 가르치자고 엄청난 대가를 치르게 만드는 것이다. 언제나 하나의 동기는 수백 가지 기술만큼의 가치가 있다.

조기교육을 옹호하는 논거로 흔히 거론되는 또 하나의 주장은 요즘 아이들이 각종 현대 기술에 둘러싸여 있기 때문에 지적으로 더 일찍 성숙한다는 것이다. 텔레비전 덕분에 어린아이들도 온갖 종류의 정보를 직접 접한다. 외국의 장소나 사람도 볼 수 있고 우주를 탐험하거나 심해를 유영할 수도 있다. 마찬가지로 가정이나 유치원에 컴퓨터가 있다는 사실은 아이들이 이 놀라운 현대적 이기와 함께 성장한다는 뜻이고, 이전 세대들보다는 분명 더욱 세련된 방식으로 컴퓨터를 다루게 될 것이다. 그런 이유로 조기교육을 옹호하는 이들은 만약 부모가 슈퍼키드를 만들어내지 않는다면 현대 기술이 그 역할을 대신할 수도 있다고 생각한다.

그런데 이 주장은 사실 두 부분으로 구성되어 있다. 하나는 기술 자체의 직접적인 영향에 관한 것이고, 다른 하나는 그 기술이 전달하는 정보의 간접적인 효과에 관한 것이다.

먼저 이 주장의 앞부분을 살펴보면, 기술에 일찍 노출되는 것이 정신 발달을 촉진한다는 증거는 전혀 없다. 기술이 인간 본성에 미치는 직접적인 영향은 전반적으로 확장되고 증폭되겠지만 기술이 우리의 생물학적 능력을 바꿔놓지는 못할 것이다. 기계가 우리의 근력을 확장, 증폭하고, 전화기가 우리의 청력을 확장, 증폭하며, 망원경과 현미경이 우리의 시력을 확장, 증폭하는 것처럼 컴퓨터는 우리의 기억을 확장, 증폭할 뿐이다.

이런 확장과 증폭이 우리의 생물학적 잠재력을 바꿔놓지는 않는다는 점을 강조하지 않을 수 없다. 보청기가 청각을 향상시킬 수 없듯이 안경이 시력을 개선하지는 않는다. 마찬가지로 지렛대를 사용한다고 해서 힘이 더 세지지 않듯이 컴퓨터가 우리의 기억력을 높여주지는 않는다. 그리고 다행스런 일이지만 강력한 현대식 무기가 우리의 공격성을 증폭시키지도 않는다.

다음으로 이 주장의 뒷부분을 살펴보자. 기술이 직접적으로 우리의 감각이나 운동 능력을 개선해주지 않는다고 하더라도 기술이 제공하는 정보가 간접적으로 우리의 능력을 향상시키는 것은 아닐까? 우리의 뇌를 향상시키고 기술이 없을 때에 비해 우리를 더욱 수준 높고 박식하게 만들어주지는 않을까?

이는 분명 일리 있는 말이다. 오늘날 아이들은 이전 세대보다 더 많은 정보를 접하는 게 분명하다. 그렇지만 오래전에 이미 존 듀이가 말했듯이 학습은 '경험의 재현'이다. 경험, 즉 미가공의 정보 자체는 교육이 아니다. 우리가 무언가를 배우려면 받아들인 경험이나 정보에 관해 대화를 나누거나 그것을 곱씹어보아야 한다. 오늘날 아이들이 이전보다 훨씬 더 많은 정보에 노출되어 있는 것은 분명하지만 노출 자체만으로 아이가 해당 정보로부터 무언가를 배울 거라고 장담할 수는 없다. 그에 관해 이야기하거나 검토해보지 않는 이상에는 말이다.

정보의 폭격에 노출되는 것이 아이에게 정말로 도움이 되려면 그 경험을 곱씹어볼 시간과 기회가 있어야 한다. 그런데도 요즘 부모들은 아이와 대화하는 시간이 과거보다 오히려 적다. 최근 미시건대학교 사회조사연구소는 이 점에 관해 조사[28]를 실시했다. 연구팀은 아이에게 책을 읽어주거나 아이와 대화를 나누는 것 혹은 아이와 놀아주는 것을 '유익한 시간'으로 정의했다.

조사 결과는 충격적이었다. 일하는 어머니의 경우 이런 활동에 들이는 시간은 평일 평균 11분, 주말에는 평균 30분에 불과했다. 전업주부인 어머니는 시간을 더 할애했는데 평일에는 평균 30분, 주말에는 평균 36분을 자녀에게 할애했다. 대부분 밖에서 일을 하는 아버지들의 경우는 자녀와 보내는 유익한 시간이 일하는 어머니보다도 짧았다. 아버지들은 평일에는 겨우 8분, 주말에도 고작 14분을 자녀에게 할애했다. 그리고 아버지가 시간을 보내는 방식은 아내가 일을 하느냐 여부와는 상관이 없었다.

아이들이 자신의 경험을 이야기하거나 곱씹을 기회가 없다면 거기서 무언가를 배울 가능성은 없다. 아이들이 과거보다 더 많은 정보와 훨씬 더 다양한 경험에 노출된 것은 사실이지만 그렇다고 자동적으로 아이들의 수준이 높아지는 것은 아닌 것이다. 우리는 언제나 아는 것에 비해 이해하는 것은 그보다 훨씬 적다. 아이들에게 정보가 쏟아지고 있지만 아는 것과 이해하는 것 사이의 격차, 경험과 학습 사이의 격차는 옛날보다도 오히려 더 커졌다.

요컨대 조기교육이 더 똑똑하고 재능 있는 아이를 만들어낸다는 주장의 근거들을 자세히 분석해보면 어느 것 하나 타당하지가 않다. 천재적이고 재능 있는 인물들을 체계적으로 연구해보면 존 스튜어트 밀 같은 인물들의 일화에 가까운 사례를 지지해주지 않는다. 오히려 그런 위인들은 어릴 때 극성맞은 지도를 받은 적이 없다는 사실을 분명히 보여줄 뿐이다. 마찬가지로 오늘날 아이들이 이전 세대보다 더 발전된 기술 속에서 자란다고 해서 아이들의 정신적 성장까지 빨라지는 것은 아니다. 또 쏟아지는 정보에 노출된다고 해서 아이들의 수준이 정말로 높아지는 것도 아니다. 지적 발달이나 정신 수준에 관한 한 오늘날의 아이들은 기본적으로 50년 전 혹은 100년 전의 아이들과 다를 바가 없다.

유아가 사는 세상

어른인 우리는 영유아들이 얼마나 경험이 없는지를 너무 쉽게 잊어버린다. 우리가 이미 개념화해서 당연한 것으로 받아들이고 있는 세상을 아이들은 아직도 더 많이 배워야 한다는 것을 잊고 있다. 사물, 경치, 소리, 색상, 모양, 아래위와 앞뒤의 관계, 동식물 등등 수많은 것으로 이루어진 세상을 구성해내기 위해 영유아들이 얼마나 많은 시간과 노력을 쏟아야 하는지 생각해본다면 잘못된 교육의 잘못은 명백해진다.

영유아들은 손가락이나 꼼지락거리고 앉아서 부모가 읽기나 수학을 가르쳐주기만 기다리고 있는 것이 아니다. 아이들은 눈앞의 세계를 탐험하고 이해하는 데 막대한 시간과 노력을 들이고 있다. 건강한 교육은 이런 자발적 학습을 지원하고 격려하는 것이다. 조기교육이 잘못된 교육인 이유는 무언가를 가르치려고 하기 때문이 아니라 엉뚱한 때에 엉뚱한 것을 가르치려고 들기 때문이다. 아이가 배워야 할 사항을 무시하고 어른이 가르치고 싶은 것을 강요하는 것은 아무런 이유 없이 영유아를 위험에 처하게 하는 일이다.

2부

교육은 달리기 시합이 아니다

슈퍼키드 심리: 잘못된 교육을 실천하는 부모들의 유형

유능한 아이: 저소득층 교육 프로그램의 왜곡

지위와 경쟁: 사회적 압력으로 인한 조기교육

2장

슈퍼키드 심리:
잘못된 교육을 실천하는 부모들의 유형

요즘 부모들은 자녀가 '평균' 혹은 '정상'이 아닐까봐 걱정하는 게 아니라 '특별'하지 않을까봐 걱정한다. 예전 부모들은 보통 자녀가 제 나이 때 할 일을 하고 있으면 안도했다. 하지만 그런 시절은 지났다. 요즘 부모들은 아이가 뛰어나기를, 그것도 최고가 되기를 바란다. 아이가 잘하기를 바라는 마음이야 전혀 잘못된 게 없다. 자녀의 성공을 바라지 않는 부모가 있다면 그게 오히려 이상한 일일 것이다. 하지만 예전에는 자녀의 특별함만큼이나 자녀의 정서적 건강도 걱정했기에 균형이 어느 정도 맞았다. 어린 나이에 특출하기를 강요했다가 신경증이라도 걸리지 않을까 두려워했던 것이다. '일찍 거두면 일찍 썩는다'는 말도 있지 않은가.

요즘 부모들 역시 자녀의 정신 건강을 걱정한다는 점에서는 똑같다. 다만 큰 차이가 있다면 베이비붐 세대의 부모들과는 대조적으로 요즘 부모들은 자녀가 어릴 때 특출한 성과를 이루면 자존감과 자신감이 높아져서 경쟁에서 '우위'를 점하게 된다고 믿는다는 점이다. 공부나 스포츠, 예술 등에서 조기교육을 옹호하는 사람들이 주구장창 얘기하는 것 중의 하나도 조기교육은 아이를 더욱 특출하게 만들 뿐만 아니라 아이의 성격 발달에도 매우 긍정적이라는 주장이다.

요즘 들어 아이의 특출함(슈퍼키드)에 대한 관심이 높아진 데는 다양한 요소와 원인이 작용하고 있다. 먼저 가족의 규모가 작아졌다. 실수해도 되는 여지가 너무 적어지다보니 부모들은 자녀를 훌륭하게 키우는 데 상당한 부담감을 느낀다. 또 요즘 같은 세상에는 아이 하나를 키우는 데 워낙 큰 비용이 들기 때문에 부모들은 그만한 투자에 대한 대가로 남 앞에 내세울 수 있는 특별한 무언가를 바라게 된다. 또한 지금 미국에서 혹은 세계적으로 벌어지고 있는 '두뇌' 경쟁 역시 자녀를 최대한 똑똑하게 만들어야 한다는 부모들의 심리를 부추기고 있다.

또 다른 요인 중에는 1960년대에 전문가들이 보급시킨 '유능한 아이'라는 개념이 있다. 안타깝게도 부모들은 전문가들보다 약 10년은 뒤처져 있다. 벤저민 블룸이나 제롬 브루너 같은 조기교육 옹호론자들 가운데 다수가 이미 입장의 상당 부분을 수정했는데도 부모들은 그런 사실을 까맣게 모르고 있다. 유능한 아이 개념이 처음 등장했을 때 열렬히 호응했던 미디어들 역시 전문가들이 입장을 바꾸었다는 점에 대해서는 도통 시큰둥하기만 하다. 그래서인지 대학에서 내 수업을 듣는 학생들만 하더라도 영유아에게 왜 공부를 가르칠 수 없는지 납득하기 힘들어하는 경우가 많다. 이 학생들 역시 유능한 아이라는 개념 위에서 자랐기 때문이다.

또 다른 요인은 사회적 압력이다. 지금의 사회적 압력은 그 어느 때보다 부모들을 자녀 문제에 대해 경쟁적이 되도록 만들고 있다. 이런 경쟁 심리는 결국 '일찍 시작할수록 좋다'는 생각을 더욱 강화하는 불행한 결과를 낳는다. 요즘 부모들은 일찍 시작하는 것이 아이의 경쟁력을 높여주는 최선의 방법이라고 믿는다.

이렇게 여러 요소가 복합적으로 작용하여 의식적으로 또 무의식적으로 부모들에게 슈퍼키드에 대한 압박감을 만들어내고 있다. 하지만 아이가 모든 분야에서 특출할 수는 없기에 부모는 선택을 해야 한다. 부모가 자녀에게 어느 분야에서 특출하기를 요구하느냐는 부모의 성격과 특수한 가족 유형, 양육 유형에 따라 달라진다. 이제 그 유형들을 하나씩 설명해보겠지만 실은 누구나 각 유형을 조금씩 가지고 있다. 그리고 특정 유형이 다른 유형보다 꼭 더 낫다고 말할 수도 없다. 문제는 너무 어린 자녀에게 이런 것들을 요구해 잘못된 교육을 시키는 것이다. 요즘 부모들이 저지르는 잘못된 교육의 상당 부분은 슈퍼키드 심리에서 연유한다.

명품 추구형 부모

직업적으로, 경제적으로 성공을 거둔 젊은 부부가 있다. 좋은 집, 비싼 차에 해외여행도 자주 다니는 이들은 소위 '남들이 부러워할 만한' 라이프스타일을 쟁취한 사람들이다. 이런 부모들은 어마어마한 에너지로 경력을 추구하고 감탄이 나올 만큼 자기 관리에도 철저하다. 장시간 일하면서도 규칙적으로 운동하고 식단에도 주의를 기울이며 직장에서나 사석에서나 옷차림이며 말씨, 행동거지에서 예의에 벗어나지 않으려고 조심한다.

이런 명품 추구형 부부가 부모가 되면 본인들이 경력을 추구할 때 사용했던 방법을 자녀 양육에도 그대로 적용하려는 경우가 많다. 스스로를 다잡아 일에서 성공했던 것처럼 성공한 부모가 되기 위해 갖은 노력을 다하는 것이다. 자녀 양육에 관한 최신 서적을 읽고 아동 발달에 관한 수업과 강연에도 참석한다. 명품 추구형 부모는 커리어를 쌓아왔을 때처럼 자녀 양육이라는 과업도 훌륭하게 해낼 수 있다고 믿는다. 그리고 그런 양육 솜씨의 증거가 바로 슈퍼키드다.

명품 추구형 부모는 자녀에게 값비싼 명품 옷을 입히고, 이름 있는 수업이나 프로그램에 등록시키며, 정교한 전자 장난감이며 각종 장비를 사준다. 세 살배기를 유럽 여행이나 비싼 레스토랑에도 데려간다. 덕분에 이런 부모의 자녀는 다섯 살이 되면 벌써 웬만한 어른들보다 여행 경험이 많고 또래들보다 훨씬 교양이 넘친다.

어른들은 자전거를 타고 어릴 적 기쁨을 다시 느껴보려고 하는 데 비해 요즘 일부 어린아이들은 자가용을 몰고 다닌다. 특히나 캘리포니아에 가보면 포르셰나 페라리 같은, 부모들의 고급 차량과 똑같은 디자인에 크기만 작은 자동차를 탄 어른 같은 아이들이 집 안이나 공원을 돌아다니는 것을 목격할 수 있다. (…) 이탈리아의 아고스티니 오토주니어 사에서 생산하는 아동용 고급 차량 제품 중에는 가죽 시트에 유압 디스크 브레이크, 2단 수동 변속기를 갖춘 것도 있다. 잔디 깎는 기계에 사용하는 3마력 엔진을 탑재한 이 조그만 자동차는 잘 나가는 인생이란 어떤 것인지 보여주기라도 하는 듯하다.[1]

내가 상담했던 전형적인 명품 추구형 부모를 한번 살펴보자. 할 J.와 마거릿 J.는 보스턴에서 로펌을 설립해 성공적으로 운영하고 있는 부부다. 두 사람은 모두 중하층 노동자 가정 출신으로 공립학교와 주립대학교를 나왔고 아르바이트로 학비를 대며 대학을 마쳤다. 로스쿨에서 만난 두 사람은 졸업하자마자 결혼했다. 사업이 어느 정도 안정되자 두 사람은 아이를 갖기로 했다. 아들 하나, 딸 하나, 이렇게 둘을 낳고 싶었다. 두 사람은 마거릿이 두 달 정도 사무실을 쉴 수 있게끔 회사가 다소 한가한 여름으로 출산 시기까지 맞추었다.

모든 것이 계획대로 진행되는 듯했다. 7월에 3.2킬로그램의 사내아이를 출산한 마거릿은 9월 말에 회사에 복귀했다. 운 좋게도 두 사람은 은퇴한 노부인을 입주 육아 도우미로 맞아 평일 동안 조슈아를 맡길 수 있었다. 처음부터 마거릿은 아동 심리와 육아에 관해 최신 이론이란 이론은 모르는 것이 없을 만큼 통달하고 있었다. 만 6개월이 되었을 때 조슈아는 이미 명문 유아원 대기 순번에 올라 있었다. 마거릿은 조슈아에게 수영 수업을 시켜야 한다고 우겼고, 두 살이 되면 외국어 수업을 듣게 하려고 마음먹고 있었다. 조슈아는 장난감 컴퓨터를 포함해서 온갖 최신형 장난감들을 갖고 놀았다. 두 살 때 조슈아는 부모를 따라 아스펜으로 휴가를 떠났고, 세 살 때는 스키복을 착용하고 스키 수업을 듣고 있었다.

내가 조슈아를 처음 만난 것은 다섯 살이 된 조슈아가 유치원에서 쫓겨난 직후였다. 조슈아는 명문 유아원에 들어가지 못했다. 세 살 반이 되도록 대소변을 가리지 못했던 것이다. 유치원에서 조슈아는 자기중심적이고 제멋대로였으며 친구들과 물건을 나눠 쓰거나 어울려 놀려고 하지 않았다. 불만이 생기면 성질을 부렸고 바닥에 드러누워 소리를 질러댔다. 부모들도 완전히 두 손을 들었고, 조슈아가 하자는 대로 따라가고 있었다. 부부는 자녀를 키우는 일이 커리어를 쌓는 것과는 다르다는 사실을 전혀 눈치 채지 못했고, 아들에게 엇갈린 메시지를 전달해 혼란을 일으키고 있었다.

조슈아는 여러모로 예전부터 있었던 전형적인 '응석받이'와 비슷했지만 단순히 제멋대로라고만 할 수는 없었다. 조슈아는 스키, 수영을 비롯한 다양한 영역에서 잘해내야 한다는 부담을 느끼고 있었다. 또한 조슈아의 부모는 조슈아의 응석을 다 받아주고 애지중지하면서도 보모나 교사들에게는 지킬 건 지키면서 버릇을 잡아달라고 요구했다. 부모가 한계를 긋거나 통제하지 않는데 다른 어른들이 그렇게 하는 것을 조슈아가 받아들이기란 불가능했다.

명품 추구형 부모들은 본인들이 보잘것없는 데서 시작했기 때문에 그게 동기가 되어 더 열심히 일하고 더 많이 성취하려는 경향이 있다. 그래서 명품 추구형 부모들은 모순되는 두 가지를 모두 바라는 것 같다. 자신들이 이뤄놓은 성공의 열매를 자녀가 즐기기를 바라면서도 동시에 자녀 나름의 성공 동기를 스스로 갖기를 바라는 것이다. 하지만 아이들을 풍족한 라이프스타일이 갖는 장단점에 너무 일찍 노출시키면 아이들은 정반대로 행동할 수 있다. 즉 이제 막 싹트는 자율성이나 자존감이 약화될 수 있고, 개인으로서의 자신이 누구인가를 먼저 생각하기 전에 자신이 소유한 것과 마음대로 할 수 있는 것을 중심으로 스스로를 생각하게 될 수도 있는 것이다.

학위형 부모

이 유형의 중산층 부모들은 교육계 혹은 교육과 관련된 분야(출판계 등)에서 일하는 경우가 많다. 이들은 학사 학위로 대표되는 인문학 교육을 탄탄히 시키는 것이 성공적이고 충만한 인생의 기초라고 믿는다. 하지만 학위형 부모 역시 슈퍼키드 신드롬에 사로잡혀 자녀가 특출하게 똑똑하고 교육을 많이 받기를 바라는 경향이 있다. 이들은 아이를 특출하게 만들려면 공부, 즉 읽기, 수학, 고전, 과학 같은 것들을 최대한 일찍 시작해야 할 것 같은 '기분'을 느낀다. 학위형 부모는 자녀가 명문 유치원에 입학하기를 바라는데, 그 속에는 명문 유치원에 합격하는 것 자체가 최소한 평균은 넘는다는 증거라고 여기는 심리도 숨어 있다.

학위형 부모는 유치원이나 초등학교 저학년 교육과정에 관심이 아주 많다. 예컨대 학위형 부모 가운데는 앞으로 다닐 유치원 원장에게 이런 질문을 한 사람도 있다. "과학 수업은 어떻게 구성되나요?" 또 초등학교 1학년 담임에게 이렇게 소리를 빽 지른 부모도 있다. "아이한테 어떻게 '보통'을 줄 수가 있나요? 그래 가지고 우리 아이가 MIT에 들어가겠어요?" 많은 학위형 부모들이 자녀가 유치원에서 숙제를 받아오기를 바란다. 이들은 유치원을 방문했다가 아이들이 한 줄로 앉아 맨 앞좌석의 '운전사'가 냄비를 운전대랍시고 잡고 앉아 시내 구경을 시켜주는 놀이라도 하고 있으면 난리를 친다. 천재적인 지능을 타고난 자신의 아이에게 그런 놀이는 학문적으로 충분한 자극이 될 수 없다고 믿기 때문이다.

학위형 부모는 그들의 부모 역시 교육의 가치를 강조했던 경우가 많다. 교육은 남보다 앞서고 아메리칸 드림을 이루도록 해주는 신분 상승의 도구였기 때문이다. 여러모로 이런 사정은 지금도 마찬가지이긴 하지만 학위형 부모들 자신이 자란 방식과 그들이 자녀를 키우는 방식 사이에는 근본적인 차이가 있다. 이것은 교육의 가치에 관한 얘기가 아니라 그 교육에서 부모와 자녀가 차지하는 책임에 관한 얘기다.

예전에 교육을 중시했던 부모들은 자신의 역할이 환경 조성이라고 생각했다. 스스로는 누리지 못했던 교육의 혜택을 자녀가 받을 수 있게 해주는 게 자신들의 역할이라고 생각했던 것이다. 일부 이민자나 노동계급 부모들 중에는 아직도 이렇게 생각하는 사람들도 있다. 하지만 슈퍼키드 심리는 부모들의 방향성에 미묘하지만 중대한 변화를 몰고 왔다. 이제 학위형 부모들은 자녀가 교육받는 것을 '가능하게' 만드는 수준에서 그치지 않고 경쟁에서 '우위'를 점하도록 해주는 게 부모의 역할이라고 생각한다.

슈퍼키드 심리 속에는 자녀가 특출해지는 데는 부모의 역할이 중요하다는 생각이 포함되어 있다. 학위형 부모들은 공부 중심의 유치원에 집어넣거나 일찍부터 읽기를 가르치는 등의 방법을 통해 아이가 지적으로 우월해지기를 바란다. 그게 무슨 잘못이냐고 물을 사람도 있을 것이다. 아이에게서 부모로 약간의 책임을 옮기는 게 뭐가 잘못되었느냐고 말이다.

하지만 이렇게 생각해보자. 아이가 공부를 잘하면 부모가 제때 알맞은 학교에 보내 가르친 덕분이다. 물론 아이가 잘하지 못하면, 지적으로 우월해질 수 있는 모든 걸 해줬는데도 제대로 따라가지 못한 아이의 잘못이다. 아이가 지적으로 우월해질 수 있는 온갖 재료를 제공하는 부모들이 잘못된 이유는 자녀의 성공은 모두 부모의 공으로 돌리고 자녀의 실패에 대해서는 그 어떤 책임도 지지 않기 때문이다.

부모가 자녀의 성취를 모두 책임지려고 했던 다음의 두 극단적인 사례를 살펴본다면 자녀를 슈퍼키드로 만들려고 하는 게 왜 위험한 일인지 잘 알 수 있다. 존 스튜어트 밀의 회상이다.

하이드파크에서의 일이 또렷이 기억난다. 나는 열네 살이었고 그날 저녁이 지나면 오랫동안 아버지를 떠나게 될 것이었다. 아버지는 내가 새로운 사람들을 만나게 되면 보통 내 또래들은 알지 못하는 것을 내가 얼마나 많이 배웠는지 알게 될 거라고 하셨다. 그리고 많은 사람들이 나의 그런 점을 이야기하며 칭찬할 거라고 하셨다. 그리고 또 뭐라고 하셨는데 잘 기억나지 않는다. 하지만 마지막에 하신 말씀은 또렷이 기억난다. 내가 남보다 많이 아는 것이 있다면 그것은 내가 잘나서가 아니라 운 좋게도 아주 남다른 혜택을 누렸기 때문이라는 것이다. 나를 가르쳐줄 능력이 되고 기꺼이 그럴 시간과 노력을 내준 아버지가 있었던 덕분인 것이다. 그러니 똑같은 혜택을 누리지 못한 다른 사람들보다 내가 더 많이 안다고 해서 절대로 스스로를 칭찬할 일은 아니며, 오히려 내가 그들보다 많이 알지 못한다면 그거야말로 매우 수치스럽게 여겨야 할 일이라고 아버지는 말씀하셨다.[2]

노버트 위너의 아버지 역시 아들의 성공을 자신의 공으로 돌렸다.

아버지는 내가 성공했다면, 진짜로 뭔가를 이뤘다면, 그건 내게 뭔가 뛰어난 능력이 있어서가 아니라 아버지가 교육을 잘한 덕분이라는 얘기를 자주 하셨다. 아버지는 신문 기사나 인터뷰에서도 그런 견해를 피력했다. 아버지는 내가 지극히 평범한 아이인데 당신이 잘 가르친 덕분에, 순전히 그 덕분에 그렇게 높은 수준의 업적을 이뤘다고 주장하셨다.[3]

물론 이 사례들이 평범한 경우는 아니다. 그러나 슈퍼키드를 만드는 데 열중한 부모들이 자신의 힘에 얼마나 도취될 수 있는지는 충분히 잘 보여준다. 부모가 자녀의 노력이나 능력은 철저히 부정하면서 자녀의 남다른 성공을 자신들의 공으로 돌리는 것은 아이에게는 재앙과 같다.

금메달형 부모

이 유형의 부모들은 아이가 올림픽 수준의 운동선수나 기타 여러 대회의 참가자가 되길 바란다. 금메달형 부모는 승진을 기대하기 힘든 평범한 중간 관리직에 종사하는 경향이 있다. 그리고 직업이 아예 없거나 직업이 있어도 별로 전념하지 않는 경우가 많다. 이들은 재미없는 직장이나 가사 노동 혹은 양육에서 오는 지루한 일상의 탈출구로서 자녀의 스포츠 활동이나 대회 참가 활동을 활용한다. 금메달형 부모는 자녀의 훈련이나 대회 참가를 위해 많은 시간과 돈을 기꺼이 투자한다. 예컨대 자녀가 아이스 스케이팅을 한다면 부모는 코치와 아이스 링크 대여 비용(스케이트를 매일 탄다면 계속 늘어난다), 스케이트화, 의상비 등을 지불해야 하고 지역 대회나 전국 대회에 참가할 경우 (직장을 쉬어야 하는 것은 물론이고) 교통비와 숙박비도 부담해야 한다. 그리고 매일 아침 일찍 아이를 아이스 링크까지 데려다주고 오후 늦게 데려오는 것만 봐도 부모가 아이의 활동에 얼마나 헌신적인지를 알 수 있다.

금메달형 부모는 언제나 슈퍼키드 마인드를 갖고 있었지만 특히 요즘의 금메달형 부모들은 최대한 일찍 시작해야 자녀를 '스타'로 만들 가능성이 크다고 믿는다. 이런 부모들은 그럴 만한 충분한 이유도 없이 아이들을 자꾸만 더 어린 나이에 경쟁 활동에 참가시킨다. 유치원생들이 수영, 체조, 스키, 스케이트 수업에 등록하고, 예쁜 어린이 선발 대회에 참가하는 영유아도 100만 명이 넘는다. 재능 있는 아이들이 7, 8세 이후에 운동이나 기타 경쟁 활동에 참가

한다면 뭔가 의미가 있을 수도 있겠지만 그보다 어린 나이에 그런 활동을 시작해야 할 이유는 거의 없으며, 특히 5세 이전에 시작해야 할 이유는 눈 씻고 봐도 전혀 찾을 수가 없다.

무엇보다 신체적 위험 부담이 있다. 청소년기까지는 아직 근육이 충분히 발달하지 않고 뼈도 완전히 굳지 않기 때문에 격렬한 스포츠 활동은 어린아이들에게 심각한 신체적 손상을 입힐 수 있다. 1등이 되기 위해 지독한 훈련을 감내하는 학령기 아동들에게는 벌써 이런 일이 벌어지고 있다.

환자는 재킷을 벗다가 움찔하고 놀랐다. 어깨에서 찌르는 듯한 극심한 통증을 느낀 것이다.

검진 결과 어깨의 힘줄과 뼈 사이 마찰을 줄여주는 끈적끈적한 액체가 찬 공간에 염증이 생겨 있었다.

진단 결과는 점액낭염, 노인들에게 흔한 질병이었다.

하지만 환자는 수영을 열심히 하는 아홉 살밖에 안 된 아이였다.

"운동을 하다가 점액낭염이 생긴 거예요." 보스턴아동병원의 스포츠의학과장인 라일 미티첼리 박사는 말한다.

"스포츠의학과 전문의나 클리닉을 찾는 아이들이 옛날보다 늘어나고 있어요. 성인들이 걸리는 질병을 앓거나 스포츠 혹은 댄스를 하다 부상을 입어서 찾아오는 거죠. 아이들이 건염에 걸리고, 무릎 부상이나 연골 파열, 척추나 다리, 장골의 피로 골절을 당하고, 어깨나 팔꿈치, 성장판에 손상을 입는 경우도 드물지가 않습니다."

아동 클리닉에는 매주 평균 150명 정도의 어린이가 스포츠에서 입은 부상으로 찾아온다. 지난 3년간 (일부는 스포츠의학에 대한 관심이 증가한 이유도 있지만) 월별 환자 수는 200명에서 600명으로 늘었다. 아이들의 90퍼센트는 단순 놀이가 아니라 종목 스포츠에서 다친 경우다.[4]

아이가 경쟁을 감당할 수 있는 안정감이나 자존감이 생기기 전에 너무 어린 나이에 경쟁을 경험하면 심리적으로도 위험하다. 그런데 문제는 이런 심리적 위험이 그렇게 나쁜 것만은 아니라고 생각하는 사람들이 있다는 것이다. 예컨대 딸을 예쁜 어린이 선발 대회에 내보내는 어머니들은 어린 나이의 경쟁이 아이의 성격 발달에 도움이 된다고 주장한다.

로체스터에 사는 토니 홀링스워스 부인은 네 살배기 딸 에리카의 눈에 새도우와 마스카라를 꼼꼼히 바르면서 이렇게 말했다. "이런 데 시간이 얼마나 많이 드는지 사람들은 잘 몰라요. 특히나 재능을 키우려면 말이죠."
모녀는 최근 텍사스 주 애빌린의 스타디움고등학교에서 열린 미국예쁜어린이대회 무대 뒤에 서 있었다.
"딸아이는 봉을 떨어뜨리거나 생각만큼 잘하지 못했다고 느끼면 좌절해요." 홀링스워스 부인은 말을 이으면서도 한편으로 딸의 금발머리를 빗질하고 메이크업을 마무리했다.
늘 하듯이 에리카가 봉을 빙글빙글 돌리며 여기저기를 가리키자 홀링스워스 부인은 미소를 지었다. "무대에서는 봉을 너무 높이 들지 말고. 의기소침해하지도 말고 떨어뜨렸다고 찡그리면 안 돼." 그러고는 웃음을 터뜨리며 이렇게 인정했다. "저는 용기가 없어서 엄두도 못 내봤던 일을 딸아이가 하고 있어요. 딸을 통해 다시 사는 느낌이랄까요. 그래도 대회 참가 여부는 제가 강요하는 게 아니라 딸아이가 결정해요.

이런 대회에 왜 참가하는지 많은 사람들이 오해하는 것 같아요. 사람들은 이게 그냥 쇼일 뿐이고 아이들은 자기가 얼마나 예쁜지 보여주려 나왔다고 생각하죠. 하지만 이런 대회는 아이에게 절제와 자제력을 가르쳐줘요. 품위 있게 이기고 지는 법을 알려주지요."[5]

그러나 이런 대회를 조직하는 사람들조차 대회에서 얻어갈 수 있는 것도 있지만 그 대가로 상당한 위험을 감수해야 한다는 사실을 인정한다.

"자기 딸이 우승하지 못했다고 화를 내고 흥분하거나 성질을 부리며 심사 위원들에게 호통을 치는 어머니를 보면 기분이 좋지 않아요." 텍사스 선버스트대회의 담당자인 지미 앤 드로스의 말이다. 그녀는 다른 불만도 이야기했다. "어색한 미소를 지으며 이 대회, 저 대회 참가하는 아이들이 있어요. 자연스러운 미소와 자연스러운 대답이 더 좋은데 말이죠."[6]

5세도 되기 전에 아이를 운동이나 대회에 내보내는 금메달형 부모는 잘못된 교육을 하는 것이다. 아무 이유 없이 아이를 위험에 노출시키면서 말이다. 설사 네 살배기 아이가 예쁜 어린이 대회에 참가해서 무언가를 배울 수 있다손 치더라도 과연 덜 위험하고 더 건강한 방식(더 저렴한 방식임은 말할 것도 없다)으로는 똑같은 것을 배울 수 없을까? 훌륭한 유치원에 다니는 아이라면 그 연령에 맞는 활동을 통해 자신감과 자존감을 충분히 얻을 수 있다.

6, 7세가 되어 성장 안정기에 도달할 때까지 경쟁 활동을 미루더라도 잃는 것은 아무것도 없다. 오히려 많은 것을 얻을 수 있다. 아이가 정말로 정식 교육을 받고 경쟁을 할 준비가 되었는지 잘 알 수 있는 지표는 영구치가 나는 것이다. 물론 어릴 때부터 시작해 아이를 특출한 운동선수로 만들려는 부모들 가운데 일부는 분명 성공한다. 하지만 실패하는 사람이 그보다 훨씬, 훨씬 더 많다. 그리고 금전적 대가는 차치하더라도 그 실패로 인해 치러야 할 정서적인 대가는 어마어마한 비극이 될 수 있다.

스스로형 부모

일부 부모는 자연으로 돌아가려는 성향이 있다. 이들은 산업과 기술이 우리를 자연환경으로부터, 그리고 타고난 본성으로부터 너무 멀어지게 한다고 걱정한다. 스스로형 부모는 주로 도시에 살면서도 『대자연 소식』 같은 잡지를 즐겨 보고, 장작 난로가 있는 오두막을 짓겠다는 꿈을 꾼다. 스스로형 부모는 사회복지사나 교회 담당자, 간호사처럼 복지나 의료 부문에서 일하는 경우가 많다. 이들은 자녀 양육에 대해 별로 긴장하지 않는 편이고 아이가 제 나름의 속도와 시간표대로 성장하게 내버려둔다. 하지만 공립학교 교육 프로그램에 만족하지 못하는 스스로형 부모들이 늘어나면서 이들 중에도 (자기도 모르게) 슈퍼키드 심리에 사로잡히는 부모들이 많아졌다. 슈퍼키드를 부적절한 현대사회에 맞서 아이를 보호할 하나의 방편으로 생각하는 것이다. 스스로형 부모들은 이런 사실을 충분히 자각하지도 못한 채 자녀를 환경과 자연, 동물을 보호하는 슈퍼키드로 만들고 싶어한다. 또한 슈퍼키드로 만들기 위해 '일찍 시작할수록 좋다'는 요즘의 상식도 그대로 수용한다.

내가 메리 J.와 마이클 J.를 만난 것은 국제모유수유연맹의 워싱턴 D.C. 모임에서 강연을 했을 때였다. 나는 호텔에 체크인을 하고 식당에서 늦은 점심을 먹고 있었는데, 마이클이 다가와 아내 메리와 7개월 된 아기를 소개했다. 이들은 테네시에서 왔는데 마이클은 그곳 교회에서 청소년 사역을 담당하고 있었고, 간호사인 메리는 가정을 돌보려 일을 쉬는 중이었다. 메리는 내게 홈스쿨링에 대해 어떻게 생각하는지 물었다. 나는 홈스쿨링이 앞으로의 추세라고는 생각하지 않지만(맞벌이 부부나 한 부모 가정이 늘어나면서 집에 있는 부모가 줄고 있으므로 홈스쿨링을 선택하는 부모도 줄 것이기 때문이다) 홈스쿨링을 선택하는 부모에게는 나름의 의미가 있을 거라고 했다. 그리고 장점 못지않게 위험도 있을 수 있다고 말해주었다.

그때 메리의 입에서 뜻밖의 질문이 나왔다. "아이가 학교에 갈 나이쯤 되면 홈스쿨링을 할 생각은 없고요, 아직 아기일 때 제가 읽기 정도는 가르칠 수 있지 않을까 생각했어요. 학교에 입학하면 더 잘 따라갈 수 있게 말이에요. 제가 유아 읽기 교육에 관한 책을 두어 권 갖고 있는데, 꽤 쉽고 간단해 보이더라고요."

　이게 바로 무의식중에 슈퍼키드 심리를 받아들인 스스로형 어머니의 모습이다. 온전히 자각하지는 못했지만 메리는 보통 이상의 아이를 갖고 싶다는 욕망을 표출하고 있었다. 정말이지 메리와 마이클은 자신들이 슈퍼키드를 원한다는 사실을 몰랐고, 그들의 이런 욕망은 어느 모로 보나 평등주의적이고 인본주의적인 그들의 기풍과는 정면으로 모순되었다. 스스로형 부모들에게 슈퍼키드 심리가 얼마나 많이 퍼져 있는지를 보여주는 사례다.

생존 훈련형 부모

자녀에게 정글 같은 세상에서 살아남는 법을 가르치는 게 교육의 최우선 목표라고 생각하는 부모들도 있다. 이런 부모들은 과거에 혹은 지금도 군인이나 경찰 같은 직종에 종사하는 경우가 많다. 또 몸짱 열풍에 사로잡혀 생존 요령은 일종의 부가적 혜택이라고 생각하는 젊은 직장인 부모들도 있다. 생존 훈련형 부모들은 요즘 아이들 앞에 놓인 위험이 무엇인지 특히 잘 알고 있다. 집에서 혹은 가게에서 아이들이 유괴되고, 아이들을 돌봐줘야 할 사람들이 성추행을 일삼는 세태 말이다. 그래서 이들 부모는 자녀가 영유아 단계일 때부터 생존 훈련을 시킨다.

　생존 훈련형 부모 역시 스스로형 부모처럼 자신도 모르게 슈퍼키드 마인드를 받아들인 것으로 보인다. 생존 훈련형 부모는 아이가 온갖 위험으로부터 특별히 스스로를 잘 보호하기를 바란다. 그래서 여러 장사꾼에게 특히 취약한 것도 사실이다. 장사꾼들은 아기가 '물에 빠져 죽지 않게' 수영 수업에 보내라고 하고, 유아들이 스스로를 '보호'할 수 있게 무술 수업을 받게 하라고 한다. 심지어 해를 끼칠지도 모를 '낯선 사람'을 구별하고 피하는 법을 알려준다는 수업도 있다.

안타깝게도 생존 훈련형 부모들 역시 아이에게 더 일찍 자기 보호 훈련을 시키면 아이들의 위험 대처 능력도 월등해질 거라는 생각을 은연중에 받아들이고 있다. 하지만 영유아에게 이런 훈련을 시킬 경우 특별히 더 위험할 수 있는데, 거기에는 두 가지 이유가 있다.

첫째, 영유아에게 자기 보호 기술을 가르칠 경우 부모에서 아이에게로 책임 소재가 미묘하게 이동할 수 있다. 아기가 수영법을 안다면 부모는 아기가 우연히 물에 빠질 걱정을 덜할 수 있다. 자녀가 낯선 사람을 따라가지 않아야 하는 것을 안다면 아이를 위험한 장소에 보낼까 노심초사하지 않아도 된다. 부모들은 자녀에게 생존 요령을 가르침으로써 자녀에게 부당한 책임을 지우고 부모로서 마땅히 가져야 할 경계심은 덜고 있는지도 모른다.

둘째, 요즘 나오는 사설 프로그램들은 서너 살배기 자녀에게 스스로 보호하는 법을 가르치게끔 도와주겠다고 한다. 물에 빠지거나 아동 학대를 당하는 일을 피할 수 있다면서 말이다. 하지만 이것은 가능하지도 않고 절대로 믿어서도 안 될 방법이다. 예컨대 영아에게 수영을 가르쳤다고 치자. 1주일, 한 달 혹은 1년이 지나면 아기는 수영하는 법을 잊을 수도 있다. 더 큰 아이나 어른들처럼 아기도 계속해서 여러 가지 기술을 기억하고 있을 거라고 기대하면 안 된다는 얘기다. 마찬가지로 세 살 혹은 네 살배기들은 해코지를 하려는 어른으로부터 절대로 스스로를 보호할 수 없다. 이 연령대의 아이들은 친절한 태도로 해칠 생각을 갖고 있는 어른과 실제로 잘 해주려는 어른을 결코 구분할 수 없다.

예를 들면 이런 식이다. 한 엄마가 네 살배기 딸에게 낯선 사람을 따라가면 절대로 안 된다고 한 시간 동안 설명했다. 마지막으로 엄마가 물었다. "무슨 말인지 알겠어? 알아들었어?" 딸이 대답했다. "응, 응. 알았어. 그런데 낯선 사람이 뭐야?"

이런 사례도 있다. 엄마는 네 살배기 아들에게 혼자 뒷마당에서 놀면 안 된다고 했다. 그런데 어느 날 보니 아들이 뒷마당에서 혼자 놀고 있었다. 엄마는 밖으로 쫓아나가 왜 혼자 나와 있냐고 물었다. 아들이 대답했다. "아, 나쁜 사람이 오면 알 수 있으니까 그때 뛰어 들어가려고." 엄마가 물었다. "나쁜 사람인지 아닌지 네가 어떻게 아는데?" 아들이 대답했다. "어, 나쁜 사람은 이마에 반창고를 붙이고 있잖아." "이마에 반창고를 붙이고 있다고?" 당황한 엄마가 물었다. "응." 아들이 대답했다. "엄마가 그랬잖아. 나쁜 사람은 머리에 병이 있다고."

내 아이를 맡긴 사람이 아이를 잘 돌볼 것인지 모든 수단을 동원해 확인해야 하는 것은 부모의 책임이다. 아이 스스로 그렇게 하게끔 아이를 가르칠 방법은 없다. 아이에게 가르치면 된다고 부추기는 프로그램들은 부모에게서 아이에게로 미묘하게 책임 전가를 유도하고 있고, 아이가 안전하다는 위험한 착각을 하게 만들 수 있다.

어린아이에게 낯선 사람을 따라가면 안 된다는 말을 하지 말라는 얘기가 아니다. 다만 6, 7세가 되기 전까지는 아이가 그 말의 의미를 완전히 이해했다고 기대하면 안 된다는 뜻이다. 마찬가지로 유아용 수영 수업이나 운동 수업이 부모들에게 사교적인 외출 기회가 된다면, 그리고 아이의 발달 수준에 적합하다면 신체적 위험도 줄어들고 부모 자식 간의 건강한 소통도 증진할지 모른다. 하지만 이런 프로그램이 어린아이에게 생존 요령을 가르친다는 명목으로 팔려나가고 있다면 그것은 잘못된 교육이다. 부모로서의 책임을 아이에게 전가하는 것은 아무 이유 없이 아이를 위험하게 만드는 일이다.

천재형 부모

천재형 부모는 일반적인 교육과정을 거치지 않고 경제적으로 성공을 거둔 경우가 많다. 고등학교 과정보다 조금 더 배웠거나 그보다 덜 배운 경우도 많은데, 그런 배경에도 사업적으로 성공했기 때문에 이들은 교육이나 '배운 사람'에 대해 이중적인 감정을 품고 있다. 천재형 부모들은 학창 시절에 교육을 좋아하지 않았기 때문에 학교 수업 일반이나 특히 배운 사람들에 대해 일종의 불신을 갖고 있다. 그러면서도 교육이 제공하는 '수준', 다시 말해 배운 사람들이 쓰는 말투라든지 태도에 대해서는 매력을 느낀다. 천재형 부모들은 자녀 역시 사업가가 되길 바라지만 '약간의 수준'도 갖추길 바란다.

슈퍼키드 심리는 천재형 부모에게도 상당히 매력적인데, 왜냐하면 부모 스스로도 자기 자신을 일종의 천재(말하자면 스스로 만든 슈퍼키드)라고 생각하기 때문이다. 이들은 학교교육 덕분이 아니라 특별한 재능이나 능력 덕분에 자신이 성공했다고 생각하며, 그래서 교육이 그런 능력을 오히려 무뎌지게 할 수 있다고 보는 경향이 있다. 그리고 놀랄 일도 아니지만 천재형 부모는 자신의 자녀도 천재라고 생각한다. 또 교육이 제공하는 '수준'을 갖추느라 자녀가 어떤 대가를 치르지 않을까 걱정한다. 그런 이유로 '일찍 시작할수록 좋다'는 주장은 학교교육의 악영향에 노출되기 전에 자녀가 '수준'을 확보할 수 있도록 부모가 뭔가 역할을 할 수 있다는 인상을 주기 때문에 천재형 부모에게 호소력이 있다.

천재형 부모들은 학교교육이 형편없으며 아이의 재능이나 능력을 제대로 계발하지 못한다고 말하는 책이나 저자들에게 끌린다(글렌 도먼의 『아이에게 읽기를 가르치는 방법』이나 『아기에게 수학을 가르치는 방법』 혹은 지그프리드 엥겔먼과 테레즈 엥겔먼의 『우수한 아이 만들기』, 시드니 레슨의 『아이에게 읽기 가르치기 60일 완성Teach Your Child to Read in Sixty Days』 같은). 이런 저자들은 천재형 부모에게 자녀의 수준은 유지하면서도 학교교육의 부정적 영향으로부터는 안전하게 지켜주겠다고 약속한다. 이런 프로그램이 종종 읽기나 수학뿐만 아니라 외국어나 음악 교육처럼 '수준 있는 주제'를 제시하는 것은 결코 우연이 아니다.

일부 천재형 부모들은 그런 모습을 아주 뚜렷이 보여준다. 최근 한 강연에서 있었던 일이다. 나는 조기교육의 잠재적 위험성에 관해 이야기했는데 강연이 끝나자 한 어머니가 격분해서 다가왔다. "선생님께서 하신 말씀 중에 몇 가지는 완전히 틀렸어요. 제 아들은 지금 네 살인데 4학년 교과서를 읽고, 일본어를 할 줄 알고, 바이올린까지 멋지게 연주해요. 그러면서도 건강하고 행복한 아이예요. 그러니 뭐가 잘못됐다는 건가요? 우리 아들이 얼마나 유리하겠어요? 또래들보다 얼마나 앞서 있냐고요. 이렇게 소중한 몇 년을 낭비하고 그냥 텔레비전이나 보고 놀게 했어야 하는 건가요?"

그토록 아이에게 헌신해 결국은 성공을 거둔 이 어머니에게 나는 축하를 건넸다. 그리고 내가 책이나 강연에서 했던 얘기는 조기교육이 나름의 위험성이 있다는 뜻이라고 다시 한 번 말해주었다. 아마도 그녀의 아이는 운 좋게도 조기교육의 직접적 위험들을 피해간 모양이다. 좌절감이나 실패, 학업 성적을 자신의 가치와 혼동하는 등의 여러 위험 말이다. 하지만 성공한 아이들에게도 문제는 있다. 장담하건대, 이 어머니와 같은 부모들은 자녀를 자랑하는 데서 그치지 않고 자녀를 남 앞에 내보이고 싶은 유혹을 느낀다. 나는 손님들 앞에서 바이올린은 켜보라고 할 때마다 울음을 터뜨렸던 네 살배기를 알고 있다.

또한 조기교육의 위험을 피해간 아이들은 또래와 다르다는 문제로 위기를 겪을 수도 있다. 또래들이 그 아이를 진심으로 싫어한다면 예사 문제가 아니다. 한 교사는 내게 항상 교사가 잘못한 것을 지적하며 으스대던 아이의 얘기를 들려주기도 했다. 공장에서 찍어

내듯 만들어진 천재라면 적어도 다른 사람들에게는 골칫거리가 될 수 있다.

억지로 만들어낸 천재들의 진짜 문제점은 인문 교육이라는 호사가 어린아이다운 모습에는 전혀 어울리지 않는다는 점이다. 진정한 인문 교육이란 일반 교육의 정점에서 이뤄지는 것이지 다른 교육의 바탕이 되는 것이 아니다. 어린아이가 교양 있는 언어나 음악, 수학, 미술 등을 구사하는 모습을 보면 심지어 약간 괴물처럼 느껴지기도 한다. 이런 것은 진정한 아이다움을 부정하는 일이고(아이들이 정말로 지적인 교양을 얻으려면 대체 얼마나 노력을 퍼부어야 할까) 진정한 인문 교육을 세속화시킨 것에 지나지 않는다. 안타깝지만 천재를 만들려던 많은 부모들은 결국 모방작을 만드는 데 그친다.

심리 치료형 부모

최근 유행하는 심리 치료에 심취한 부모들도 있다. 이들은 대학을 졸업한 전문직 종사자이거나 부모만큼 경제적으로 성공하지 못한 사업가인 경우가 많다. 이들은 아이였을 때 혹은 성인이 되어 심리 치료를 받은 경우가 많다. 심리 치료형 부모는 정직이나 '솔직함', '의사소통', '연결', '네트워크' 등의 말들에 집착한다. 지금은 10년 전만큼 심리 치료형 부모를 많이 볼 수 없지만 도시 지역에서는 아직도 이런 부모들이 남아 있다. 심리 치료형 부모는 이혼해서 혼자이거나 재혼한 경우가 많으며 이별이나 죽음 등의 스트레스에 특히 민감하다.

이들은 인간관계를 중시하기 때문에 여러 인간관계를 잘 유지하려고 애쓴다. 용어 선택이나 방법 면에서 유행을 쫓는다는 점만 제외하면 이런 점은 오히려 이들의 강점이다. 하지만 심리 치료형 부모 역시 다른 유형의 부모들 못지않게 무의식적으로 슈퍼키드 심리를 받아들인다. 온전히 자각하지는 못하지만 심리 치료형 부모들은 심리 측면에서 특별히 예민하고 감수성 있는 자녀를 원하는 것으로 보인다. 다시 말해 '심리적' 슈퍼키드를 원하는 것이다.

심리 치료형 부모들은 또 어떤 유형이 되었든 슈퍼키드를 만들려면 일찍 시작하는 게 좋다는 생각을 받아들인다. 그래서 자녀에게 죽음이나 핵전쟁의 위험, 유괴범이나 성추행범 등에 관해 얼마든지 빨리 알려주어도 좋다고 생각한다. 그리고 어린아이가 부모의 벌거벗은 모습을 보는 것도 건전하다고 생각한다. 하지만 이런 행동은 때로 역효과를 불러올 수 있다. 한 심리 치료형 부모가 친구들을 집으로 초대했을 때의 일이다. 그중에는 갓 낳은 아들을 데려온 커플도 있었다. 아기 엄마가 기저귀를 갈러가자 주인 부부의 세 살배기 딸이 그 뒤를 따라갔다. 잠시 뒤 돌아온 딸은 손님들 앞에서 이렇게 소리쳤다. "우리 아빠 물건이 아가 것보다 훨씬 커요!"

안타깝지만 심리 치료형 부모들은 양육 방법에 관한 최신 유행에 이리저리 휩쓸릴 수 있다. 문화적으로나 사회적으로 혹은 종교적으로 아무런 기반도 없고 아동 발달에 관한 연구 결과나 이론과도 전혀 무관한 유행에 말이다. 아이에게 동생의 출산 모습을 보여주는 것 역시 그런 유행의 하나다. 최근에 있었던 한 강연 후에 배가 많이 나온 임신부 한 명이 내게 다가왔다. 그녀는 네 살배기 아들에게 동생이 태어나는 모습을 보여주는 걸 어떻게 생각하느냐고 물었다. 뜬금없는 질문이라 당황했던 나는 심리학자들이 예상치 못한 질문을 받았을 때 흔히 쓰는 대처법을 이용하기로 했다. "왜 그렇게 하려고 하시는데요(속으로는 '대체 왜요!'라고 외치고 있었다)?" 그녀의 대답은 이랬다. "우린 한 가족이니까 더 가까워지려고요."

잠시 생각에 잠겼던 나는 곧 이렇게 말했다. "제 생각으로는 그런 경험은 네 살배기한테 상당히 무서울 수도 있을 것 같습니다. 좀 덜 폭력적인 방법으로 서로 가까워질 수 있는 방법을 몇 가지 추천해드릴게요." 그때 옆에서 우리 대화를 듣고 있던 다른 어머니가 끼어들었다. "아, 이 강사님 말씀 듣지 마세요. 저는 두 살배기 아들한테 동생이 태어나는 걸 보여줬는데 아들은 여섯 살인 지금까지도 그때 이야기를 한답니다!" 이 일화를 다른 강연에서 얘기했더니 강연이 끝나고 한 어머니가 찾아왔다. "저는 아들에게 동생의 출산 모습을 보여주지는 않았어요. 대신 아들이 동생을 씻겨주고 탯줄을 자르게 했습니다!" 그러고는 약간 실망한 듯한 목소리로 말했다. "아들은 지금 열한 살이고 딸아이는 여섯 살인데 아직까지도 서로 싸워요."

모든 일에는 적절한 때와 장소가 있다. 유아기는 아이에게 핵전쟁이나 죽음에 관해 들려주고 생명의 진실을 목격하게 해줄 만한 시기가 아니다. 어린아이의 '순진무구함'을 지켜줘야 한다는 등의 낭만적인 맥락에서 하는 말이 아니다. 아동 발달에 관한 엄연한 사실에 입각해서 하는 얘기다. 어린아이는 출생은커녕 죽음을 이해할 수 있는 개념조차 갖고 있지 않다. 8, 9세가 되기 전의 아이에게 죽음이란 그저 멀리 떠나는 것이고, 출산이란 어딘가에서 돌아오는 것에 불과하다. 아이가 출산 현장에 있다는 것은 임신이나 출산 등과는 아무 관련 없는, 피투성이의 고통스럽고 이해 안 가는 사건을 목격하는 일에 지나지 않는다. 어린아이에게 이것은 부정적인 영향을 상쇄할 만한 건설적인 효과라고는 찾아보기 힘든 그저 무서운 경험에 불과하다.

물론 아이가 우연히 그런 장면을 목격했다면 솔직하게 바른 대로 알려주어야 한다. 아이가 그것을 보고 느낀 감정을 표출할 수 있게 격려해주고 대화를 나누는 것이 중요하다. 삶과 죽음의 문제에 관해 듣는 것만으로도 아이에게는 무서울 수 있다. 내 환자 가운데 아홉 살 된 여자아이는 엄마 친구의 아기가 유아돌연사증후군으로 사망하자 불안 발작을 일으키기도 했다. 아이는 미처 자신의 감정을 이야기할 틈도 없이 걷잡을 수 없는 울음을 터뜨리며 공포와 불안을 나타냈다.

일부러 아이에게 정서적인 사건들을 빨리 겪게 만든다고 해서 아이가 심리적 슈퍼키드가 된다는 보장은 없다. 오히려 정반대의 결과를 초래해 정서적으로 문제를 겪는 아이가 되게 할 수도 있다.

🐾 우유 쿠키형 부모

모든 부모가 의식적 혹은 무의식적으로 슈퍼키드 심리에 무릎을 꿇는 것은 아니다. 많은 부모들이 자녀가 열심히 공부해서 성공하기를 바라는 한편으로 아이가 유년기를 즐기기를 바란다. 미래에 대한 준비를 하면서도 인생의 각 단계가 지닌 고유한 즐거움과 스트레스를 즐기길 바라는 것이다. 우유 쿠키형 부모들은 대부분 행복한 유년기를 보낸 사람들이다. 이들은 기쁜 마음으로 유년기를 회상하기 때문에 자녀 역시 그 같은 유년기를 보낼 수 있기를 바란다. 내가 관찰한 바로 우유 쿠키형 부모는 어느 직업군, 어느 사회 계층에나 있다. 그리고 이들의 공통점은 유년기를 진정으로 숭배한다는 점이다. 이들은 유년기가 인생의 어느 단계 못지않게 소중하기 때문에 잘 보존되어야 한다고 생각한다.

우유 쿠키형 부모들은 자녀들에 대해 느슨한 태도를 갖는 편이다. 예컨대 아이를 어리고 상대적으로 힘없는 존재로 보면서 보살핌과 관심이 필요한 대상이라고 생각한다. 아이가 뭔가를 이루면 기뻐하고 자부심을 느끼지만 웃으면서 옆에서 지원할 뿐 빨리 성장시켜야겠다고 서두르지는 않는다. 우유 쿠키형 부모들은 자녀에 대해 그리고 성장과 발달이라는 끝없이 이어지는 기적에 대해 한없는 경이로움을 느끼는 경우가 많다. 이들은 일종의 자연주의자가 되어 기쁨과 놀라움으로 아이의 발전을 관찰한다.

다음은 한 우유 쿠키형 아버지가 짧은 출장에서 돌아와 갓난아기인 딸과 재회한 순간을 기록한 것이다.

콜럼버스로 돌아온 나는 곧장 아내와 딸이 묵고 있는 처가로 갔다. 초인종을 누르자 문을 연 아내의 팔에 딸아이가 안겨 있었다.

"아빠 기억나니?" 나는 어맨더에게 말을 걸었다.

아이의 얼굴이 환해졌다. 딸아이는 미소를 지으며 고개를 끄덕이더니 내게 오려고 했다.

"세상에나." 장모님이 말했다. "아무한테도 이런 적이 없는데. 애가 정말로 자네를 알아보나봐."

그렇게 믿어야 할지, 아닌지는 모르겠다. 어맨더는 아직 너무 어리기 때문에 아내와 나는 결코 아이가 우리를 알아볼 리 없다는 말을 자주 한다. 우리가 아무리 많은 시간을 딸아이와 함께 보낸다고 하더라도 말이다.

하지만 어맨더의 눈에 드러난 표정을 보면, 그리고 나를 대하는 몸짓을 보면, 어쩌면 정말로 나를 알아보는지도 모른다는 생각이 든다. 그럴 수도 있을까? 이틀이나 떨어졌다가 돌아왔는데 내가 아빠라는 걸 알 수 있을까?

그랬으면 좋겠다.[7]

우유 쿠키형 부모는 대개 잘못된 교육에 끌리지 않는다. 하지만 현대사회 구석구석에 퍼져 있는 슈퍼키드 심리 때문에 많은 압박감을 느낀다. 다른 부모들이 어린 자녀를 스포츠센터나 운동 수업에 보내는 것을 보면 우유 쿠키형 부모들은 자신들 때문에 아이가 중요한 경험을 놓치는 것은 아닌가 하는 의구심을 갖기 시작한다. 또 이런저런 수업에 참여하는 '슈퍼베이비'들 때문에 자기 아이가 불리해지지나 않을까 걱정한다.

하지만 이런 여러 고민에도 우유 쿠키형 부모들은 대개 사회적 압력에 맞서 아이에게 안전하고 따뜻한 환경, 그러면서도 자극을 제공할 수 있는 환경을 마련해준다. 이런 부모들은 아이를 잘 돌보고, 대화를 나누고, 놀아주고, 아이가 관찰하고 탐험할 수 있는 흥미로운 대상으로 가득 찬 안전한 환경만 제공한다면 아이들은 별일 없을 거라는 막연한 생각을 갖고 있다. 그리고 이들의 생각은 옳다. 유년기를 졸업할 때 확고한 안정감과 건전한 자존감, 삶과 배움에 대한 열정을 이미 얻었다면 아이는 빠르게 변화하는 힘든 세상을 살아갈 준비가 충분히 갖춰진 것이다.

여기서 꼭 지적하고 넘어갈 사항이 있다. 앞서 이야기한 육아 유형들은 '한 부모당 한 유형' 식이 아니라는 점이다. 누구나 각 유형을 조금씩은 가지고 있다. 그리고 어느 유형이든 건전한 양육과 교육의 기초가 될 수 있다. 위험해지는 것은 슈퍼키드 심리에 사로잡힐 때다. 즉 아이가 미처 어른들의 온갖 노력에 대처할 준비도 되기 전에 너무 일찍 한 가지 라이프스타일을 강요하면서 슈퍼키드를 만들어내려고 할 때다. 어른들이 시간을 갖고 있는 그대로의 아이를 들여다보려고 노력한다면 결국 모든 아이가 실은 슈퍼키드라는 사실을 발견하게 될 것이다.

☀ 3장 ✴

유능한 아이:
저소득층 교육 프로그램의 왜곡

아이는 자연이 주는 선물이지만 아이의 이미지는 인류가 만들어낸 것이다. 역사상 그 어느 시대를 들여다보아도 교육 관행을 좌우했던 아이의 이미지는 '무엇이 아이에게 훌륭한 교육인가'에 대한 확립된 지식을 반영한 것이 아니라 그 당시 널리 퍼진 '시대정신'을 반영했다. 그 한 예가 바로 1960년대 사회적 격변에서 비롯된 '유능한 아이'라는 현대적 아동 상이다. 요즘 학교에서 이뤄지는 잘못된 유아교육의 상당 부분은 바로 이 이미지에서 그 원인을 찾을 수 있다.

'죄 많은' 아이라는 오래된 종교적 이미지는 1930년대와 1940년대를 지나면서 '관능적' 아이라는 프로이트적 개념으로 대체되었다. 아이는 성적 느낌으로 가득 차 있고 그 중심은 구강에서 항문으로, 그리고 4, 5세쯤에는 결국 성기로 이동한다. 프로이트는 영유아들이 쾌락을 찾는(엄지손가락을 빨거나 자위를 하는) 행동을 하는 것은 이런 단계별 성심리적 발달의 정상적 표출이라고 주장했다.

관능적 아이라는 이미지가 20세기 중반을 장악할 수 있었던 것은 이 이미지가 당시 우리 사회의 주요 변화를 뒷받침하고 강화해 주었기 때문이다. 특히 2차 대전 이후 군수공장들이 문을 닫고 퇴역 군인들이 다른 일자리가 필요했던 시기에 직업을 가진 여성들은 '모성 박탈'이 영유아에게 해롭다는 얘기를 들었다(전문가들이 유명 잡지에 그런 글을 기고하곤 했다). 1950년대 초에 가장 영향력 있는 책이었던 『육아와 애정의 성장Child Care and the Growth of Love』에서 존 볼비는 어머니들에게 다음과 같이 경고했다.

이 책을 읽는 모든 사람은 젖먹이와 걸음마 단계의 아기들에게 어머니의 끊임없는 관심이 절대적으로 필요하다는 사실을 분명히 알았을 것이다. (…) 3세 이하의 아동을 떼어놓는 것은 중대한 사건이므로 충분히 납득할 만한 이유가 필요하며, 그렇게 할 때에도 아주 조심스런 계획이 필요하다는 사실을 반드시 알고 있어야 한다.[1]

볼비가 이렇게 자신의 주장을 과장한 것은 아마도 당시의 여러 사회적 요인에 영향을 받은 탓일 것이다. 다음에 설명하는 여러 책의 저자들이 완전히 새로운 사회 환경에 대응하여 그들의 주장을 과장했던 것처럼 말이다. 이후 모성 박탈이라는 개념은 관능적 아이의 이미지를 강화하게 됐고, 또 중산층 여성들을 노동력에서 배제할 수 있는 편리한 근거가 됐다. 그리고 전쟁이 끝난 후 저렴한 자동차들이 보급되면서 미국에는 교외 중심의 주거 문화가 빠르게 확산됐다. 관능적 아이의 이미지는 엄마의 끊임없는 관심뿐만 아니라 뛰어놀 뒷마당도 필요했기 때문에 이 역시 교외 중심의 가족생활에 대한 근거가 되었다.

관능적 아이의 시대에는 아이의 지적 능력에 대해서는 거의 관심이 없었고 그저 편안하고 억압 없는 교외 생활이라면 아이에게 적합한 자극이 될 거라고 생각했다.

관능적 아이의 개념이 전형적으로 나타난 작품으로는 거의 정신분석학자처럼 되어버린 소아과의사 벤저민 스포크의 『아기와 육아Baby and Child Care』가 있다. 1946년에 처음 출간된 이 책은 확고한 소아과적 견해에 아이의 정서 발달에 관한 프로이트식 이해를 결합시켜놓았다. 이 책의 초판에서 스포크는 어머니들은 집에 머물며 영유아를 돌봐야 한다는 주장을 당연한 것처럼 받아들였다.

관능적 아이는 대체로 중산층에서 통하는 개념이었다. 저소득층 부모는 교외에 집을 살 수도 없었고, 어머니들은 많은 경우 경제적 형편 때문에 아이가 세 살이 될 때까지 직장을 포기하고 집에서 아이만 돌볼 수 없는 상황이었다. 저소득층 부모는 관능적 아이라든가 모성 박탈과 같은 사치스런 심리학적 개념을 수용할 형편이 못 되었다. 한편 이런 부모들 사이에서는, 특히 이민자 부모들(이들 부모에게 자녀는 새로운 문화를 전달해주는 중간자 역할을 했다) 사이에서는 아동기의 '유능함'이라는 개념이 있었다. 하지만 저소득층 부모는 자녀가 나이에 적합한 혹은 그 이상의 사회적 책임을 질 수 있는 유능함을 가졌다고 여기기는 해도 자녀가 일찍부터 공부를 배우기를 기대하지는 않았다.

이전에는 심리학자들이 저소득층 아동을 연구 대상으로 삼지 않았다. 하지만 1960년대에는 시민권 운동과 '빈곤과의 전쟁' 때문에 저소득층 아동들에게 관심이 집중되었고, 전문가들도 '유능함'이라는 개념을 재발견하게 됐다. 영유아는 우리가 믿는 것보다 훨씬 큰 지적 능력을 갖고 있고, 그 능력을 실현시켜주려면 일찍부터 자극이 필요하다는 이야기들이 들려왔다. 브라운대학교의 뛰어난 영아 연구학자 루이스 P. 립시트는 1971년 「아기들은 보기보다 훨씬 똑똑하다Babies Are a Lot Smarter Than They Look」라는 제목의 기사에서 다음과 같이 말했다.

> 우리는 지금보다 훨씬 어린 아이들에게도 유익한 교육적 경험을 제공할 준비가 되어 있는가? 특히나 이 시기의 교육적 경험이 평생의 학습 유형을 결정하는 데 아주 중요한 역할을 한다면 말이다.[2]

'취약 계층' 아동들이 IQ가 낮고 학업 성적이 형편없다면 그것은 적절한 지적 자극을 받지 못했기 때문이었다. 중산층 아동을 위한 사치로 여겨졌던 유치원 등의 유아기 교육 프로그램이 이제는 저소득층 아동들에게도 '꼭 필요한 것'으로 인식되었다. 그래야만 그 아이들의 유능함이 발현되어 빈곤의 악순환을 끊을 수 있을 테니 말이다.

물론 영유아의 유능함이라는 개념을 1960년대, 1970년대의 심리학자들이 처음 만들어낸 것은 아니다. 1920년대에 심리학자 존 왓슨은 유능함이라는 개념의 핵심을 이루는 영아의 '유연성'이라는 개념을 내놓았다. 영유아가 무언가를 배우는 데 소질이 있다면 조기 학습을 통해서 아이들을 '입맛대로 빚을' 수도 있다고 생각한 것이다. 왓슨은 다음과 같이 썼다.

내게 건강한 영아 12명과 그들을 양육할 수 있는 나만의 특수 세상을 준다면 그중 아무나 한 명을 골라 훈련시켜서 어떤 종류의 전문가로든 만들 수 있다고 장담한다. 의사, 변호사, 예술가, 1등 항해사, 심지어 거지나 도둑으로 만들 수도 있다. 아기의 재능과 취향, 성향, 소명, 인종에 관계없이 말이다.[3]

그 시대의 독자들은 아직 왓슨의 유능한 아이 개념을 받아들일 준비가 되어 있지 않았다. 1920년대에서 1960년대까지의 가족 중심의 중산층 생활양식에는 관능적 아이라는 개념이 훨씬 더 잘 맞았기 때문이다.

하지만 취약 계층의 아동이 겪는 어려움을 해결하기 위해 도입된 유능한 아이 개념은 1980년대에 오면서 중산층 교육자와 부모들의 사고를 지배하게 된다. 우연히도 이 개념이 1980년대 중산층 생활양식과 맞아떨어졌던 것이다. 하지만 불행히도 '미처 실현되지 못한 아이의 유능함'이라는 이미지는 '모성 박탈의 잠재적 희생양'이라는 이미지만큼이나 지나친 과장이다.

유능한 아이 개념을 주도했던 전문가들은 '새로운' 연구 결과에 반응했다기보다는 (그들의 선배인 볼비와 마찬가지로) 시대의 사회적, 정치적 분위기에 반응하고 있었다. 1960년대에 심리학자들은 유아의 정신적 능력과 학습 능력이 심각하게 과소평가되었다고 선언했다. 이어 교육자들은 어릴 때의 공부 지도가 이후의 공부에 중요한 역할을 한다고 주장하기 시작했다. 지능검사 전문가들은 태어날 때는 IQ가 고정되어 있지 않으며 영유아기에 적합한 자극을 통해 IQ를 크게 바꿀 수 있다고 주장했다. 아동기를 새로운 연구 영역으로 채용한 사회역사학자들도 아동기와 청소년기가 사회적 '발명품'이라면서 오늘날의 연령대 구분이 중세에는 없던 개념이라고 얘기하고 있었다.

부모들이 유명 언론을 통해 접하게 된 이런 여러 생각들은 아이의 유능함을 강조할 뿐만 아니라 이후에 '조기 개입'이라고 부른 것의 중요성도 강조했다. 그리고 전국의 대학에서는 저소득층 아동의 유아기 개입의 효과를 과학적으로 증명하는 연구들이 시작되었다. 유아기 교육 프로그램에서 나온 결과를 전파하기 위해 ERIC^{Early Childhood Resource and Information Center}(유아기 자원 및 정보 센터)라는 연락망도 만들어졌다.

저소득층 아동의 유능함에 관해 전파하던 1960년대의 사회 개혁가들은 자신들이 중산층의 관능적 아이 개념을 손대고 있다는 생각은 하지 않았다. 이들은 저소득층 아동들에게 기회를 주고 싶어서 그 주장을 뒷받침하기 위한 데이터를 종종 확대 해석하기도 했다. 당시 영유아의 유능함이라는 개념은 사회 개혁이라는 맥락과 사회적 책임의 정신에 따라 재발견된 것이었다. 또한 이 개념이 중산층 교육자들과 부모들에게 받아들여진 것은 어떤 혁신적인 발견이나 이론에 의한 것이 아니라 유능한 아이라는 이미지가 관능적 아이라는 이미지보다는 요즘 교육자들이 느끼는 압력이나 요즘 부모들의 라이프스타일에 잘 맞았기 때문이다.

이제 우리는 주로 저소득층 아동을 겨냥해서 1960년대에 소개되었던 네 가지 핵심적 생각을 살펴볼 것이다. 이런 생각들은 가정이나 학교의 중산층 아동들에게 적용되면서 그 개념이 부당하게 확장되고 왜곡되어왔다. 앞 장에서 설명한 슈퍼키드 심리 역시 그런 왜곡의 결과이며 유아의 정규교육 역시 마찬가지다. 다음의 내용은 의욕만 앞선 교육 이론이 어떻게 잘못된 교육을 부추길 수 있는지에 대한 좋은 예시가 될 것이다.

1960년대의 '유능한 아이'

무한정한 학습 능력

유능한 아이라는 개념에 가장 큰 영향을 준 사람으로는 하버드대학교의 심리학자였던 제롬 브루너를 꼽을 수 있다. 브루너는 1960년에 『교육의 과정The Process of Education』이라는 책을 출간했는데, 이 책은 베스트셀러가 되며 1960년대 교육과정 개혁 운동의 바이블이 되었다. 당시 러시아가 최초의 유인 우주선(1957년 스푸트니크)을 쏘아올린 탓에 몹시 당황하고 있던 미국인들은 과학과 수학 교육을 개선해야 한다는 생각을 굳히고 있었다. 여기서 특히 중요한 것은 유능한 아이 개념의 금언 중 하나가 된 브루너의 가설이다. "어느 발달 단계의 어느 아이든 정직한 지적 수단을 통해 그 어떤 주제든 효과적으로 가르칠 수 있다는 가설을 세우고 시작하자."[4]

브루너는 아동에 관한 저서보다 오히려 교육과정에 관한 책을 많이 쓰고 있었다. 그는 교과서 집필자들이 유아를 위한 읽기, 수학, 과학 과정을 만들어주길 바랐다. 아이들이 일찍부터 이런 주제를 시작할 수 있다면 나중에 시작하는 것보다 더 능숙해질 거라고 생각한 것이다. 하지만 정말로 힘든 과제는 어려운 주제를 유아가 배울 수 있는 개념과 기술로 변환하는 일이었다.[5]

그러나 일부 교육자들은 교육과정과 교육에 대한 브루너의 가설을 학습에 대한 가설이라고 오해했다. 다시 말해 어느 연령대의 아이에게든 모든 것을 '가르칠' 수 있다는 뜻이 아니라 아이들은 어느 연령에서든 무엇이든 '배울' 수 있다는 뜻으로 해석한 것이다. 여기에는 중요한 차이가 있다. 아이를 교육할 때 쓰는 콘텐츠나 방법론은 더 쉬운 수준으로 조정할 수도 있지만 아이가 학습하는 방법 자체를 우리가 바꿀 방법은 없다. 어느 연령의 아이든 무엇이든 배울 수 있다는 말은 아동의 발달과 성장에 관해 우리가 알고 있는 모든 지식을 무시하는 발언이다.

아이의 학습 능력에는 영향을 주지 않고 교육의 수준을 바꾸는 것이 어떤 것인지 좀 더 이해하기 쉽도록 내가 실제로 겪었던 일을 예로 들어보겠다. 내 아들 로버트가 4세 때 있었던 일이다. 어느 날 로버트가 서재로 찾아와서 이렇게 말했다. "아빠, 나 시간을 읽을 줄 알아요." 아이들은 보통 6, 7세가 되어야 시계를 읽을 수 있다. 나는 로버트가 허풍을 치고 있다고 생각했지만 그래도 일단 물어보았다. "그래, 몇 시인데?" 로버트가 대답했다. "11시 30분이에요."

손목시계를 확인한 나는 로버트가 사실을 말한 것을 알고 깜짝 놀랐다.

"어떻게 안 거야?" 내가 묻자 로버트는 이렇게 대답했다. "시간을 읽을 줄 안다고 했잖아요." 나는 로버트가 전화기를 이리저리 눌러보던 게 기억났다. 그래서 어쩌면 시각과 온도를 말해주는 전화번호를 알아낸 것일 수도 있다고 생각했다. 그래서 이렇게 물었다. "시간 알려주는 곳에 전화를 걸어본 거야?" 로버트는 몹시 화를 내며 말했다. "아뇨, 아빠. 시간을 읽을 줄 안다고 했잖아요. 와서 보세요." 이렇게 말한 로버트는 내 손을 잡고 우리 침실로 데려갔다. 침실에는 라디오 겸용 디지털시계가 놓여 있었다. 로버트는 디지털시계에 표시된 시각을 읽은 거였다!

디지털시계가 있으면 벽시계를 보는 것보다 시간 읽는 일이 훨씬 쉬워진다. 벽시계를 보고 시간을 읽으려면 똑같은 위치의 숫자가 동시에 세 가지 뜻을 나타낸다는 점을 이해해야 한다. 예컨대 벽시계의 '3'이라는 숫자는 3시를 뜻할 수도, 15분이나 15초를 뜻할 수도 있다. 그렇지만 디지털시계는 시간과 분, 초를 서로 다른 위치에 표시하기 때문에 벽시계를 읽을 때 생기는 논리적 어려움이 한결 줄어든다. 로버트는 디지털시계라는 것을 찾아내긴 했지만 대부분의 아이들과 마찬가지로 일곱 살이 될 때까지는 일반 시계를 읽지 못했다.

아이가 디지털시계를 읽을 수 있다고 해서 일반 시계를 읽는 법까지 배울 수 있는 것은 아니듯이 아이가 단어 몇 개를 배울 수 있다고 해서 파닉스를 배울 수 있는 것은 아니다. 그런데도 브루너의 가설은 바로 이 뜻인 것처럼 해석되어왔다. 아이가 나이를 불문하고 어떤 수준의 주제든 배울 수 있다고 말이다. 오늘날 학교에서 시행되는 수많은 잘못된 교육의 이면에는 바로 이런 오해가 자리하고 있다.

초등학교 1학년 교육과정을 유치원생에게 가르치고, 유치원 교육과정을 네 살배기에게 가르치는 것(4세 아동용 교육 프로그램에서 너무나 자주 벌어지는 일이다)은 유아의 유능함에 관한 이런 잘못된 개념이 빚어낸 결과다. 유아는 무언가를 배울 때 더 큰 아이들이나 어른들과는 다른 방식을 사용한다. 우리가 유아의 능력 수준에 맞게 교재나 교육 방식을 조정한다면 유아에게도 많은 것을 가르칠 수 있다. 하지만 유아의 학습 능력이 더 큰 아이들과 비슷할 거라고 가정한다면, 그래서 학령기 아동에게 적합한 교육과정과 교재를 가지고 유아도 가르칠 수 있다고 생각한다면, 우리는 유아에게 잘못된 교육을 실시하는 것이 된다.

배울 준비가 되어 있다

유능한 아이라는 새로운 이미지에 일조한 또 다른 저자는 시카고대학교의 교육심리학자 벤저민 블룸이다. 블룸은 1964년 출간한 책 『인간 특성의 안정성과 변화Stability and Change in Human Characteristic』에서 취학 전부터 고등학교에 이르는 기간 동안 IQ의 변화와 성적 변화를 검토했다. 이 통계 분석을 기초로 블룸은 지적인 성장이 취학 전에 매우 빠르게 일어난다고 주장했다. "일반적 지능은 임신에서부터 4세까지가 5세부터 18세까지의 14년 못지않게 크게 성장하는 것으로 보인다."[6] IQ 테스트로 측정되는 지적 발달은 18세에 정점에 이르므로 블룸의 말은 아이가 4세까지 자신의 지적 잠재력의 절반을 달성한다는 뜻으로 널리 받아들여졌다. 그리고 그에 대한 당연한 귀결로 블룸은 "환경이 개인의 특성(즉 지능과 같은 특징)에 가장 큰 영향을 미치는 시기는 발달이 가장 빠른 시기다"라고 주장했다.[7]

이 두 가지 생각이 함께 받아들여지면서 브루너의 가설에 대한 오해로 생긴 아이의 유능함에 대한 이미지는 더욱 강화되었다. 다시 말해 유아는 우리가 생각하는 것보다 새로운 것을 훨씬 더 잘 배울 뿐만 아니라 나이가 들었을 때보다도 더 잘 배운다는 인식이 강화된 것이다. 블룸의 결론은 일반 교육과 정규교육의 중요성, 특히 조기교육의 중요성을 크게 강조하는 계기가 됐다. 당초 이런 생각들은 1960년대 취약 계층 아동들에게 조기교육을 제공해야 한다는 점을 강조할 의도로 나온 것이었다. 하지만 이 생각들은 요즘 교육자들과 중산층 부모들이 지지하는 아이의 유능함에 대한 이미지에 광범위하게 녹아들었다.

하지만 1960년대 교육 개혁의 강력한 근거였고, 지금은 너무나 흔히 볼 수 있는 잘못된 교육의 근거로 쓰이는 이런 결론에 대해서는 재검토가 필요하다(내가 지금 브루너나 블룸이 시대의 요구에 영합했다고 비난하는 것이 아니라는 점을 부디 알아주기 바란다. 하지만 개인이든 전문가든 우리는 다 같이 사회적 환경의 산물이고, 과학자들도 다른 사람들 못지않게 사회적 운동이라는 정신에 사로잡힐 수 있다. 그런 시기에는 아무리 무의식적이라고 해도 사회 변화의 방향에 부합하고 또 변화를 지지하는 쪽으로 결론이 치우치게 마련이다).

아이들이 4세까지 지적 잠재력의 절반을 달성한다고 한 벤저민 블룸의 주장은 과연 어떤 의미일까? 아이들이 평생 하게 될 경험의 절반을 이미 겪었다는 뜻일까? 이런 뜻이 아닌 것은 분명하다. 아이들이 평생 습득하게 될 정보의 절반을 습득했다는 뜻일까? 그럴 수는 없을 것이다. 아이들이 평생 통달할 지적 기술의 절반을 획득했다는 뜻일까? 그럴 것 같지도 않다. 4세 때 IQ가 50인 아이는 나중에 결국 100이 된다는 뜻일까? 결코 아니다.

그러면 대체 어떤 의미일까? 우선, 블룸이 근거로 사용한 데이터는 새로운 자료가 아니라 수십 년 전부터 있어왔던 데이터였다. 이 데이터는 여러 연구에서 나온 결과를 취합한 것이었는데, 연구들은 각종 테스트 방법이 아이의 IQ를 얼마나 정확하게 예측할 수 있는지 알아보려던 것들이었다. 정신 능력 검사에는 기본적으로 두 가지 개념이 있다. 하나는 유효성이다. 유효성은 한 가지 검사가 측정해야 할 내용을 어디까지 측정하는가를 나타낸다. 예컨대 지능을 측정해야 하는 검사에서 정신박약 수준으로 측정된 대상자가 뛰어난 과학적 발견을 한다면 그 검사는 유효성 측면에서 좋은 평가를 받을 수 없다. 다른 하나는 신뢰성이다. 신뢰성은 테스트가 거듭될 때 테스트 점수가 얼마나 일관되게 나오는가를 나타낸다. 예컨대 IQ 테스트에서 100점이 나온 아이가 몇 주 후에 150점이 나온다면 (아이의 생활환경에 뚜렷한 변화가 있는 것이 아닌 이상) 이 검사는 신뢰성이 있다고 할 수 없다.

정신 능력 검사에서 가장 확고하게 인정되는 연구 결과 중 하나는 영아의 테스트 점수에 관한 것이다. 영아의 테스트 점수는 나이가 더 들어서 실시할 지능검사에 대한 지표로서 유효성도, 신뢰성도 없다. 이런 불일치가 생기는 주된 이유는 아마도 더 큰 아이들이나 청소년 혹은 성인들 대상의 지능검사가 대부분 언어에 크게 의존하는 검사 방법이나 검사 과제를 채용하는 데 비해 영아의 테스트는 주로 운동 능력을 측정하기 때문일 것이다.

하지만 유아가 말을 시작해(2, 3세) 언어로 된 IQ 테스트에 응할 수 있게 된 이후에도 여전히 유아의 점수는 이후의 IQ 점수를 제대로 예측하지 못한다. 유아들은 그게 테스트라는 점을 제대로 이해하지 못하기 때문에 굳이 잘하려고 애쓰지 않기 때문이다. 유아의 점수는 아이의 기분에 따라, 테스트를 어떻게 느끼는지에 따라, 그날 있었던 일에 따라 그때그때 달라진다. 이렇다보니 유아에게 실시한 IQ 테스트 점수를 기초로 아이의 진짜 IQ나 아이가 나중에 달성할 IQ를 가늠하기란 쉽지 않다.

그러나 사회화가 많이 진행된 4세가 되면 아이들의 주의 집중 시간도 길어진다. 그래서 영아나 걸음마 단계 때보다 테스트 점수에 더 큰 관심을 갖고 잘하려고 애쓰게 된다. 그 때문에 4세 아동의 IQ 테스트 점수는 2, 3세 때에 비하면 진짜 지능을 더 잘 예견할 수 있게 되고, 나이가 들었을 때의 지능도 더 잘 예측할 수 있게 된다. 또한 여러 통계적 수단의 도움을 받으면 어릴 때 받은 IQ 점수를 가지고 나중에 받을 점수에 대해 얼마나 정확히 예측할 수 있는지도 알 수 있다.

이런 방법들을 활용해서 4세 때의 IQ 점수는 18세 때 받게 될 점수를 50퍼센트의 정확성으로 예측할 수 있다는 점이 밝혀졌다.

그리고 나이별로 예측 정확성을 표시해보면 유아기에는 빠르게 상승하다가 18세 근처에서 평평해지는 곡선을 얻게 된다. 이 곡선의 뜻은 테스트와 다음 테스트 사이의 간격이 짧을수록 받은 점수가 더 믿을 만하다는 의미다. 그런데도 이 곡선이 세간에서는 '정신 성장' 곡선으로 소개되어왔다. 아이가 지식이나 기술, 능력을 습득할 수 있는 속도를 보여주는 곡선이라고 말이다!

블룸이 아이들이 네 살까지 지적 능력의 절반을 달성하고 정신 성장은 어릴 때가 더 빠르다고 주장한 것은 테스트 점수와 통계를 근거로 한 얘기였지 아이의 성장과 학습에 관한 방대한 조사를 바탕으로 한 얘기가 아니었다. 아주 피상적으로라도 아동 발달에 관한 문헌을 조사해보았다면 아이들이 네 살까지 지적 능력의 절반을 달성한다는 말은 거짓이라는 걸 쉽게 알았을 것이다. 한 예로 바벨 인헬더와 장 피아제는 청소년기가 되기 전에는 과학 실험이나 고차 수학, 문학 해설, 역사적 연구 등을 수행하는 데 필요한 정신 능력을 얻을 수 없다는 점을 보여주었다. 사실이 이런데도 지능 테스트 자료에 대한 블룸의 해석에 이의를 다는 사람은 아무도 없었고, 오히려 전문가들은 조기 정규교육의 중요성이 증명되었다며 블룸의 해석을 널리 전파했다.[8]

블룸의 해석이 무비판적으로 수용된 데는 공교육에 씌워진 무거운 멍에를 벗겨준 점도 작용했다는 것을 빼놓을 수 없다. 1960년대에 공립학교들은 사방에서 집중 포화를 맞고 있었다. 교육이 충분히 엄하지도 못하고 소수자들에게 질 높은 교육을 제공하지도 못한다는 이유에서였다. 블룸의 보고서가 크게 환영받게 된 데는 이런 배경도 있었던 것이다. 이 때문에 아이가 과학과 수학을 잘하지 못하면 유치원 수준에서 충분히 준비하지 않은 탓이라고 여겨졌다. 마찬가지로 공립학교 취약 계층 아동의 성적이 나쁘면 공립학교 교육의 질이 나빠서가 아니라 준비를 충분히 하지 않고 학교에 들어왔기 때문이라는 것이 이유가 되었다. 유아기 교육이 이후의 학과 성적에 중요한 영향을 미치며 유아는 충분히 유능하다는 블룸의 주장은 미국 공립학교 아동의 성적이 왜 그토록 형편없는지에 대한 편리하고도 과학적인 변명이 되어주었다.

IQ의 유연성

유능한 아이의 이미지에 공헌했던 또 다른 인물은 일리노이대학교의 심리학자 J. McV. 헌트다. 헌트는 1961년 출간된 『지능과 경험 Intelligence and Experience』이라는 책에서 '고정된' IQ 개념을 비판적으로 검토했다.

헌트는 일부 의사들이 갖고 있는 고정된, 바뀔 수 없는 IQ라는 개념 때문에 많은 교육 개혁과 교육 남용이 생겼다고 지적했다. 일부 아동은 게으름이나 나태한 마음 때문이 아니라 정신 능력에 한계가 있어서 공부를 할 수 없다는 인식은 교육 현장을 보다 인간적인 분위기로 만든 측면도 있었다. 그러나 지능이 대부분 태어날 때 고정된다는 생각에는 자극이나 계발을 통해 지능을 개선하려고 노력할 이유가 없다는 뜻도 포함되어 있었다.

헌트는 동물 연구와 컴퓨터 연구, 장 피아제의 조사 결과 등 당시의 문헌을 포괄적으로 조사한 다음 이렇게 결론을 내렸다.

이런 점에 비춰보면 1930년대와 1940년대 아동 양육 전문가들의 조언은 매우 불행한 사건이었다. 그들은 아이들이 자랄 때 그대로 내버려두고 과도한 자극을 피하라고 조언했다. (…) 특히 아이들이 발달 초기에 주변 환경에서 마주치는 것들을 통제하는 일도 고려해봄직하다. 정신 발달 속도를 높이고 성인이 되었을 때 훨씬 더 높은 지적 능력을 달성할 수 있도록 말이다.[9]

이렇게 해서 유아들은 능력이 있을 뿐만 아니라(브루너) 배울 준비가 되어 있고(블룸) 적절한 조기 자극을 통해 향상시킬 수 있는 유연한 IQ를 가진 셈이 되었다. 헌트는 또 다른 방향으로 유능한 아이의 이미지를 정립한 것이다. 블룸과 마찬가지로 헌트의 주장은 주로 지적, 문화적으로 빈곤한 환경에 놓인 취약 계층 아동들을 겨냥한 것이었다. 그가 조기 자극의 효과에 대한 예시로 든 사례들도 고아 연구와 그가 직접 수행한 유기된 영아 연구에서 가져온 것이었다.

하지만 헌트의 주장은 좀 더 자세히 검토할 필요가 있다. IQ의 유연성에 관한 자신의 주장을 입증하기 위해 헌트는 IQ가 불변한다고 독단적으로 주장하는 가공의 전문가 한 명을 만들어냈다. 물론 20세기 초의 책임감 있는 심리학자들 가운데 IQ의 절대 불변을 주장한 사람은 아무도 없다. IQ의 20퍼센트에서 40퍼센트는 환경의 영향을 받는다는 것이 일반적으로 인정되고 있었다. 예컨대 플로렌스 구디너프는 권위 있는 저서 『아동심리학 매뉴얼Manual of Child Psychology』(1954)의 '아동의 정신 성장 측정'이라는 장에서 IQ의 변경 가능성에 관해 다음과 같이 말했다.

영아기부터 지적 성장 기회가 부족하지 않고 지적 성취에 대한 인센티브가 높은 환경에서 양육된 아이는 똑같은 재능을 타고났으나 기회나 인센티브가 부족한 아이에 비해 더 높은 수준의 성취를 이룰 가능성이 높다는 점은 (이 문제를 고민해본 사람이라면) 사실상 누구나 인정하는 내용이다.[10]

대부분의 심리학자들이 IQ의 변동 가능성을 강조하지 않은 이유는 간단하다. 20세기 전반기에 실시된 대부분의 연구는 중산층 아동을 대상으로 했는데, 이 아이들은 얼마든지 유치원이나 대학교 병설 학교에 다닐 수 있는 환경이었다. 관능적 아이라는 이미지에 맞게 이 중산층 아동들은 지적 잠재력을 실현할 수 있는 최적 환경에 살고 있는 것으로 여겨졌다. 이런 아이들에게 IQ의 상당 부분이 환경에 의해 결정된다는 생각은 별로 중요하지 않았다. 또 환경을 바꾼다고 해서 현재 경험하는 환경보다 더 좋을 거라고 기대하기도 힘들었다.

하지만 충분한 지적 자극이 부족한 취약 계층 아동들에게 IQ의 유연성이라는 개념을 적용하는 것은 공공 정책적으로 매우 큰 중요성이 있었다. 이들 아동들이 더 많은 지적 자극을 받고 적합한 교육 프로그램에 들어갈 수 있다면 지금까지 사용되지 못한 잠재력이 실현될 수도 있었기 때문이다. 그렇게 되면 그 아이들은 마침내 빈곤의 악순환 고리를 끊고 저소득 가정의 고통을 끝낼 수 있을지도 몰랐다. 이렇게 해서 헌트는 유능한 아이 개념과 조기의 지적 자극과 강화가 중요하다는 주장에 대해 강력한 논리를 또 하나 추가했다.

숨은 잠재력

유능한 아이라는 이미지의 마지막 퍼즐 조각은 다소 의외의 분야에서 나타났는데 바로 사회역사학이었다. 여기에는 『아동기의 시대 Centuries of Childhood』라는 책을 쓴 프랑스의 역사학자 필리프 아리에의 공이 컸다. 1960년대의 심리학자들은 영유아가 지금까지의 생각보다 뛰어난 능력을 가졌다는 또 다른 증거로 아리에의 책을 내세웠다. 아리에에 따르면 인생의 독립된 단계로서의 아동기라는 개념, 다시 말해 사회적, 지적 이해의 수준에서 어른들과 구별되는 아동기라는 개념은 불과 400년 전에 나타난 개념이었다. 현대가 시작되기 전에는 아이들도 어른에 가깝게 취급되었다는 것이다.

이런 주장을 뒷받침하기 위해 아리에는 아이들이 어른 복장이나 자세를 취하고 있는 그림과 문헌 등을 동원했다. 또 어른들이 아이를 동등하게 취급했다는 것을 암시하는 듯 보이는 여러 자료들도 활용했다. 예컨대 지금은 어른의 영역으로 간주되는 행사나 의식을 과거에는 아이들이 진행한 경우가 많았다는 것이다.

막내 아이는 오른손에 와인 잔과 빵 부스러기, 소금을 들고 왼손에는 불이 켜진 양초를 든다. 모두 모자를 벗고 아이는 성호를 긋기 시작한다. 아버지의 이름으로 (…) 아이는 소금을 난로 끝에 떨어뜨린다.

(…) 의식이 끝난 후에는 상서롭게 여기는 숯불을 보존한다.

아이는 이와 똑같은 사회적 성격의, 그렇지만 더 자주 있는 행사인 가족 식사에서도 비슷한 역할을 맡았다. 가장 어린 아이가 감사 기도를 올렸고 아이들이 모두 자리해야 음식을 내오는 것이 전통이었다. 아이들이 음료를 따르고, 접시를 돌리고, 고기를 잘랐다.[11]

아리에를 비롯한 많은 사회역사학자들(존 디모스, 레너드 디모스 등)이 주장하듯이 아동기가 사회적 발명품이라면 유능한 아이 이미지에 여러모로 신빙성을 더해줄 수 있었다. 먼저 아리에는 어쩌다가 중세의 유능한 아이가 여러 사회적 이유로 20세기의 순진무구하고 무력한 아이로 둔갑되었는지에 대한 역사적 설명을 내놓았다. 역사적 관점에서 봤을 때 지금의 아동기라는 개념은 아이의 한계는 과장하고 유능함은 축소시키고 있었다. 그러니 아이들은 지금 인정받는 것보다 더 능력 있고 준비가 되어 있으며 유연한 학습자라는 생각('유능한 아이' 주장의 핵심)으로 자연스레 연결됐다. 둘째, 순진무구하고 무력한 아동기라는 이미지가 사회적 발명품이라면 그런 이미지를 없애는 것도 가능했다. 그렇다면 1960년대의 조기 개입 전략도 옳은 선택이 되었다.

그러나 다른 많은 사회역사학자들은 아리에의 주장에 이의를 제기했다. 예컨대 린다 A. 폴락은 1500년부터 1900년까지 부모들이 쓴 일기와 자서전을 철저히 조사해 다음과 같이 결론 내렸다.

이 조사 결과는 (…) 많은 역사학자들이 내놓은 주장이 그 핵심에서 사실이 아님을 보여준다. 그런 주장은 기껏해야 일부 부모와 자녀에게 해당될 뿐이다. 아리에 같은 이들이 믿는 것과는 달리 16세기에도 아동기라는 개념이 있었다. 이후 수백 년간 아동기 개념이 더욱 구체화되었을 수는 있겠지만 우리의 연구 대상인 16세기에 글을 남긴 사람들도 아이는 어른과 다르다는 점을 인정했고 어떻게 다른지도 잘 알고 있었다. 아이들은 눈에 띄는 특정 발달단계를 거쳤다. 아이들은 놀이를 했고 규율과 교육, 보호가 필요했다.[12]

지금 생각해보면 아동기가 사회적 발명품이라는 아이디어는 믿기 힘든 생각이다. 성경을 보아도 혹은 그리스, 로마 시대의 작품이나 현대 교육의 아버지인 코메니우스의 저작을 살펴보아도 아이들은 어른과 다를 뿐만 아니라 다른 발달단계의 아동과도 차이가 있는 것으로 인정받고 있다. 물론 아동에 대한 과학적 연구가 진행되고 현대인의 수명이 연장되면서 나이대에 따른 차이에 대한 우리의 인식 수준이 높아진 것은 사실이지만 그렇다고 해도 역사상 아이와 어른의 차이가 인정되지 않은 적은 없다. 그런데도 1960년대에 와서 아동기와 청소년기가 사회적 발명품이라는 생각이 기꺼이 수용된 데는 다른 원인이 있었다. 당시 사회 개혁가들과 교육 개혁가들이 옹호한 유능한 아이 이미지에 대한 새로운 증거가 되어준다는 측면 말이다.

1960년대에 나타난 유능한 아이 이미지에 따르면 어린아이는 어느 나이에나 무엇이든 배울 수 있고, 오히려 나중보다 더 잘 배울 수 있는 준비가 되어 있으며, 적절한 자극을 통해 IQ를 높일 수 있고, 사회적으로 부여된 순진무구 이미지 때문에 잠재력을 제대로 발휘하지 못하고 있었다. 새롭게 등장한 이 이미지는 진보적 사회 정책을 추진하는 데 천군만마가 되었다. 유능한 아이의 주창자들은 의회를 설득해 1964년 헤드스타트Head Start법을 통과시켰다. 이 법률은 1965년까지 50만 명이 넘는 취약 계층 아동에게 종합적인 교육과 의료 서비스를 제공했다. '주류'에 속한 장애 아동을 위한 입법이 추진된 것 역시 이 새로운 이미지 덕분이었다. 그러나 이것이 중산층 부모와 교육자들에게 건너가자 유능한 아이 이미지는 완전히 다른 것으로 둔갑됐다.

 ## 오늘날의 '유능한 아이'

1960년대에 유능한 아이 이미지가 도입된 것은 저소득층 아동을 괴롭히는 일부 사회적 불평등을 바로잡으려는 의도였다. 하지만 유능한 아이와 관련한 여러 논거들이 널리 알려지자 교육자나 중산층 부모들도 이것을 접하게 됐다. 관능적 아이라는 개념보다는 유능한 아이의 이미지가 1970년대 그리고 특히 1980년대의 변화하는 중산층 가족 라이프스타일에 더 잘 어울렸다. 그 때문에 부모와 교육자들은 이 이미지를 무비판적으로 중산층 아동에게 덧씌웠다. 아동기의 유능함에 대한 이미지는 저소득층 아동이나 장애 아동에게는 유용했지만 가정과 학교의 중산층 아동에게는 잘못된 교육을 실시하는 근거가 되기도 했다.

학교들은 다시 한 번 아이들에게 제대로 공부를 시키지 못하고 있다는 공격을 받았다. 특히 미국 아이들의 학업 성적을 일본 등의 외국과 비교한 보고서들은 큰 반향을 몰고 왔다.[13] 교육자들은 학교에서 책임지고 아이들의 성적을 효과적으로 향상시키라는 압박을 받았다. 수업 시간을 늘리자는 사람도 있었고, 학교에 다니는 기간을 늘려야 한다는 얘기도 있었으며, 숙제를 늘리자는 제안도 나왔다. 하지만 실제로 시행된 것은 유치원에 공부를 강요한 것과 네 살배기 아이가 유치원에 입학할 수 있게 만든 것이었다. 이런 일이 벌어진 데는 많은 이유가 있겠지만 그중에는 분명 아이에게 일찍 공부를 시키면 나중에 성적이 더 나아지지 않을까 하는 희망도 포함되어 있었다. 무의식적이었다고 하더라도 말이다.

유아기의 유능함에 대한 잘못된 이미지에 사로잡힌 부모들도 학교에 대해 더 일찍 공부를 시작하라는 압력을 행사했다. 무의식적인 것일 수도 있지만 오늘날 부모들이 유아기 능력에 대한 이미지를 믿게 된 강력한 동기가 있다. 지금 중산층의 가족 구성은 예전과는 매우 다르다. 이혼이나 한 부모 가정, 재혼 가정, 맞벌이 부부 등이 늘면서 일찍부터 아이를 집 밖에서 돌봐야 할 필요성이 커지게 됐다. 하지만 진보적인 중산층 부모들조차 아이에게 무엇이 최선인지, 얼마나 어린 나이부터 밖에서 돌볼 수 있는지에 대해서는 의문이 있다(볼비의 '모성 박탈' 협박은 쉽게 사라지지 않는다!). 이런 상황에서 스스로를 정당화할 수 있는 논리가 등장하면 불안감도, 죄의식도 어느 정도 덜 수 있을 것이다. 아이들이 잠재력을 활짝 펼치려면 유아에게 엄청난 양의 지적 자극이 필요하고 그런 자극은 오직 공부 중심의 종일제 유아기 교육 프로그램에서만 제공할 수 있다는 논리 말이다.

이렇게 해서 자극이 부족한 저소득층 아동을 위해 도입된 유능한 아이 이미지는 이제 중산층 아동의 과잉 자극에 대한 근거가 되고 있다. 이게 왜 잘못된 교육인지는 이렇게 비유해보면 쉽게 알 수 있다. 키와 몸무게가 정상치에 미달하는 영양실조 상태의 아이들이 있다고 치자. 이 아이들에게 영양가 많고 균형 잡힌 식단을 제공한다면 아이들의 상태는 눈에 띄게 호전될 것이다. 즉 키와 몸무게가 상당히 늘 것이다. 하지만 이미 영양 상태가 훌륭한 아이들이라면? 지금도 건강한 아이들에게 현재 먹고 있는 것에 더해 영양가 많고 균형 잡힌 식단을 추가로 제공한다면 오히려 건강에 해가 될 것이다.

나는 유아기가 이후의 지적 능력이나 학업 성적에 중요하지 않다는 얘기를 하고 있는 것이 아니다. 오히려 그와는 거리가 멀다. 나는 유능한 아이 이미지가 유아에게 무엇이 건강한 교육인지에 관해 많은 혼란을 야기했다는 점을 지적하는 것이다. 지금의 교육자와 부모들은 일을 해야 하기 때문에 집 밖에서 아이를 돌봐줄 사람이 필요하다는 현실과 자녀에게는 유아기가 매우 중요하다는 생각을 서로 분리해서 생각할 필요가 있다. 정말이지 이 두 가지는 완전 별개의 문제이기 때문이다.

아이가 어린데 밖에 나가 일을 해야 한다면, 혹은 그러고 싶다면, 그런 사실을 받아들이고 자기 자신과 자녀에게 솔직해져야 한다. 질 높은 교육 프로그램에 참가한 유아들은 별다른 문제를 겪지 않으며 오히려 상당한 도움을 얻을 수 있다는 증거는 얼마든지 있다. 이 점을 받아들인다면 아이들의 IQ를 높여주겠다거나 일찍 시작해서 공부를 잘하게 만들어주겠다는 등의 거짓 약속으로 죄책감을 덜어주려는 프로그램이 아니라 아이의 필요에 적합한 프로그램을 학교에서 제공하도록 독려하는 데 총력을 쏟을 수 있을 것이다.

유아기는 인생에서 매우 중요한 시기다. 유아기에 아이들은 일상 세계에 관해 엄청나게 많은 것을 배운다. 또한 앞으로 평생 유지될 자신과 타인 그리고 배움에 대한 태도를 습득한다. 그러나 유아기는 정식 공부를 가르치기에 적합한 시기가 아니다. '유아기 능력'이라는 왜곡된 이미지를 만들어낸 여러 정치적, 사회적, 개인적 이유를 마음 한 켠에 담아둔 채 유아기를 바라본다면 이런 진실이 제대로 보일 리 없다. 진실을 보려면 유아기를 있는 그대로 봐야 한다.

4장

지위와 경쟁:
사회적 압력으로 인한 조기교육

프로이트는 인간 행동이 언제나 여러 요인의 중첩된 결과라고 말했다. 잘못된 교육도 이 원칙에서 예외가 아니다. 슈퍼키드 심리는 일부 부모의 잘못된 교육에 영향을 주고 유능한 아이 이미지는 학교에서의 잘못된 교육에 영향을 준다. 하지만 오늘날 만연한 잘못된 유아교육이 계속 강화되는 데는 다른 사회적 요인들도 작용하고 있다. 그리고 이런 사회적 요인들이 슈퍼키드 심리에 사로잡히지 않은 부모들과 유능한 아이 이미지에 동조하지 않는 교육자들에게까지 잘못된 교육을 저지르도록 압박을 가하고 있다.

🐈 사회적 지위가 만들어내는 압력

요즘 중산층 아동이 가족 내에서 수행하는 역할은 예전과는 다르다. 이 새로운 역할이 무엇이고 이것이 어떻게 잘못된 교육에 기여하는지 알아보기 위해 뛰어난 경제학자이자 사회학자였던 소스타인 베블런의 저서를 살펴보자. 1899년 베블런은 고전이 된 저서 『유한계급론』을 출간했다. 그의 기본적 주장은 스튜어트 체이스가 쓴 재판본 서문에 잘 요약되어 있다.

> 이 시대에 그리고 이전 모든 시대에도 기본적 생계 수준 이상의 사람들은 사회가 준 잉여를 그다지 유용한 목적에 사용하지 않았다. 그들은 생활을 더 확장하거나 더 현명하고 똑똑하고 이해심 넓게 살려는 것이 아니라 사람들에게 자신들이 가진 잉여를 과시하려고 한다.[1]

경제적 잉여를 다른 사람에게 과시하려는 욕구는 서양뿐만 아니라 동양에서도, 심지어 고대인들 사이에서도 지금 못지않게 강력한 동기로 작용했다.

베블런에 따르면 경제적 잉여를 다른 사람에게 과시하는 방법에는 두 가지가 있다. 경제적 잉여의 가장 분명한 지표는 일을 할 필요가 없다는 점이다. 그 한 예로 베블런은 중국에서 있었던 귀족 여성의 전족이 유한계급 신분의 상징이었다고 주장한다. 실제로 전족을 한 여성은 평생 불구가 되었기 때문에 일을 할 수가 없었다. 부모들은 딸의 발을 전족으로 만듦으로써 딸이 유한계급의 구성원임을 보여주었다. 서양 사회에서 하이힐이 처음 유행한 것도 부유층 여성들 사이에서였다. 하이힐은 실용적인 신발이 아니지만 여성의 매력을 더해주기 때문에 이제는 모든 사회 계층의 여성이 하이힐을 신는다.

경제적 잉여를 다른 사람에게 과시하는 두 번째 방법은 베블런이 '과시적 소비'라고 부르는 방법이다. 즉 실용적이지 않은(혹은 적어도 주된 목적은 실용성이 아닌) 목적에 돈을 쓰는 것이다. 베블런은 유한계급의 지위를 상징하는 많은 물건들 가운데 일부는 실용성도 가진다고 지적한다. 예컨대 메르세데스 벤츠는 지위를 나타내는 것 못지않게 실용성도 있다. 하지만 그 실용성은 별로 비싸지 않은 자동차로도 얼마든지 쉽게 달성할 수 있는 부분이다. 옛날에는 타고 다니는 말이나 마차가 실용성 못지않게 이런 상징적 목적에 이바지했다. 경제적 잉여를 타인에게 과시하려는 인간의 욕구는 미국 사회에서도, 정도의 차이는 있을지언정, 언제나 작용하고 있었다. 1960년대와 1970년대에는 과시가 나쁜 것으로 여겨지는 분위기였지만 1980년대가 되자 과시적 소비가 다시 유행을 타고 있다.

그런데 이런 것들이 오늘날 미국에서 만연하는 잘못된 교육과는 무슨 관계가 있을까? 상당히 큰 관련이 있다. 그러나 연관성을 알려면 약간의 사회경제사를 잠시 살펴볼 필요가 있다. 먼저 미국에서는 1950년대까지도 여전히 여성이 중산층 가정의 유한계급 지위를 나타내는 상징이었다. 특정 지위에 속한 기혼 여성들은 직업을 갖지 않았는데, 그럴 필요가 없었기 때문이다. 이들 부인의 남편들은 가족을 부양할 만큼 충분한 돈을 벌었다. 결혼한 여성이 일을 하고 있으면 동정의 대상이 되었고, 자녀가 있는 경우 무책임한 것으로 여겨졌다. 모성 박탈이 주는 부정적 효과는 '반박할 수 없는 것'이었기 때문이다.

하지만 곧 이런 구도의 문제점이 드러나기 시작했다. 밖에서 일하지 않는 여성들은 집 안에서 아주 열심히 일했다. 주부들은 집 안일을 하는 데 많은 시간을 쏟았지만(육아를 제외하고도 주당 50시간) 이런 기여에 대해서는 거의 인정을 받지 못했다. 오히려 집에 앉아서 삼류 소설을 읽거나 텔레비전을 보거나 친구들과 마작을 하는 것으로 묘사되기 일쑤였다. 《왈가닥 루시I Love Lucy》*는 당시 '방정맞은' 중산층 여성을 묘사한 수많은 작품 중 하나에 불과했다.

미국에서 여성운동이 시작된 데는 (적어도 일부는) 이런 상황에 대한 불만이 자리하고 있었다. 여성들은 실제로는 한가하지 않으면서도 유한계급이라는 지위의 상징 노릇을 했고, 노동을 하면서도 노동에 대한 인정은 못 받았다. 일을 하지 않는 것도, 일한 데 대한 인정을 받는 것도 아니었던 것이다. 하지만 여성운동의 결과 이제 여성은 더 이상 가족의 유한계급 지위의 상징이 아니어도 되었다. 이제 집에 있는 여성은 선택에 의해 그렇게 한 것으로 여겨졌다. 일을 잠시 쉬기 위해 혹은 프리랜서로 일하기 위해, 아니면 어린 아이를 돌보기 위해서 말이다. 그러나 남들에게 경제적 잉여를 과시하고 싶은 인간의 욕구는 아직도 사라지지 않았다. 그래서 이제는 유한계급이라는 지위에 대한 새로운 상징이 필요했고, 그렇게 찾아낸

---

* 1950년대 미국 CBS에서 방영된 인기 시트콤.

것이 바로 '아이들'이었다.

　베블런은 과시적 소비가 주로 옷이나 스포츠 혹은 교육에 집중
된다고 지적했다. 예컨대 요즘 아이들은 어린이 '명품' 브랜드에서
나온 옷을 입는 경우가 자주 있는데, 이것은 분명 실용적인 행동이
아니라 상징적인 행위이다. 아이들은 옷을 험하게 입으니 화려한 옷
보다는 튼튼하고 내구성이 있는 옷이 더 좋을 것이기 때문이다. 영
유아들이 하는 여러 스포츠도 일부는 실용적인 가치가 있을 수도 있
지만 그보다는 경제적 잉여에 대한 상징으로서의 역할이 훨씬 중요
하다.

　이제 놀이는 더 이상 놀이가 아니다. 긴 하루가 지나고 아이들의 주
머니를 뒤집어보면 개구리나 구슬, 스케이트화 조임쇠 같은 게 아니
라 스키장 리프트권이나 첼로 활에 바르는 송진 따위가 나온다. 다
섯 살도 안 된 아이의 하루가 어떻게 짜여 있는지 한번 보자. 애틀랜
타에 있는 스즈키국제학습센터에는 조그만 손가락으로 거장을 꿈꾸
는 아이들이 연간 4,000달러가 넘는 교습료를 내고 바이올린과 첼로
수업을 듣는다. 뉴욕 시 92번가에 있는 'Y'에서는 조막만한 아이들이
일주일에 한 번 하는 어린이 요리 교실에서 1기당 95달러의 수업료
를 내고 요리 솜씨를 연마한다. 서부 연안에서는 아직 머리도 제대로
못 가누는 아기들이 LA에 있는 5세 미만 아동 전용 스포츠센터인 짐
보리에서 45분 수업에 5.5달러를 내고 젖살을 빼고 있다. 버몬트 주
킬링턴에서는 꼬마 스키 영웅들이 세션당 15.5달러를 내고 소형 스키
슬로프를 지그재그로 내려온다.[2]

아기를 수영 수업에 넣거나 짐보리에 보내는 데는 약간의 실용적 이유가 있을 수도 있다. 하지만 그 정도의 실용적 목적은 집에서 부모와 함께하는 활동으로도 얼마든지 달성할 수 있다. 실용성 못지않은, 아니 그보다 더 중요한 것은 넓게는 세상에, 좁게는 직접 어울리는 사람들에게 내가 아이들을 그런 수업에 보낼 수 있는 돈과 시간이 있다는 걸 보여주는 일이다.

유아교육 역시 가족의 경제적 잉여를 나타내는 상징이 되었다. 고가의 명문 유아원은 1960년대 이래 1,000배 증가했는데 그중에는 6개월 된 아기의 이유식을 제공하는 곳까지 있다. 의식적으로는 많은 부모가 교육적인 이유 때문에 자녀를 명문 유아원에 보낸다고 생각하지만 실제로는 이것도 지위와 관련이 깊다. 자녀를 명문 유아원에 보낸다는 것은 경제적 잉여에 대한 분명한 증거이기 때문이다.

일류 유치원 학습 센터에서 데브라 클레이의 8개월 된 딸 켄들이 흰색 카드를 빤히 쳐다보고 있었다. 교사가 들고 있는 카드에는 빨간 점 두 개가 찍혀 있었고, 교사는 "둘"이라고 크게 말했다. (…) 유치원 여기저기에는 150여 명의 아이들이 미술, 음악, 프랑스어, 사회 과목 등과 씨름하며 볼보나 BMW를 탄 엄마 아빠가 데리러 오기를 기다리고 있었다.

워싱턴의 시드웰프렌즈초등학교(수업료는 최고 5,000달러)는 유치원생 28명을 모집하기 위해 300명의 지원자를 걸러낸다. 이 유치원이 얼마나 선망의 대상이었던지 한때 입학처장이었던 조지아 어빈은 이런 전화를 받은 적도 있다. "저희가 가족계획을 짜고 있는데요, (입학을 시키려면) 아기를 11월에 낳는 게 좋은가요 4월에 낳는 게 좋은가요?"[3]

부모들이 자녀의 교육을 진심으로 걱정하고 있는 것은 분명하지만 그 걱정에는 지위 문제도 함께 얽혀 있다. 그리고 아이들도 본인에게 이런 새로운 지위가 생겼다는 사실, 즉 자신이 유한계급과 과시적 소비의 상징이 되었다는 사실을 매우 잘 알고 있다. 요즘 아이들에게 이런 인식이 생긴 것을 가장 잘 보여주는 증거는 로버트 콜스가 『특혜받은 아이들Privileged Ones』에서 말하는 부유층 아이들 사이에 흔한 '특권 의식'이다.

내가 '특권 의식'이라고 표현하는 것은 꽤나 유복한 미국 가정이라면 누구나 자녀들에게 전염시키고 있는 중요한 심리적 공통분모를 말한다. 이것은 계급에 뒤따르는 익숙한 특혜와 돈, 권력에 대한 정서적 표현일 것이다. (…)
이런 아이들은 대여섯 살이 되면 비록 항상 허용되는 것은 아닐지라도 무엇이 가능한지 정확히 안다. 쓸 수 있는 돈이 아주 많기 때문에 가능한 것들 말이다. 이런 아이와 대화를 나눠보면 더 큰 아이들처럼 당황하거나 입조심을 하거나 비밀이라는 느낌도 없이 경제에 관해 자신이 아는 막대한 지식을 거리낌 없이 얘기할지도 모른다.[4]

이런 아이들은 부모가 제공하는 모든 호사가 당연한 것이기 때문에 자신의 경제적 잉여나 유한계급으로서의 지위를 표현하는 데 필요한 사치들 중 단 하나라도 누리지 못하면 오히려 창피하게 느낀다.

요즘 부모들이 아이에게 명품 옷을 입히고, 유아에게 공부를 시키고, 자녀에게 스포츠 수업을 받게 하면서 느끼는 부담의 많은 부분은 자녀를 이용해 나의 경제적 잉여를 다른 사람에게 과시하려는 욕구가 그 직접적 원인이다. 즉 진정한 이유가 있어서 자녀를 대세에 편입시키는 것이 아니라 '그럴 만한' 이유가 있기 때문에 대세를 따르는 것이다. 예컨대 그런 흐름을 따라가지 못하면 구두쇠 부모가 되어버리거나 더 심하게는 유한계급임을 나타내는 상징을 감당할 능력이 안 되는 것으로 여겨지기 때문이다.

이런 식의 사회적 지위가 주는 압력이 얼마나 큰 것인지는, 비록 시대는 다르지만, 내가 직접 겪었던 일만 보아도 쉽게 알 수 있다. 내 부모님은 러시아 이민자로서 고등교육을 받지 못한 분들이었다. 아버지는 기계공으로서 충분한 월급을 벌었지만 자녀가 여섯 명이나 되는 관계로 우리 집은 기껏해야 하층민 중에서 형편이 좀 나은 정도였다. 어머니는 밖에서 일을 하지는 않았지만 집 안에서 아주 고되게 일했다. 형편이 안 되었음에도 우리 집에는 일주일에 한 번 청소하는 아줌마가 왔다. 내가 아는 한, 어머니는 언제나 그 청소부 아줌마보다 열심히 일했고 아줌마가 해놓은 일도 별로 만족스러워하지 않았다. 하지만 청소부를 두는 것은 내 부모님에게 사회적으로 필요한 일이었다. 어머니는 청소부를 두지 않고서는 친구들 사이에서 '실제로' 고개를 들고 다닐 수가 없었다.

부모 자신들은 그런 사실을 온전히 인식하지 못하더라도 요즘 부모들이 느끼는 사회적 압력, 다시 말해 자녀를 경제적 잉여와 지위에 대한 상징으로 이용해야 하는 압력은 예전과 마찬가지로 강력하다. 한편 과시적 소비의 상징으로 이용되는 아이들은 중산층 여성들이 보였던 것과 똑같은 두 가지 반응을 보이는 것 같다.

일부 중산층 여성들은 그런 상징적 지위에 저항해 여성운동의 선봉에 섰다. 여성운동의 목적 중에는 가사 노동에 대해 당연히 인정되어야 할 공로를 여성들에게 돌려주려는 의도도 있었다. 그 결과 여성들은 새로운 독립성을 얻었고 사회적 선입견 없이 자신의 생활방식을 선택할 수 있는 더 많은 자유를 얻었다. 유한계급 지위의 상징으로 이용되는 아이들 역시 일부는 이 같은 반응을 보인다. 그러나 아이들의 반항은 청소년기가 되어서야 나타나는 경우가 많다. 아이들은 그제야 자신의 유년기를 재구성해보면서 자신이 이용당하고 착취당했음을 발견한다. 이런 아이들의 반항 방식은 부모의 지배적 성향에 따라 달라지기도 한다. 예컨대 명품 추구형 부모의 자녀라면 '타고난 대로를 추구'(요즘의 '펑크' 스타일)하며 부모가 주입하려고 했던 모든 품위를 거부한다. 학위형 부모의 자녀라면 학교를 그만두거나 성적이 엉망이 된다. 스포츠를 너무 오래 한 아이라면 청소년기가 되면 지쳐서 더 이상 스포츠를 안 하겠다고 하기도 하고, 압박감을 느끼던 천재형 아이들은 청소년기에 정서적 장애 증상을 보이기도 한다.

물론 모두가 이런 것은 아니다. 집집마다 똑같은 집은 하나도 없으며 다른 이유보다 지위에 얼마나 신경을 쓰는가에 따라 아이들의 반응도 달라질 것이다. 그리고 여성운동이 그랬듯이 반항 시기는 오히려 건강한 결과를 가져올 수도 있다. 청소년들이 각자의 인생 항로를 스스로 결정할 수 있는 새로운 독립심과 자유를 갖게 된다면 말이다. 반면에 일부 청소년들은 반항을 너무 심하게 하다가 스스로를 찾는 데 소중한 몇 년을 버릴 수도 있다.

유한계급 지위의 상징으로 이용되는 데 대한 두 번째 반응은 그 지위를 당연한 권리로 받아들이는 것이다. 적어도 일부 중산층 여성들은 유한계급 지위를 당연한 것으로 받아들였고 오히려 집 안에서든 집 밖에서든 일을 하라는 듯한 암시를 받으면 억울하게 생각했다는 사실을 인정해야 할 것이다. 이들은 결혼이 인생의 최종 목표인 것처럼 배우며 자랐고, 경제적 잉여의 상징으로서의 지위를 즐겼다.

여성운동은 이런 부류의 여성들에게 특히 가혹했다. 그 때문에 이들은 세상에 나가 직업을 갖고 싶은 마음이 전혀 없었지만 가만히 집 안에 있을 수도 없는 분위기였다. 이런 여성들은 탐험 여행을 떠나기도 하고 수업을 듣거나 여러 직업을 시도해보기도 했는데 그러는 와중에 결혼 생활을 망치는 경우도 많았다. 이들은 성공적으로 경력을 쌓아가는 다른 여성들이나 남편의 경력을 보면 억울함을 느꼈다. 이들 역시 직업이 주는 열매를 원했지만 그러기 위해 필요한 시간과 노력을 투자할 줄은 몰랐다. 이들은 자기 일을 성공적으로 '즐기는' 남녀를 보면 '쉽게' 얻은 성공이라며 합리화하기도 했고, 속상해하면서 세상에 대해 화가 난 것처럼 보이기도 했지만 실제로는 스스로에게 화가 난 것 같았다.

이제 아이들이 유한계급 지위의 상징이 되면서 상당수의 젊은

이들이 '온실 속' 세계관의 희생양으로 전락할 것이다. 이전 세대들은 스스로 일해서 번 돈을 가지고 자동차를 사거나 해외여행을 가야 한다고 생각했지만 지금 이들의 마음속에서는 그런 게 그저 당연한 권리일 뿐이다. 예컨대 이들은 부모가 당연히 자신을 대학에 보내주어야 한다고 생각하며, 자신이 노력해야 한다거나 기여해야 한다고는 생각하지 않는다. 그리고 유한계급 지위의 상징으로 이용되는 영유아들이 늘어남에 따라 이렇게 생각하는 젊은이의 수도 계속해서 늘어날 것이다.

하지만 여기서 위험한 부분은 이런 젊은이들이 교육을 마친 후에도 자기 자신을 '찾지' 못할 수 있다는 점이다. 이들은 주식시장에서 단기 매매로 큰돈을 벌 거라고 생각하거나 히트 음악을 만들어 부자가 되겠다거나 부유한 친척으로부터 상속을 받을 거라고 생각할지도 모른다. 일을 하고 직업을 가질 수도 있겠지만 그 일에 완전히 몰두하지는 않는다. 왜냐하면 마음속 깊은 곳으로부터 '선험적으로' 자신은 특권을 타고났으며 태생적으로 유한계급의 지위를 부여받았다고 느끼기 때문이다. 영유아 시절부터 이미 특권계급의 일원으로 대하면서 어떻게 그 아이들이 자라서 달리 느끼기를 바랄 수 있겠는가?

오래된 부유층들은 자녀에게 공공에 대한 봉사 정신을 주입해야 한다는 사실을 알고 있는 경우가 많았다. 하지만 새롭게 부상한 부유한 중산층 부모들은 이런 기술을 습득하지 못했다. 자녀를 유한계급 지위의 상징으로 이용하면서도 거만한 특권 의식을 갖지 않게끔 만들어줄 안전장치는 마련하지 않고 있는 것이다. 특권 의식은 젊은이들로 하여금 (대부분의 사람들에게) 풍족한 생활을 가능하게 해주는 힘든 노동은 기피하고 풍족한 생활 그 자체만을 원하도록 만들지도 모른다.

🐱 육아 경쟁의 압력

우리는 경쟁 사회에 살고 있다. 일하면서도 놀면서도 우리는 적들뿐만이 아니라 친척, 친구와도 경쟁한다. 그런데 요즘의 부모들이야말로 그 어느 때보다 더 경쟁적이다. 크게 보면 이것은 전국적으로 그리고 전 세계적으로 경쟁이 치열해진 일터의 현실을 반영한다.

생산성이나 기술적 진보의 측면에서 미국이 다른 국가들보다 의심의 여지 없이 우월했던 때에는 미국이 다른 국가에 도움을 베풀 수 있었다. 2차 대전이 끝난 후 미국은 마셜 플랜을 통해 황폐해진 유럽을 복구했다. 미국은 일본에 민주주의를 이식했고 일본의 산업 기지 재건 비용을 댔다. 하지만 20년 전부터 미국은 철강, 자동차, 신발, 섬유, 농업 등 모든 분야에서 해외로부터 도전을 받고 있다. 미국의 시계, 텔레비전, 라디오, 카메라는 대부분 수입품이며 미국의 컴퓨터 산업은 일본과 끊임없이 경쟁 중이다.

이렇게 외부에서 제기되는 새로운 도전은 미국 경제의 안정성을 약화시켰고 이미 과열 상태였던 미국 내 경쟁을 더욱 악화시켰다. 우리 사회가 산업 경제로부터 후기 산업 경제 내지 정보 서비스 경제(현재는 70퍼센트 이상의 인구가 이쪽에 종사한다)로 탈바꿈하면서

직장 환경과 취업 기회도 급격히 변화했다.[5]

부모들의 눈에 요즘 사회는 앞서 나가기 힘든 곳으로 보인다. 직업을 구하거나 월급을 많이 받는 매니저 등의 직책까지 올라가는 경쟁도 그 어느 때보다 치열해질 것이다. 그래서 부모들은 자녀가 '성공'하기 위해서라면 무슨 기회든지 만들어주려고 한다. 경쟁적인 부모들은 자녀 역시 경쟁적으로 만드는 것이 성공할 확률을 가장 높여주는 방법이라고 믿는다. 주디스 마틴은 자신의 책『완벽한 아이 키우기Miss Manners' Guide to Raising Perfect Children』에서 이렇게 말한다. "정말로 경쟁적인 부모들은 출생 시 체중에서부터 아이를 경쟁시키기 시작한다."[6]

이런 경쟁심은 2장에서 설명한 모든 슈퍼키드 육아 유형의 공통분모이기도 하지만 일부 부모에게는 아이를 경쟁적으로 만드는 것 자체가 하나의 목적인 것 같다.

린다 헤일은 케빈을 안을 때 가끔 나비넥타이가 달린 '성공 지향' 블라우스를 입는다. CEO의 비서를 지냈던 린다는 현대적 모성을 아주 진지한 비즈니스라고 생각하고, 그래서 이런 복장도 필요하다고 생각한다. 케빈의 형인 브라이언은 지금 세 살이다. 브라이언은 얼마 전 보스턴 교외에 있는 몬테소리 학교에 빈자리가 생겨 겨우 입학했다. 공학자이자 아이들의 아버지인 브루스 헤일은 동화책과 카드를 이용해 밤마다 케빈에게 읽기와 셈하기를 가르친다. 이들 부부는 9주밖에 안 된 케빈도 결국 형이 간 길을 뒤따를 수 있기를 바라고 있다. 비록 몬테소리 학교는 아이 한 명당 수업료가 1년에 2,000달러 가까이 되지만 부부는 이게 선택의 여지가 없는 투자라고 확신한다. "대학 들어가기가 워낙 힘들잖아요." 서른여덟 살인 린다의 말이다. "어릴 때부터 시작해서 목표를 향해 밀어붙여야 해요. 글자, 숫자, 읽기, 뭐든 다 알고 있어야지요. 스펀지 같은 이 아이들에게 가능한 한 많은 걸 채워주고 싶어요."[7]

버지니아 주 페어팩스 스테이션에 사는 15개월 된 존 샘파는 주방에서 아침 식사를 끝내자마자 수업을 받는다.

아버지인 빌은 어떤 날은 거실 소파에서 러시아어 학습 카드로 수업을 시작하고, 어떤 날은 대수를 가르치기도 한다. 올 여름에 아들은 특히 새 종류 맞히기를 좋아한다.

"아이가 정말 놀랍습니다." 쉰세 살인 빌 샘파는 이렇게 자랑한다. 그는 아들을 가르치려고 3만 달러의 연봉을 받던 전기 기사 일을 그만뒀다. 빌의 말에 따르면 첫아이인 존은 이제 700개의 단어를 알아보고 책장에 있는 30권의 책을 모두 구분한다. "얼마 전에는 존에게 7 곱하기 7 더하기 1은 얼마인지 물어보고 카드 두 개를 보여줬어요. 그랬더니 아이가 50이라고 쓰인 카드를 집는 겁니다. 처음이었죠."

"아이가 뭐가 되면 좋겠다고 정해놓은 것은 없어요." 빌은 그가 매일 하고 있는 일이 어떤 결과를 낳길 바라는지 묻자 이렇게 대답했다. "그저 아들이 수많은 것들 중에서 고를 수 있게 만들어주고 싶은 것뿐이죠."[8]

유아기 때부터 부모들이 경쟁하게끔 몰아붙이는 주된 원인은 일찍 시작할수록 좋다는 슈퍼키드 심리와 유능한 아이 이미지다. 하지만 또 다른 요인이 하나 더 있는데, 바로 '헤드스타트'라는 용어가 몰고 온 파장이다. 이 용어는 당초 취약 계층 아동들이 정상 수준에 도달할 수 있게 교육 경험과 의료 서비스를 제공하려고 만든 정부 지원 프로그램의 이름이었다. 하지만 안타깝게도 이 이름은 교육이 마치 달리기 시합이라도 되는 듯한 느낌을 자아냈고, 이 프로그램에 속한 아이들이 그 달리기 시합에서 더 유리하다는 느낌을 주었다.* 이렇다보니 중산층 부모들은 당연히 내 자식도 헤드스타트를 해야 한다는 걱정이 생겼다.

이렇게 헤드스타트라는 용어는 예전에는 아이가 훨씬 더 자랄 때까지 잠복해 있던 부모들의 경쟁심에 불을 당겼다. 이제는 영유아에 대해서도 부모들 사이의 경쟁심을 뚜렷이 느낄 수 있다. 눈치채지 못하는 방식으로 전문가들과 미디어 역시 이런 경쟁심을 부추겼고, 압박감을 많이 주는 조기교육 프로그램이 늘어난 것 역시 부모들을 자극했다. 이런 상황 속에서 중산층 부모들은 가해자인 것만큼이나 피해자이기도 하다. 교육을 달리기 시합으로 생각했을 때 어떤 결과가 초래될지는 우려하지 않을 수 없다. 물론 교육은 언제나 경쟁적이었지만 일단 교육을 시합으로 보게 되면 교육의 경쟁적 측면이 다른 측면들보다 훨씬 더 두드러지게 되기 때문이다. 부모의 적극적 참여까지 포함해서 말이다.

교육은 달리기 시합이 아니다. 세 살에 읽기를 배웠다고 해서

---

* 헤드스타트Head Start는 시합 등에서 유리할 수 있게 먼저 시작하는 것을 뜻한다.

예닐곱 살에 읽기를 배운 아이를 '이긴 것'은 결코 아니다. 진짜 시합이라면 승자가 되기 위해 모든 참가자가 넘어야 할 결승선이 명확히 표시되어 있다. 하지만 '읽기를 배우는 것'은 평생에 걸친 과정이다. 예컨대 나는 박사 학위까지 끝내고 나서도 내 지도 교수였던 데이빗 래퍼포트 교수가 프로이트의 책을 한 권 골라 한 쪽 한 쪽 고생스럽게 지도해주기 전까지는 프로이트를 제대로 읽을 줄 몰랐다. 교육의 모든 측면이 그렇다. 과학이든 수학이든 혹은 문학이든 결승선이란 없다. 한 가지 기술을 배웠다고 해서, 학교나 대학을 졸업했다고 해서 배움이 멈추는 것은 아니다. 배움과 교육은 평생에 걸친 과정이며 우리가 죽을 때에나 끝이 난다.

교육이 달리기 시합이 아닌 것처럼 경쟁심 역시 학업 성과에 반드시 필요한 요소는 아니다. 협동적 교실과 경쟁적 교실을 대비해 학업 성적을 비교한, 1924년부터 1981년까지 수행된 122개의 연구를 검토한 결과를 보면 협동 쪽이 훨씬 더 유리했다. 검토자들은 다음과 같이 결론을 내렸다. "1)협동은 개인별 경쟁이나 개인주의적 접근보다 훨씬 더 효과적이다. 2)그룹별로 경쟁하며 협동하는 것 역시 개인별 경쟁이나 개인주의적 접근보다는 우월하다."[9]

개인별 경쟁의 효과에 관해서도 비슷한 결과들이 밝혀져 있다. 과학자들의 성과와 경쟁심의 관계를 조사한 연구에서 뛰어난 과학자들은 연구 참여도나 주인 의식 면에서는 높은 점수를 기록했지만 경쟁심 면에서는 낮은 점수를 보였다.[10] 이런 결과는 기업가들 사이에서도 마찬가지다. 비즈니스 업계에서의 성공 정도를 연봉으로 측정해보았더니 가장 성공한 기업가들(연봉이 가장 높은 사람들)은 덜 성공한 사람들보다 경쟁심 항목에서 오히려 낮은 점수를 기록했다.[11] 이런 결과는 전혀 놀라울 것도 없는 것이 조사 대상을 '성공한 회사'들로 바꿔보아도 똑같은 결과가 보고되기 때문이다.[12]

교육은 시합이고 목표 달성에는 경쟁심이 필요하다는 인식을 주입하는 것은 아이들을 잘못된 교육으로 이끈다. 그것은 아이들을 성공할 수 있게 준비시키는 것이 아니라 실패의 위험으로 밀어넣거나 더 형편없는 성과를 내도록 만드는 일이 될 수도 있다.

3부

잘못된 교육의 위험성

신뢰와 자율 vs 불신과 수치, 의구심

주도성과 소속감 vs 죄책감과 소외

근면성과 자신감 vs 열등감과 무력감

5장

신뢰와 자율 vs 불신과 수치, 의구심

에릭 에릭슨의 『유년기와 사회』를 보면 인간의 발달 과정이란 심리 사회적 '위기'의 연속으로 파악할 수 있다. 위기란 상반된 잠재적 성격이 실현될 수 있는 결정적 시기를 말한다. 잠재적 성격들은 태어날 때는 서로 상반된 짝으로 존재하다가 위기 시기에 개인이 어떤 경험을 하느냐에 따라 둘 중 어느 성격이 더 강해질지가 결정된다. 에릭슨의 성격 발달 모형은 어떤 종류의 경험이 그렇게 성격을 결정짓는지도 설명한다.

　에릭슨이 말하는 위기 가운데 네 가지는 유아기에 발생하는데, 나 역시 연구 과정에서 유아기에 위기가 발생하는 잠재적 성격 두 쌍을 추가로 발견했다. 이 위기들이 어떤 식으로 해소될지는 상당 부분 육아와 학교교육에 따라 정해지므로 에릭슨의 모형은 잘못된 교육의 위험성을 살펴보는 데도 유용한 틀이 된다.

에릭슨은 한 살이 될 때까지 영아가 해야 할 일은 자신이 느끼는 '불신'보다 더 강력한 '신뢰감'을 습득하는 것이라고 말한다. 신뢰감을 가지려면 세상은 안전한 곳이고 내 욕구는 충족될 거라는 느낌이 필요하다. 반면에 세상이 안전하지 않고 장담할 수 없으며 신뢰할 수 없는 곳이라고 느끼면 불신이 형성된다. 에릭슨은 아이에게 어느 정도의 불신은 건강한 것이라고 지적한다. 너무 믿기만 하고 조심성이 부족한 아이(예컨대 함께 가자고 하면 선뜻 아무나 따라가는 아이)는 곤란을 겪을 수도 있기 때문이다. 하지만 각각의 잠재적 성격에서 중요한 것은 긍정적 성격이 부정적 성격보다 강해야 한다는 점이다.

신뢰감은 상당 부분 부모에 대한 애착 또는 유대감에서 비롯된다. 애착의 첫 단계가 형성되는 것은 생후 3개월까지다. 이 첫 단계에서 아기는 일반적인 사교 행동을 통해 부모의 관심을 사로잡는다. 부모의 얼굴을 쳐다보거나, 부모의 팔에 안겼을 때 껴안는다거나, 미소를 짓고, 옹알이를 하고, 우는 것을 통해 말이다. 이런 행동들은 모두 부모 쪽에 걱정이나 보살핌, 기쁨과 같은 일반적인 반응을 이끌어내고 아이에 대한 애착을 심어준다. 마찬가지로 아기의 행동에 대한 부모의 긍정적 반응은 아기에게 부모에 대한 애착을 심어줄 뿐만 아니라 아기가 부모를 신뢰하게 만들어준다.

다음 단계로 가면 아기는 훨씬 더 구체적이고 선택적으로 사교적인 의사소통을 한다. 아기는 부모에게는 미소를 짓고 옹알이를 하지만 낯선 사람에게는 그러지 않는다. 아기는 부모의 팔에 안기면 파고들지만 낯선 사람이 안아주면 경직되고 울음을 터뜨릴 수도 있다. 이제 아기는 멀리서도 부모와 부모가 아닌 사람을 구분할 수 있다. 한편 아기가 다른 사람보다 부모를 더 좋아하는 것은 아기에 대한 부모의 애착을 강화하는 데 강력한 힘을 발휘한다. 부모에게는 옹알이를 하지만 다른 사람을 보면 무시하거나 고개를 돌리는 아기의 행동은 부모를 더할 나위 없이 뿌듯하게 만들어준다. 다른 누군가에게, 특히 아기에게 특별한 존재가 된다는 것은 특별한 의미를 지닌다.

다음 단계는 생후 6개월부터 시작될 수도 있지만 보통은 생후 9개월부터 12개월 사이에 일어난다. 이때는 아이가 이미 부모를 영속적 대상(옆에 있는 것을 느낄 수 없을 때조차 아이를 위해 존재하는 대상)으로 인식한 후다. 아이는 능동적으로 부모 곁에 있으려고 하고 부모와 접촉하려고 한다. 이전에 아기가 울 때는 엄마의 관심을 받으려는 목적도 있고, 배고픔이나 갈증, 불편함에서 벗어나려는 목적도 있었다. 하지만 이때부터는 아이가 울고, 까르륵 소리를 내고, 옹알이를 하고, 단어를 말하는 것은 모두 부모와 접촉하는 게 주된 목적이다. 아이의 움직임이 늘어날수록 이런 시도도 늘어난다. 아이는 부모에게 기어가고, 안아달라는 뜻으로 두 팔을 뻗기도 하고, 부모가 떠나려고 하면 어쩔 줄 몰라 한다. 아이가 정말로 애착을 갖고 있는지, 건강한 신뢰감을 갖고 있는지 어느 정도 확실성을 갖고 판단할 수 있는 시기도 이 단계다.

아이는 부모가 있으면 안전하다고 느끼고 부모가 나의 욕구를 충족시켜줄 거라고 믿으며 애착을 경험한다. 부모는 사랑하고 보살 피고 보호하고 싶은 느낌을 통해 애착을 경험한다. 연구[1]에 따르면 생후 12개월에서 18개월 사이에 부모에게 튼튼한 애착을 형성한 아이들은 그러지 못한 아이들보다 (유치원 교사들의 평가에 따르면) 나중에도 더 긍정적인 정서를 갖고, 잘 공감하고, 협조적이었다. 즉 애착이 덜 견고한 아이들에 비해 사실상 타인을 더 잘 '신뢰'했다.

그렇다면 낮 동안 아이를 어린이집에 두거나 집에 있는 육아 도우미에게 맡기면 부모에 대한 아이의 애착이나 신뢰감이 위험해지는 걸까? 절대 아니다. 먼저 부모에 대한 아이의 애착이나 신뢰는 부모가 아이의 생물학적 욕구를 충족시켜주느냐에 달려 있는 것 같지는 않다. 적어도 그게 주된 결정 요인은 아닌 것으로 보인다는 말이다. 아이는 자신에게 먹을 것을 주고 기저귀를 갈아준다고 해서 자동적으로 그 사람에게 애착을 느끼지는 않는다. 마찬가지로 특정 어른과 함께 있는 시간의 절대적 양에 따라 아이의 유대감이 결정되는 것 같지도 않다. 예컨대 어머니가 아닌 사람과 더 많은 시간을 보내더라도 아이는 여전히 어머니에게 가장 큰 애착을 느낄 수 있다.[2]

실제로 애착과 신뢰 형성에서 가장 중요한 요소는 아이가 의사소통을 시도했을 때 그것을 받아주는 부모의 태도인 것으로 보인다. 부모는 아이에게 진심으로 헌신하며 장기적인 관계를 맺기 때문에 그저 아이를 돌봐주는 사람과는 소통 방식이 다르다. 까르륵거리거나 울거나 혹은 보디랭귀지를 쓰며 아이가 보내오는 다양한 메시지에 대해 부모는 훨씬 민감하다. 다시 말하지만 이런 소통이 성공하느냐의 여부는 부모에게만 달린 것이 아니다. 그것은 아이가 얼마나 효과적으로 부모와 의사소통하느냐에도 똑같이 영향을 받는다. 실질적인 애착과 견고한 신뢰감이 생기느냐의 여부는 우리가 아이와 나누는 놀라우리만치 정교한 비언어적 소통에 달려 있다.

반면에 그저 아이를 돌봐주는 사람은 아이와 장기적인 헌신 관계를 느끼지도 못하고 전달할 수도 없다. 아이를 돌봐주기만 하는 사람은 오히려 아이에게 애착이 생길까봐 걱정한다. 언젠가는 그 애착 관계가 깨질 것을 알고 있고, 그렇게 되었을 때의 상실감에 괴롭고 싶지 않기 때문이다.

물론 아이를 돌봐주는 사람도 어느 정도까지는 애착이 생기지만(그렇지 않다면 사람이 아닐 것이다) 이들은 지나치게 얽이지 않도록 거리를 둘 수 있는 전략을 계발하기도 한다. 일례로 내가 아동 병원 암병동에서 잠시 일했을 때 나는 그곳 간호사들이 환자를 사랑으로 돌보면서도 동시에 지나친 애착이 생기지 않게 하는 법을 터득하고 있는 것을 보았다. 살아서 암병동을 떠나는 아이가 많지 않다는 사실을 알고 있었기 때문이다. 물론 이것은 극단적인 사례지만 그래도 아기나 유아를 돌보는 사람들이 왜 아이와 강한 유대감을 형성하지 않으려 하는지 잘 설명해준다.

이와 같이 연구 결과는 아이가 일찍부터 하루의 상당 시간을 다른 사람의 보살핌을 받더라도 여전히 부모에게 애착을 느끼고 부모를 신뢰할 거라는 사실을 강하게 시사한다.[3]

그렇다면 이 말은 '질 높은 시간'이 결정적 요소라는 뜻일까? 부모와 아이 사이의 소통의 질이 애착의 결정적 요소라는 점은 분명하다. 부모의 장기적 헌신과 보살핌, 걱정 등은 짧은 소통으로도 아이에게 전달된다. 하지만 헌신하는 마음을 전하고 신뢰를 강화하려면 일정 시간의 '양'은 반드시 필요하다. 시간의 질만으로는 충분하지 않다. 시간의 양도 중요하다. 하지만 우리가 일상적으로 아이를 돌보는 데 들이는 정도의 시간이면 튼튼한 애착과 신뢰를 형성하는 데 충분하다는 사실을 안다면 안심이 될 것이다.

그렇다면 생후 1년까지 일어나는 잘못된 교육에는 어떤 것이 있을까? 이와 관련해서는 아이와의 '따뜻한' 소통과 '차가운' 소통의 차이를 아는 것이 도움이 된다. 따뜻한 소통은 애착과 신뢰감을 높이지만 차가운 소통은 애착을 망치고 불신을 조장한다. 부모는 대체로 아이에 대한 사랑과 아이를 보며 느끼는 즐거움 때문에 저절로 '따뜻한' 소통을 한다. 이런 소통은 저절로 일어나는 자연스러운 행위이다. 반면에 차가운 소통은 많은 경우 일부러 해야 하고 부자연스럽게 느껴진다.

우리는 먹이고 입히고 목욕시키고 달래는 등 일상적으로 아이를 돌보면서 아이와 이야기를 나누고 껴안거나 노래를 부르고 장난도 치는데 이런 것들이 모두 따뜻한 소통이다. 우리는 '아이'라는 한 명의 사람을 좋아한다는 사실과 아이와 함께 있는 것을 진심으로 즐긴다는 점을 아주 다양한 방식으로 아이에게 알려준다. 그리고 우리가 가진 애착을 따뜻하고 생생하게 아이에게 보여주면 아이의 애착과 신뢰 역시 높아진다.

반면에 차가운 소통은 아이가 중심이 아니라 과업이 중심이다. 무언가를 요구하고, 단호한 표정과 말을 쓰고, 벌을 주겠다고 위협하거나 심지어 사랑을 거둬들이겠다고 위협하는 것 등이 모두 차가운 소통이다. 물론 약간의 차가운 소통은 불가피하다. 특히나 아이가 위험한 일을 하려고 하면 우리는 아이의 안전이 걱정되어 심한 말을 내뱉거나 목소리가 격앙되기도 한다. 하지만 어린아이도 자신을 위해서 차가운 소통을 하는 것인지, 다른 이유로 그러는 것인지는 구분할 수 있다.

아이 중심이 아니라 과업 중심으로 어른이 정해놓은 학습의 우선순위를 강요하면 아이의 애착과 신뢰감이 위험해질 수 있다. 나는 6개월 된 아기에게 학습용 카드를 보여주는 어머니를 본 적이 있다. 아기는 꼼지락거리면서 카드를 안 보려고 무던히 애를 썼다. 그런데도 어머니가 계속 강요하자 결국 아기는 턱받이에 토해버렸다(그때 내 심정도 정확히 이랬다). 그런데도 이 어머니는 아이를 가르치는 데 너무도 사로잡힌 나머지 이렇게 소리쳤다. "잘 보면 무슨 뜻인지 알 수 있어!" 그럴지도 모르지만 건강한 신뢰감은 손상되고 강한 불신감이 커질 수도 있다.

변치 않는 애착과 건강한 신뢰감은 나중에 건강한 대인 관계를 맺는 바탕이 된다. 부모에게 애착을 느끼고 부모를 신뢰하는 법을 배운 아이는 나중에 친구에게, 그리고 결국에 가서는 배우자에게 애착과 신뢰감을 느낄 수 있는 기초를 마련해놓은 것이다. 그런데 애착과 신뢰는 학습에도 매우 중요하다. 이 점을 인식한 프로이트는 환자가 기꺼이 바뀌겠다는(배우겠다는), 그리고 치료의 효과를 보겠다는 마음을 먹으려면 '전이transference'(치료자에 대한 환자의 애착과 신뢰)가 중요하다고 주장했다. 마찬가지로 아이들이 읽기를 배우는 것은 많은 경우 부모에게 애착과 신뢰를 느끼기 때문인 이유도 있다. 글을 읽어주는 사람이 부모이고 아이가 조금씩 발전하면 부모가 보상을 주기 때문이다. 이는 스포크 박사의 얘기를 통해서도 알 수 있다.

> 정식 학교교육을 시작하기 전에 아이에게 글을 읽어주는 사람이 부모 가운데 있으면 아이는 글을 배워야겠다는 동기를 크게 가질 수 있다. 아이의 지능이 발달하면서 글자의 모양을 구별할 정도가 되면 아이는 글자의 이름과 소리를 물을지도 모른다. 다른 나쁜 경험이 끼어들지 않는 한 아이는 학교에 가고 싶어할 것이다.[4]

카드에 있는 글자나 그림, 숫자를 알아보는 것 같은 몇몇 요령이나 가르치자고 아이와 불필요하게 차가운 소통을 하는 것은 잘못된 교육이다. 아이는 애착과 신뢰감에 손상을 입을 수도 있다. 애착은 이후의 학습에 매우 중요하기 때문에 공부에서 앞서 가게 하려고 아이와 차가운 소통을 하는 부모는 자신의 목적과 정반대되는 행동을 하고 있는 것일 수도 있다. 나중에 효과적으로 학습하는 데 꼭 필요한 애착과 신뢰가 손상된 아이는 장애를 겪을 수도 있다. 영아를 교육시키는 것이 영구적으로 도움이 된다는 증거는 전혀 없기 때문에 아이는 아무런 이유도 없이 위험에 빠지는 셈이다.

애착과 신뢰에 관해 다른 몇 가지 특징들을 짚고 넘어가자. 특히 건강한 애착과 신뢰는 다양한 방식으로 나타나며 위장된 방식으로 드러날 수도 있다는 점을 반드시 알아야 한다. 자녀에게 따뜻한 소통을 많이 하는 헌신적인 부모들은 때로 아이가 다른 어른을 더 좋아하는 것처럼 보이면 화가 나기도 한다. 하지만 이것은 어디까지나 겉으로만 그런 것뿐이다.

전에 내가 한 어린이집에서 연구를 진행하던 시기에 있었던 일이다. 일과가 끝나고 다섯 시 반쯤 한 아버지가 10개월 된 딸을 데리러 왔다. 아이는 하루 종일 어린이집에 있었다. 아버지는 혼자서 아이 셋을 키우는 사람이었는데 다른 두 아이는 공립학교에 다녔다. 아버지는 항상 딸을 먼저 찾은 다음 육아 도우미와 함께 있는 다른 두 아이를 데리러 갔다.

아버지가 들어오자 어린이집 직원에게 안겨 있던 딸은 직원의 어깨에 매달려 훌쩍대기 시작했다. 그것을 지켜보는 아버지의 얼굴이 어찌나 고통스럽고 상처받은 표정이던지 나는 고개를 돌릴 뻔했다. 나는 이 아버지를 알고 있었고 불과 몇 달 전에 그의 아내가 다른 남자와 떠나버린 사실도 알고 있었다. 그는 집에 가면 저녁 식사를 준비하고 아이들을 씻기고 재운 후 남은 시간 동안 설거지와 청소를 하고 다음 날을 준비하는 사람이었다. 말끔한 아이들이 행복해하는 모습을 보는 것과 아이들이 자신을 사랑해주는 것을 느끼는 것만이 그가 사는 유일한 낙이었다.

그러니 딸이 자신보다 어린이집 직원을 더 좋아하는 것처럼 보였을 때 이 아버지가 얼마나 끔찍이 거부당한 느낌이었을지 나는 충분히 알 수 있었다. 다행히도 나는 그날 하루 종일 그 어린이집에 있었고, 그래서 딸의 행동이 보이는 것과는 전혀 다르다는 점을 그에게 설명해줄 수 있었다. 그날 어린이집에서는 크고 작은 사고가

끊이지 않아서 온통 어수선한 분위기였는데, 그런 속에서도 그의 딸은 침대에서 혼자 조용히 놀았다. 그러다가 마침내 그의 얼굴을 봤고, 딸은 아버지가 왔다는 안도감을 느낀 후에야 겨우 울 수가 있었던 것이다.

아이가 부모에게 느끼는 애착과 신뢰감의 또 다른 특징은 다소 불행한 결말을 가져올 수도 있는 부분이다. 생후 1년까지는 아이에게 건강한 애착과 신뢰감을 심어주었던 부모도 나중에는 이 애착과 신뢰를 남용할 수 있다. 일단 아이가 부모에게 애착과 신뢰를 갖고 나면 그 어마어마한 동기를 이용해 아이에게 잘못된 교육을 시키는 것이다. 예컨대 아이가 발레나 테니스, 바이올린 수업을 즐기는 것처럼 보이더라도 실제로는 자신의 애착 대상인 부모를 기쁘게 하려고 노력하는 것일 수도 있다.

아이에게 발레나 테니스, 바이올린 수업을 시키는 부모들은 이 점을 받아들이기 힘들어하는 경우가 많다. 이런 부모들에게는 아무리 얘기를 해줘도 같은 소리를 듣게 될 뿐이다. "그래도 우리 아이는 발레 수업을 정말 좋아하는데요. 제가 그만두게 하면 엄청 실망할 거예요." 일부 유아는 정말로 그런 수업을 즐기게 됐을 수도 있다. 특히나 가르치는 교사가 세심하고 사려 깊으며 아이의 천재적인 (하지만 제한된) 여러 능력에 꼭 맞는 사람이라면 말이다. 그렇지만 이런 수업을 듣는 아이들의 대다수는 부모를 기쁘게 하려는 것이 주된 동기다. 무엇보다 애당초 그 수업을 듣기로 결정한 사람은 아이가 아니라 부모였지 않은가. 네다섯 살짜리가 발레나 테니스, 바이올린에 대해 뭘 알았겠는가?

애착을 이용해 아이에게 잘못된 교육을 시키는 일은 무의식적으로 일어날 때도 있지만 그 경우에도 여전히 치명적이다. 내가 좀 더 큰 아이들에게서 발견했던 증상을 살펴보면 부모에 대한 아이의 애착이 어떻게 남용될 수 있는지 알 수 있다. 내가 이 증상을 처음 발견한 것은 우리가 '교육과정 장애' 아동(평균적 능력을 갖고 있으면서도 나이에 비해 성적이 떨어지는 아동)이라고 이름 붙인 아이들을 위한 학교를 운영하던 때였다. 학교를 열고 나서 2년째 되던 해에 새로운 아이가 한 명 들어왔는데 우리로서는 도저히 이해가 되지 않는 아이였다. 그때 이후로 나는 이런 아이들을 여럿 더 보았고, 더 나은 단어를 찾지 못해 그냥 '불가사의한' 아이들이라고 부른다.

그 아이를 설명하면 그 증상이 무엇인지도 저절로 설명이 될 것이다. 아이는 8세의 여자아이로 보통 외모에 카랑카랑하고 짜증 섞인 목소리를 갖고 있었다. 아이가 처음 내 관심을 끌었던 것은 날씨가 추워졌을 때였다(학교가 뉴욕 주 로체스터에 있었다). 아이는 여름에나 입을 법한 얇은 코트에 홀터식 원피스를 입고 있었다. 게다가 가져오는 점심 도시락이 다소 충격적이었다. 아이는 자주 속이 빈 아이스크림 콘이나 요리가 안 된 파스타 같은 것을 싸왔다. 그 때문에 이를 동정한 교사들과 다른 친구들이 종종 아이에게 점심을 나눠주곤 했다.

그런데도 아이는 학교에서 철저한 말썽꾼이었다. 아이는 다른 친구들이 해놓은 것을 망가뜨렸고, 마음대로 안 되면 성질을 부렸으며, 친구들의 물건이나 학교 물건을 훔쳤다. 처음에 우리는 만병통치약을 시도했다. 부드러운 사랑으로 보살피는 것 말이다. 순진하게도 우리는 그때까지도 사랑이 모든 문제를 해결해줄 거라고 확신하고 있었다. 잠깐 효과가 있을 때도 있었다. 아이가 더 명랑하고 순해진 것처럼 보였으니 말이다. 하지만 우리가 경계를 늦추자마자 아이는 다시 반격을 가해왔다.

나는 힘을 합쳐 뭔가 대책을 마련할 수 있을까 싶어 아이의 부모를 불러 회의를 했다. 그런데 아이의 어머니와 아버지가 이야기하는 것을 보고 있자니 전에는 보지 못했던 새로운 그림이 서서히 드러났다. 부부는 사이가 좋지 않았다. 그리고 아이 어머니는 아이에게도, 남편에게도 애착이 없는 것 같았다. 게다가 이 어머니는 불가사의한 아이를 원하고 있었으며, 사실상 그런 아이가 필요한 것이 분명했다.

아이 어머니는 아이에게 애착을 느끼지는 않았지만 딸을 공개적으로 거부하면 사회적으로 어떤 시선을 받게 될지 정도는 알고 있는 사람이었다. 그래서 어머니는 눈에 띄지 않는 여러 방식으로 딸을 불가사의한 아이로 만들었다. 아이에게 직접 점심을 만들게 한다거나 무슨 옷을 입을지 고르게 하는 등의 방식으로 말이다. 우리 모두가 인정했던 것처럼 딸이 불가사의한 아이가 되면 그런 아이를 거부하는 것은 이해할 수 있고 수용할 수 있는 일이 되기 때문이다. 어머니는 자신에 대한 딸의 애착을 이용해 아이가 불가사의한 방식으로 행동하게 만듦으로써 망신을 당하거나 사회적 시선을 의식하는 일 없이 아이를 공개적으로 거부할 수 있었다.

이런 아이가 아주 예외적인 경우라는 점은 인정한다. 하지만 부모 자식 간의 애착과 신뢰가 얼마나 강력한 힘을 발휘하는지는 잘 보여주는 사례라 하겠다. 생후 1년이 될 때까지 아이에게 쓸데없이 차가운 소통을 한다면 애착과 신뢰를 위험에 빠뜨릴 수 있다. 그 이후에 애착과 신뢰를 악용하더라도 마찬가지다. 반면에 대체로 따뜻한 소통을 경험한 아이는 강한 애착과 건강한 신뢰감을 형성한다. 그리고 그것이 기초가 되어 차츰 성숙하면서 튼튼한 대인 관계를 맺고 효과적으로 학습할 수 있게 된다.

🌙 자율이냐 수치와 의구심이냐

생후 2, 3년이 되면 아이는 자기 몸을 보다 자유롭게 움직일 수 있게 된다. 걷고 기어오르고 붙잡고 떨어뜨리고 혼자서 먹기 시작하고, 어쩌면 용변 훈련에 들어갈 준비가 될 수도 있다. 에릭슨은 이렇게 운동 능력이 생기면 다음 단계의 성격 위기인 '자율' 대 '수치와 의심' 단계가 시작될 준비가 된 거라고 말한다. 아이가 할 수 있겠다 싶은 다양한 운동 능력을 터득할 수 있게 부모가 옆에서 격려해주면 아이는 강한 자율성과 주인 의식을 갖게 된다. 자율성은 나중에 건강한 독립심으로 나타나 아이는 자신의 생각을 기꺼이 밝히고 스스로의 신념과 행동에 책임지는 태도를 보이게 된다.

　반면에 부모가 운동 훈련을 너무 일찍 시키거나 아이가 실패했을 때 비웃거나 조롱하거나 화를 내면 아이는 다른 사람 앞에서 실패한 것에 대한 수치심을 경험하게 된다. 그리고 자기 몸을 제어할 수 있는 자신의 능력에 대해 의구심을 갖게 된다. 부모가 계속해서 이런 태도를 보이면 아이의 수치심이나 의구심이 자율성을 능가할 수도 있다. 에릭슨은 그 결과에 대해 이렇게 묘사한다.

> 자유로운 선택이라는 자율성을 차근차근 안내를 받아 경험해보지 못한 아이는(혹은 처음부터 신뢰가 없어서 그런 경험이 약화된 아이는) 차이를 식별하고 직접 해보려는 마음 자체를 접어버린다. 이렇게 되면 지나치게 마음대로 하려고 들고 일찍부터 양심의 가책을 느낀다. 어떤 목적을 가지고 반복해서 시험해볼 요량으로 물건을 소유하는 것이 아니라 반복 자체에 집착하게 된다. 이런 집착을 통해 아이는 완강한 태도로 사소한 것들을 통제함으로써 주변을 다시 장악하고 권력을 되찾아오는 법을 배우게 된다. 이렇게 되면 아이는 큰 의미의 상호 규제라는 것을 배울 수 없다. 이런 무의미한 승리는 일종의 강박 신경증의 유아기적 형태다. 이런 아이는 나중에 성인이 되어서도 큰 취지를 따르는 것이 아니라 자구에 연연하려고 한다.[5]

수치에 관한 이야기로 옮겨가면 수치라는 감정은 아직도 충분히 연구되어 있지 않다. 우리 문화에서는 일찍부터 수치가 죄책감에 흡수되기 쉽기 때문이다. 수치는 완전히 노출되어 시선을 받게 된 것을 의식하는 일이다. 한마디로 자의식이 곧 수치다. 수치는 눈에 띄지만 눈에 띌 준비가 되지 않은 상태다. 그래서 우리는 수치와 관련된 꿈을 꾼다. 옷을 하나도 입지 않은 상태에서 다른 사람들이 나를 쳐다보거나 잠옷을 입었는데 '바지를 내리고 있는' 식으로 말이다. 어릴 때 수치는 손으로 얼굴을 가리고 싶은 충동 혹은 그 순간 쥐구멍에라도 숨고 싶은 충동으로 표출된다. 하지만 내 생각에 이것은 본질적으로 스스로에 대한 분노가 다른 곳을 향한 것이다. 수치를 느끼는 사람은 세상이 자신을 못 보게 만들고 싶다. 자신의 노출을 눈치 채지 못하게 말이다. (…) 수치를 너무 많이 느끼면 적절하게 행동하는 것이 아니라 남의 눈에 띄지 않고 들키지 않아야겠다고 몰래 결심하게 된다. 혹은 그와는 정반대로 반항적이 되어 뻔뻔스러운 모습을 띠기도 한다.[6]

에릭슨은 그의 저서에서 유아 성욕과 이후 성격 형성에 관한 프로이트의 아이디어를 확장하고 발전시킨다. 그는 자신의 이론을 일반적인 운동 훈련에까지 확장한다. 이에 비해 프로이트는 아동기의 특정 유형의 운동 훈련과 성인기의 성격적 특성 사이의 관계를 추적하는 쪽으로 제한되게 설명한다.

지금 내가 설명하려는 사람들은 보통 다음과 같은 세 가지 기벽, 즉 남달리 깔끔하고, 인색하며, 완고한 특징이 결합되어 있다는 점이 눈에 띈다. 이 단어들은 각각 서로 연관된 일련의 특징을 가리킨다. 깔끔하다는 것은 신체적으로도 청결하다는 뜻이고, 자잘한 의무 수행 면에서 믿을 수 있고 성실하다는 뜻도 된다. 반대말은 '너저분하다' 혹은 '태만하다'가 될 것이다. 인색함은 과장되면 탐욕이 될 수도 있다. 완고함은 자주 성마른 성격과 보복 심리를 동반해 반항한다는 뜻일 수도 있다. 깔끔함보다는 인색함과 완고함이라는 특징이 서로 밀접하게 따라다닌다. 또한 인색함과 완고함은 전체 성격 중에서도 가장 변치 않는 요소다. 하지만 내 생각에는 세 가지 모두가 어떤 식으로든 서로 연관되어 있는 점만은 틀림없는 것 같다.[7]

프로이트는 자신이 관찰한 것을 유아 성욕이라는 이론에 의거해 설명한다.[8] 처음에는 구강 주변, 그다음에는 항문 주변이 유아기 성적 쾌감의 중심이다. 항문 주변에서 특히 큰 쾌감을 얻는 아이는 필요 이상으로 그 쾌감을 오래 유지하는데, 그 결과 '보유'하고 '내보내지 않는 것'을 즐거운 활동으로 인식하고 집착하게 된다. 성인이 되면 이것은 돈을 '보유하고 내보내지 않는 것'(인색함)과 생각을 '보유하고 내보내지 않는 것'(완고함) 혹은 물건을 '보유하고 내보내지 않는 것'(깔끔함)으로 바꾼다.

에릭슨이나 프로이트나 이론적 관점은 다소 다르지만 운동 훈련이 이후의 성격 형성에 중요한 영향을 끼친다고 생각하는 점은 동일하다. 이런 중요성을 감안한다면 다른 운동 능력을 살펴보기에 앞서 일반적으로 건강한 배변 훈련이라고 여겨지는 것부터 살펴보는 게 유익할 것이다. 이외에도 운동 능력들은 아이의 자율성이 수치심이나 죄책감보다 커지는 것을 결정하는 데 매우 중요한 영향을 미칠 수 있다.

배변 훈련

세상에 똑같은 아이는 한 명도 없으며 아이들은 각자 자기만의 발달 시간표를 따르기 때문에 언제 배변 훈련을 시작할지에 관해 정해진 원칙은 없다. 이런 훈련은 아이가 어느 정도의 근육 조절력을 습득하고 신경계가 충분히 발달된 후에만 성공할 수 있다. 아이가 장이나 방광이 꽉 찼다는 것을 알고 이들 장기의 근육을 조절하려면 지적, 정서적 능력과 운동 능력이 복잡하게 서로 협조해야 한다. 그리고 이것은, 적어도 부분적으로는, 신경계가 충분히 성숙했는가에 의존한다.

일반적으로 소변 훈련보다는 대변 훈련이 먼저 진행되는데 이 훈련은 보통 18개월에서 28개월 사이에 실시하면 더 쉽게 성공할 수 있다. 약 80퍼센트의 아이는 27.7개월이 될 때까지 배변 훈련이 끝난다. 신경계가 성숙함에 따라 아이는 장이나 방광이 가득 찼다는 신호를 받는다. 그리고 자신이 근육을 조이거나 푸는 방식으로 배설 과정을 도울 수 있다는 사실을 알게 된다. 또한 '참아서' 배변을 늦출 수 있다는 것도 알게 된다. 기초적인 언어를 습득함에 따라 아이는 자신이 경험하고 있는 느낌이나 행동을 특정 단어와 연관시키기 시작한다.

아이가 스스로 장의 움직임을 인식하는 것을 목격한 뒤 아이가 배변 훈련을 할 준비가 되었다고 생각하면 아이가 평소 장운동을 하는 시간대에(보통 아침 식사 후에) 아이를 의자형 변기에 앉혀도 된다. 이때 아이가 무엇을 했으면 좋겠는지 얘기해줘야 한다. "응가해" 같은 말을 하는 것이다. 아이가 성공하면 칭찬을 해주는 것도 중요하지만 아이가 한 번에 성공하지 못하거나 때때로 실패하더라도 화내지 않는 것 역시 중요하다.

유의점: 가족 내에 정서적으로 큰 변화가 있을 때 배변 훈련을

시작하는 것은 좋지 않다. 예컨대 동생이 태어났거나 새집으로 이사했거나 할아버지, 할머니가 방문했을 때처럼 말이다. 효과적으로 배변 훈련을 하려면 부모나 아이 모두 편안하고 느긋한 분위기여야 한다. 아이에게 배변 훈련을 시작해야겠다고 느낀 시기에 집 안에 긴장감이나 소란이 생긴다면 상황이 가라앉을 때까지 배변 훈련을 미루는 편이 훨씬 좋다. 미루더라도 아무런 문제도 생기지 않으며 한두 달 보류했다가 분위기가 더 차분하고 느긋해졌을 때 시작하는 편이 훨씬 더 득이 된다.

배변 훈련에 관해 이렇게 자세하게 설명한 것은 부모가 아이에게 정말로 개입해서 가르쳐야 하는 첫 번째 활동이기 때문이다. 간단해 보일지 몰라도 실제로는 배변 훈련이 얼마나 복잡한지 보았을 것이다. 배변 훈련은 반드시 아이가 신체적으로 성숙하고 지적, 정서적으로 발달할 때까지 기다렸다가 실시해야 한다. 배변 훈련을 제대로 시작하려면 부모는 아이를 유심히 관찰해야 할 뿐만 아니라 많이 인내하고 자주 웃어넘길 수 있어야 한다. 제대로 된 배변 훈련은 복잡하고, 아이마다 달라져야 하고, 부모와 아이 모두의 노력이 필요하다는 점에서 건강한 교육의 훌륭한 예가 되며 잘못된 운동 교육을 평가할 수 있는 기준이 된다.

이런 운동 능력들과 상관없이 건강한 자율성은 일정 정도의 수치심 및 의구심과 균형이 맞아야 한다는 점을 강조하고 넘어가야겠다. 내 힘으로 내 마음대로 할 수 있다고 생각하더라도 다른 사람의 반응과 허락을 염려하는 마음이 있어야만 일정 선을 넘지 않을 수 있기 때문이다. 중요한 것은 아이의 자율성이 수치심이나 의구심보다 커야 한다는 점이다. 아이의 자라나는 자율성을 따뜻하고 수용적인 방식으로 격려하고 도와준다면 아이는 자율성을 확고하게 인식하면서 수치심이나 죄책감을 이길 수 있을 것이다. 하지만 부모도 사람이어서 때로는 실망하거나 좌절할 수도 있는데, 이 점은 오히려 아이의 커지는 자율성에 균형을 잡아주는 약간의 수치심과 의구심을 형성하는 데 도움이 될 수 있다.

자율성과 관련한 잘못된 교육의 예들을 몇 가지 살펴보기 전에 다른 운동 발달 몇 가지도 한번 살펴보자. 프로이트는 운동 훈련 중에서 유아기 이후의 성격 발달에 중요한 의미를 갖는 것이 배변 훈련이라고 강조하지만 에릭슨은 '자율 대 수치, 의구심' 사이의 균형을 결정하는 데는 모든 형태의 운동 훈련이 관계된다고 보기 때문이다.

다른 운동 능력

어린아이가 감당할 수 있는 운동 활동의 순서를 알면 유용하다. 그러면 그런 활동들을 도와주는 방식으로 자율성을 키워줄 수 있기 때문이다. 예컨대 두 살배기 아이가 운동 능력을 조절하여 충분히 할 수 있는 활동에는 (주로 크레용으로) 낙서를 하는 것, 어린이용 안전 가위로 종이를 오리는 것, 네다섯 개의 블록으로 탑을 쌓는 것 등이 있다. 이 나이가 되면 아이는 신발 끈에 구슬을 꿰거나 실패에 끈을 감을 수 있고, 비록 많이 흘리기는 해도 숟가락과 포크 사용을 시작할 수 있다. 반면에 이 나이 때의 아이는 스스로 옷 입는 것에는 별로 관심이 없는데, 그 이유 중에는 아직 그 정도까지 운동을 조절할 수 없는 탓도 있다. 아이의 옷에 찍찍이를 달아준다면 아이가 혼자서 옷 입는 일에 참여하기가 더 쉬워질지도 모른다.

이런 부분에서 아이의 노력을 인정해주고 격려하는 것도 중요하지만 아이의 성공과 실패에 대해서는 가볍게 넘기는 태도가 중요하다. 운동 능력은 배우는 데 시간이 걸리므로 아이가 혼자서 먹으려고 시도하다가 음식을 흘리더라도 화내지 말아야 한다. 물론 아이가 음식을 집어던진다면 그것은 전혀 다른 문제다. 하지만 아이가 성공해보려고 노력하는 중이라면 그 노력을 지지해주고 흘린 음식에 대해서는 너무 걱정하지 말아야 한다. 그것이 바로 자율성을 키우는 방법이다.

세 살이 되면 아이는 운동 능력이 상당히 발달하지만 아이들 간에 차이가 크다. 기회가 있다면 대부분의 세 살배기들은 연필로 대충 동그라미를 따라 그릴 수 있고 다섯 개 이상의 블록으로 탑을 쌓을 수 있다. 그리고 요령을 알려주면 아동용 테이블에서 포크로 혼자서 밥을 먹거나, 애완동물에게 음식을 먹이거나, 흘린 음식을 닦을 수 있다. 이 나이 때의 아이들은 열심히 뭐든 도우려고 하는데 이때 돕도록 허락해주면 건강한 자율성을 키우는 데 도움이 된다.

어른인 우리는 가끔 잊어버리지만 집 안에 있는 물건들(문손잡이, 의자, 테이블, 수저, 컵, 접시 등)이 대부분 어른의 손 크기와 힘에 맞춰져 있어서 아이가 운동 능력에서 어려움을 겪는 경우도 있다. 이 점을 잘 알았던 마리아 몬테소리는 유치원생 교실에 어린이에게 맞는 크기의 의자와 탁자를 도입했다. 아이가 물건을 걸 수 있도록 아이의 키에 맞는 높이에 못이나 고리를 달아주면 아이가 자립 능력을 배우는 데 도움이 된다(이 연령대의 아이들에게는 걸 수 있는 고리가 달린 옷이 가장 걸기 쉽다). 아이의 욕실 이용을 쉽게 해주려면 아이가 딛고 올라설 수 있게 뒤집어질 염려가 없는 의자나 박스를 설치하고 아이의 개인용 수건을 걸 수 있는 자리를 따로 만들어주면 된다.

아이들은 이런 기술들을 배우고 있을 뿐이므로 강요하지 않는 것이 중요하다는 점을 다시 한 번 짚고 넘어가야겠다. 아이들은 스스로 하는 독립성과 자율성을 좋아하지만 가끔은 새로운 자율성에 다소 겁을 먹을 수도 있고 부모가 돌봐주기를 원할 수도 있다. 이런 일은 보통 일시적인 퇴행이므로 웃으면서 받아들여야 한다. 어른인 우리도 가끔은 침대 정리나 면도, 설거지 등을 건너뛸 때가 있지 않은가. 성장하고 독립성과 자율성을 얻는 것은 재미있고 신나는 일이지만 때로는 겁이 날 수도 있으므로 부모가 항상 뒤에 있다는 것을 알려주는 것이 좋다.

여기까지 오면서 느꼈겠지만 중요한 것은 아이에게 뭐든 다 해주는 것과 아무것도 해주지 않으면서 어른 크기의 세상에 적응하기를 기대하는 것 사이에서 건강한 중간 지대를 찾는 일이다. 이렇게 자율성을 키워주는 중간적 방법은 아이가 스스로 하기를 기대하면서 그렇게 하기 쉬운 상황을 조성해주는 것이다. 물건의 크기를 줄여주는 것도 한 가지 방법이고, 가능하다면 한 가지 일을 더 작은 부분으로 쪼개서 하기 쉽게 만들어주는 것도 방법이 될 수 있다.

잘못된 운동 교육

잘못된 운동 교육의 중심에는 아이에게 더 일찍 특정 운동을 시키면 더 늦게 시작하는 아이들보다 유리할 거라는 믿음이 자리하고 있다. 그러나 연구 결과는 이런 생각을 뒷받침하지 않는다. 예컨대 존 왓슨은 좌약을 이용해 6주에서 8주 된 아기가 배변 훈련을 할 수 있게 만들었다![9] 하지만 알고 보면 이런 조기 배변 훈련 사례에서 훈련당하는 사람은 아이가 아니라 부모다.[10] 게다가 아이의 자발적 참여가 필요한 경우 이런 조기 훈련은 실패하게 마련이다[11](이런 조기 훈련이 아이의 신뢰감과 자율성에 어떤 영향을 미칠지는 말하지 않아도 상상이 갈 것이다).

일란성 쌍둥이를 대상으로 한 두 연구에서도 같은 결론이 도출됐다. 이들 연구에서는 쌍둥이 중 한 명에게만 계단 오르기나 큐브 조작 같은 운동 능력을 가르쳤다. 두 연구 모두에서 훈련을 받지 않은 쌍둥이는 나중에 같은 상황에 맞닥뜨렸을 때 해당 능력을 더 쉽게 배웠다. 두 번째 쌍둥이가 해당 능력을 배운 후에는 두 쌍둥이 사이에, 일찍 배웠든 늦게 배웠든, 차이가 전혀 없었다.[12] 물론 훈련은 중요한 일이지만 아이가 신체적으로 준비가 되었을 때 시작하는 편이 효과도 훨씬 좋고 능률적이다.

이들 쌍둥이 연구 중 하나, 즉 머틀 맥그로가 실시한 조니와 지미 연구에는 개인적으로 덧붙일 이야기가 있다. 2년 전 한 정신과 오찬 모임에 참석했을 때 나는 모임의 주인공이었던 저명한 정신과 의사 옆에 앉게 됐다. 내가 재촉이 아동에게 끼치는 영향을 연구하고 있다는 것을 알고 있던 그는 내게 흥미로운 이야기를 하나 들려주었다. 그는 맥그로의 연구가 끝나고 몇 년 뒤에 그 쌍둥이를 본 적이 있다고 했다. 그런데 일찍 훈련을 받았던 쌍둥이는 훈련받지 않은 쌍둥이와 상당히 달랐다고 한다. 일찍 훈련받은 쌍둥이는 어른들에게 과도하게 의존하며 지시와 안내를 원하는 반면 훈련받지 않은 쌍둥이는 상당한 자율성을 보였다는 것이다.

그렇다면 유아의 운동 훈련과 관련된 증거로 볼 때 효과적이고 능률적인 학습을 위해서는 일정 정도의 성숙이 필수적인 것이 분명하다. 그런데도 부모들을 상대로 조기 운동 능력 훈련을 광고하는 사람들은 이런 증거를 계속해서 무시한다. 그런 훈련은 아무 소용이 없을 뿐만 아니라 아이의 자율성을 위험에 빠뜨리는데도 말이다. 다음은 영아에게 수영을 가르치는 방법에 관한 한 책에서 부모를 지도하는 내용이다.

뒤집기는 엎어져 있던 아기가 바로 눕도록 도는 동작이다. 즉 물속에서 얼굴이 아래를 향하다가 위로 향하게 하는 것이다. 계단에 있는 아기를 당겨서 미끄러지듯이 둥둥 뜨게 하는 것부터 시작한다. 그런 후 아기 앞에 똑바로 서서 아기의 머리를 교육자의 두 손 사이로 잡는다. 아기의 머리를 부드럽게 회전시켜서 아기의 몸이 완전히 뒤집어져 바로 눕게 만든다. 이때 대부분의 교육자들이 어려움을 겪는 부분은 회전 중에 아기의 머리를 물과 수평으로 유지하는 일이다. 아기의 머리를 물 밖으로 들어올리지 않도록 한다. 그냥 아래를 향하고 있는 얼굴이 위로 향하도록 머리를 돌리기만 하면 된다. 아기가 바로 눕는 순간 아기를 들어올린다. 아직은 아기가 바로 누워 있다는 생각을 못하도록 해야 한다.

언제나처럼 이 동작을 빠르게 반복한다. 틈틈이 아기를 안아준다.[13]

다른 사람들은 어떨지 모르겠지만 나는 위 글을 읽는 것만으로도 오싹해진다. 이런 동작은 이제 막 시작된 자율성은 말할 것도 없고 아이의 애착과 신뢰를 위협하고도 남는다. 이런 것이야말로 잘못된 교육의 대표적인 경우인데, 아이는 신체적 질병(중이염, 자가 질식, 설사)에 걸릴 위험에 빠질 뿐만 아니라 장기적인 성격 손상을 입을 위험까지 있다. 그럴 만한 아무 이유도 없이 말이다.

서너 살배기에게 스키, 테니스, 태권도, 체조를 가르치는 프로그램들은 약간씩 서로 다른 방법으로 어린아이들에게 잘못된 교육을 실시한다. 아이들이 자연스럽게 하게 되는 대부분의 운동 활동은 많은 지도가 필요하지 않다. 수저로 밥을 먹고, 낙서를 하고, 식탁을 차리는 등의 활동은 순전히 흉내만 내도 할 수 있는 것들이며, 아이가 자연스럽게 운동 능력을 배울 수 있는 방법이다. 하지만 아이가 스키나 테니스, 발레를 배우려면 지도를 받아야 한다. 이런 기술들은 너무 복잡해서 단순한 흉내만으로는 큰 도움이 되지 않기 때문이다. 아주 어린 아이들이 이렇게 지도받느라 시달리면 어른들의 안내와 지시에 지나치게 의존하는 것을 배울 위험이 있다. 이렇게 되면 이제 막 싹트는 자율성이 아무 이유도 없이 위험에 빠진다. 위에서 본 쌍둥이 연구들이 보여주듯이 이런 기술들을 나중에 더 적정한 나이에 배우면 위험하지도 않을뿐더러 더 효과적이고 능률적으로 배울 수 있다.

출생 후 첫 3년은 아이가 불신이나 수치, 의구심보다 더 강한, 건강한 신뢰와 자율성을 습득하는 데 매우 중요한 시기다. 조기교육 형태의 잘못된 교육은 입증할 수 있는 아무런 이유도 없이 아이의 신뢰와 자율성을 위험에 빠뜨린다. 영유아용 운동 교육 프로그램을 통해서 득을 보는 사람은 그 프로그램을 공급하는 사람들뿐이다.

6장

주도성과 소속감 vs 죄책감과 소외

주도성은 개인적인 영역이고 소속감은 사회적인 영역이다. 아이가 3, 4세가 되면 잠재된 주도성과 소속감을 결정짓는 심리사회적인 위기가 찾아온다. 에릭슨은 아이의 '주도성'이 강화되어 '죄책감'보다 더 커질 것인지가 이 시기에 결정된다고 설명한다. 또한 이제 아이는 또래와 상호작용하고 있기 때문에 이 시기는 아이의 '소속감'이 '소외'보다 더 커질지를 결정하는 데도 매우 중요한 시기다.

　　앞선 위기들과 마찬가지로 부모는 이들 위기의 해소에 중요한 역할을 한다. 요즘은 많은 아이들이 어느 정도는 집 밖에 있는 프로그램에서 시간을 보내기 때문에 그런 외부 프로그램에서 겪는 경험 또한 위기 해소에 영향을 미친다. 따라서 이때부터는 집 밖에서의 잘못된 교육도 심리사회적 위기가 긍정적으로 해소될지 부정적으로 해소될지에 영향을 주기 시작한다.

🎁 주도성이냐 죄책감이냐

언제나처럼 에릭슨은 유려한 글 솜씨로 주도성의 위기를 설명한다.

> 어느 단계의 어느 아이에게든 새로운 기적은 펼쳐지고 이것은 모두에게 새로운 희망이자 책임이 된다. 곳곳에서 드러나는 주도성도 마찬가지다. 이런 감정과 특징들은 모두 공통점을 갖고 있다. 아이가 성격적으로, 신체적으로 갑자기 성장하는 것처럼 보이면서 어설프고 두렵던 위기가 해소된다는 점이다. 아이는 보다 더 '자기답고', 사랑이 넘치고, 편안해 보인다. 판단이 더 밝아지고 활기차고 의욕적으로 보인다. 아이는 새롭게 넘치는 에너지를 갖게 되고 이 에너지를 통해 실패는 얼른 잊어버리고 목적을 잃지 않고 더 정확한 방향으로, 원하는 것에 다가설 수 있게 된다(원하는 것이 불확실하고 심지어 위험해 보인다고 하더라도 말이다). 이전에 자주 반항적인 행동을 하고 독립성을 주장한 것이 고집 때문이었다면 이제는 능동적이고 활동적이고 싶어서, 즉 자율성 외에도 주도성이 나타나서 과제를 본격적으로 시작하고 계획하고 '공격'하게 해준다.[1]

아이의 주도성은 많은 영역에서 관찰되지만 특히 두드러지는 것은 점점 더 능숙해지는 아이의 언어적 소통을 통해서다. 언어적 소통은 건강한 교육뿐만 아니라 잘못된 교육에서도 나타나므로 언어적 소통에 초점을 맞추어 '주도성 대 죄책감'의 위기를 설명하는 편이 좋을 것이다.

언어적 소통의 발달

우리는 이제 부모와 자녀 사이의 언어 소통이 단순히 주고받는 단어의 수준을 넘어 아주 복잡한 과정이라는 것을 알고 있다.[2] 부모와 자녀 사이에는 복잡한 언어 환경이라는 것이 존재하는데 여기에는 억양, 표정, 패턴, 리듬 등이 포함된다. 이 모든 것이 아이에게 전달되면 아이는 그런 것을 통해 그에 대한 사용법을 터득하게 된다. 모국어를 배우는 것은 단순히 어휘와 문법을 배우는 차원이 아니다. 아이는 모국어를 통해 한 사람의 개인이 되는 법과 다른 사람과 관계 맺는 법을 배운다. 모국어를 배운다는 것은 그 언어를 말하는 사람들만의 독특한 사고방식과 정서를 배운다는 뜻이다. 즉 문화를 배우는 것이다.

한 살이 되면 아이는 언어 습득의 첫 단계로서 장 피아제[3]가 말한 '표지sign'와 '신호signal'를 사용하기 시작한다. 표지는 표현하는 대상의 한 부분, 즉 전체의 일부다. 예컨대 아기는 생후 몇 개월만 되어도 엄마 목소리와 다른 사람의 목소리를 구분할 수 있다. 엄마의 목소리는 들리지만 엄마가 보이지 않을 때 그 목소리는 아기에게 엄마라는 대상 '전체'의 표지가 될 수 있다. 아기가 엄마 목소리에 적응하면 아기는 엄마가 방 안에 없어도 '목소리'라는 표지에 반응한다.

이에 비해 신호는 보다 임의적인 표상이다. 예컨대 아기 방이 2층인데 계단에서 삐걱거리는 발소리가 들렸다고 해보자. 엄마가 젖을 주러 올 때마다 아기에게는 그 삐걱거리는 소리가 먼저 들린다. 몇 달 동안 '삐걱거리는 계단/엄마 가슴'이라는 연관을 경험하고 나면 아기는 삐걱거리는 계단 소리에 적응하고 심지어 엄마가 나타나기도 전에 젖 빠는 동작을 시작할 것이다.

두 살이 되면 아이는 새로운 차원의 상징 능력을 보여주는데, 바로 언어를 창의적으로 사용하는 능력이다. 두 살 때 아이는 부모가 말하는 언어의 소리들을 따라서 내는 법을 배우고, 몇 개의 단어를 따라 하기 시작한다. 하지만 단어 하나가 문장 전체를 뜻하는 경우가 많다. 예컨대 '안아'는 '안아주세요', '우유'는 '우유 먹고 싶어요'의 뜻이다. 이것은 아이가 언어라는 상징체계를 익혔다는 첫 번째 표시가 되는데, 왜냐하면 아이는 언어를 '창의적으로' 사용하고 있기 때문이다. 부모가 아이에게 말을 걸면서 한 단어로 된 문장을 사용하는 일은 없다. 따라서 아이가 한 단어로 된 문장을 사용한다는 것은 단순한 흉내가 아니라 창의적 활동을 하고 있다는 뜻이다.

아이는 여러 상징에 대한 새로운 용법이나 심지어 새로운 상징까지 만들어낼 수 있다. 바로 이 점에서 인간의 아이는 다른 종의 새끼들과는 구별된다. 침팬지에게 수화를 가르쳤던 일부 연구진은 이 동물들이 새로운 상징을 만들어냈다고 주장하지만 이 부분에 대해서는 아직 논란이 많다.[4] 반면 논란의 여지가 없는 사실은 어린아이가 아주 쉽고 자연스럽게 자기만의 새로운 말들을 만들어낸다는 점이다. 이렇게 말을 만들어내고 사용하는 것은 아이가 정말로 상징체계를 습득했다는 사실을 알려주는 가장 중요한 지표다.

나는 오랫동안 아이들이 지어낸 단어를 수집해왔다. 아이들은 이런 단어를 통해 자신이 형성한 어떤 일반 개념을 한 단어로 전달해보려고 시도한다. 때로는 흔한 개념인데도 아이가 해당 단어를 몰라서 새 단어를 지어낼 때도 있다. 그러나 어떤 때는 어른들과 세상을 보는 방식이 달라서 자신의 새로운 개념에 맞는 단어가 없어 의연하게 새 단어를 지어낼 때도 있다. 이럴 때는 일종의 근사치를 찾는 과정을 거치는데, 익숙한 개념 혹은 아이들이 직접 창조한 개념을 표현하기 위해 어린아이들이 지어낸 단어 몇 가지를 소개해본다.

털 많은 시트/담요

아빠 일 지갑/서류 가방

추추 새/비행기

스탁스/엄마의 스타킹, 아빠의 삭스(양말)

입 눈썹/콧수염

아이들은 이런 단어를 사용하면서 굳이 그 뜻을 정의하지 않는다. 자신이 무슨 말을 하는지 남들도 다 알 거라고 가정하기 때문이다. 이런 단어는 가족들만의 언어가 되기도 한다. 아이들은 스타킹과 삭스 대신 '스탁스'라는 단어를 사용하면서도 자라는 동안 이 단어가 보통은 그런 뜻으로 사용되지 않는다는 사실을 깨닫지 못한다.* 새로운 상징을 만들어내고 사용하는 것은 상징체계만의 독특한 특징이며, 그 상징체계를 익힌 아이는 완전히 새로운 차원의 정신 기능을 이용하게 된다.

아이는 언어에 충분히 능숙해지면 어른들과 새로운 방식으로

* 스탁스stocks는 주식이나 재고품이라는 뜻이다.

소통하기 위해 언어를 사용하기 시작한다. 언어 습득 초창기에는 언어를 사용해 내면세계를 외부로 드러낸다. 즉 자신의 욕구와 필요, 두려움, 기쁨 등을 표현한다. 하지만 네다섯 살이 되면 아이는 세상에 대한 언어를 이용해 외부 세계를 내면화하기 시작한다. 이 새로운 언어 사용법은 주로 질문을 통해 일어난다. 하지만 아이의 질문은 단순히 정보를 얻으려는 시도의 차원을 넘어 이제 막 싹트는 주도성의 표현이기도 하다. 이렇게 아이의 질문은 주도성이 죄책감보다 더 강해질지를 결정짓는 주요 무대를 제공한다.

아이의 질문

네다섯 살 아이들은 꼬치꼬치 캐묻는 것으로 유명하다. 아이의 질문은 지적인 주도성을 가지려는 노력일 뿐만 아니라 어른과 소통하는 사회적 주도성을 가지려는 시도이기도 하다. 우리가 아이의 질문에 적절하게 답해주면 아이는 비록 노력이 필요하고 불안한 일이긴 해도 지적, 사회적으로 주도성을 가져야겠다고 느낀다. 이를 통해 아이는 더 자라서 혹은 어른이 되어서도 주도성을 가질 수 있는 기초가 마련되는 것이다. 반면에 아이가 하는 질문의 의미나 중요성을 무시한다면 아이는 사회적, 지적 주도성을 키울 기회를 잃게 될 뿐만 아니라 호기심을 죄책감과 연관시키게 될 수도 있다. 하지만 약간의 죄책감은 건강한 일이기도 하다. 왜냐하면 종종 실수로 아이의 질문에 답하지 않아 아이에게 생기는 약간의 죄책감은 아이가 지나친 주도성으로 인해 거만해지지 않도록 만들어주기 때문이다.

아이의 질문에 답할 때 가장 먼저 기억해야 할 점은 어휘와 구문에 속지 말아야 한다는 점이다. 어린아이의 언어 능력은 아이가 알고 있는 개념의 수준보다 훨씬 앞선다는 점을 항상 기억해야 한다. 유아들은 실제보다 훨씬 더 똑똑하고 많이 아는 것처럼 말한다. 그 때문에 그 부모나 조부모들은 자신들의 아이를 천재라고 확신하는 경우가 많다. 아이의 질문이 매우 성숙하고 수준 높게 들리는 까닭에 우리는 아이의 이해 수준을 훨씬 뛰어넘은 추상적인 답변들을 내놓고 싶은 유혹에 빠지기 쉽다. 하지만 그런 유혹에 넘어가서는 안 된다.

알기 쉽게 예를 하나 들어보겠다. 유치원에서 시간을 보내며 몇 번 만난 적이 있는 다섯 살배기 아이와 대화를 나누고 있었다. 그런데 아이가 갑자기 내게 이렇게 물었다. "선생님은 진짜 정체가 뭐예요?" 나는 기절할 정도로 놀랐다. 충격이 살짝 가시고 나자 이런 의구심이 들었다. '그동안 내가 이 연령대 아이들의 정신 수준을 잘못 판단했던 것은 아닐까.' 그러면서 한편으로는 약간의 죄책감도 들었다. 나는 표면상 연구를 핑계로 그곳에 있었지만 실은 문제가 있는 아이들을 관찰하는 중이었기 때문이다. '어쩌다가 내 정체가 탄로 난 거지?' 이번에도 심리학자로서 받았던 훈련('어려운 질문에는 항상 질문으로 답하라')이 큰 도움이 되었다. 나는 이렇게 말했다. "무슨 말이야? 내 '진짜 정체'라니?" 아이는 나를 빤히 보며 말했다. "응, 어젯밤에 '슈퍼맨'을 봤는데요, 슈퍼맨의 진짜 정체는 클라크 켄트예요."

아이의 질문은 다른 식의 오해를 불러일으키기도 한다. 아들이 유치원 나이대였던 어느 날 내게 이런 질문을 했다. "아빠, 해는 왜 빛나요?" 순간 나는 열과 빛의 관계에 관한 과학적 설명을 늘어놓고 싶은 유혹을 느꼈다. 하지만 나는 피아제[5]가 이 시기의 아동에 관해 말했던 내용을 떠올렸다. 유아들은 사물의 원리보다는 '목적'에 관심을 갖는다는 사실 말이다. 그래서 나는 이렇게 대답했다. "우리를 따뜻하게 해주려고 그러지. 그리고 풀이랑 꽃들이 자라게 해주려고." 이런 대답도 틀린 답은 아니며 오히려 아이가 정말로 묻고 있는 것에 대한 답이다.

그런데 이런 식의 접근법을 '응석받이'로 치부하며, 아이가 이해를 못할지라도 과학적인 설명을 내놓아야 한다고 주장하는 부모도 있을 것이다. 그래야만 최소한 아이가 옳은 얘기를 들을 수 있다면서, 끙끙대며 이해하려고 애쓰는 것이 나중에 제대로 이해하기 위한 과정이라고 말이다. 이런 부모들은 과학적으로 정확한 대답이 아이의 지능을 자극하고 호기심을 키워준다고 주장한다. 하지만 나는 이거야말로 내가 말하는 잘못된 교육이라고 답하고 싶다.

이런 부모의 말도 분명 일리는 있다. 지적 자극은 중요한 문제니까 말이다. 하지만 우리는 '똑똑한' 자극과 '어리석은' 자극을 구분해야 한다. 똑똑한 자극은 혹여 아이의 이해 수준을 넘더라도 그 자극의 전체 혹은 일부라도 이해해보라고 격려할 수 있는 수준의 대답이다. 반면에 어리석은 자극은 아이가 아무리 노력해도 전혀 이해할 수 없는 정보를 주는 것이다. 어리석은 자극은 아이의 주도성을 좌절시키고 꺾어버리며 (이해하지 못한 것에 대한) 죄책감을 키우게 한다.

예컨대 내가 이렇게 답했다고 생각해보자. "릭, 빛은 에너지의 한 형태인데 원자들이 붕괴되어 전자를 방출할 때 나오는 거야." 아이는 어리둥절할 뿐 이전보다 지식이 조금도 늘어나지 않을 것이다. 이런 대답은 아이의 이해 수준을 한참 넘어서기 때문에 어리석은 자극이 된다. 나는 또 이렇게 답할 수도 있었을 것이다. "릭, 뜨거운 것들은 빛을 내보내." 이 정도 대답은 아이가 알아들을 수도 있겠지만 역시나 완전히 이해할 수는 없을 것이다. 그리고 이 대답의 문제점은 또 다른 질문을 불러일으킨다는 점이다. "뜨거운 것들은 왜 빛을 내보내는데요?" 결국 우리는 "무슨 목적으로 해는 빛나나요?"라는, 아이가 정말로 묻고 있는 질문으로 되돌아올 수밖에 없다. 목적에 해당하는 답을 주지 않는 이상 아이는 만족하지 않을 것이다.

우리는 아이의 질문 수준에 맞게 목적에 해당하는 답을 주면서도 여전히 아이를 지적으로 자극할 수 있다. 아이는 해가 빛나고 따뜻하다는 것은 알고 있지만 그것이 꽃이나 나무, 풀이 자라는 데 도움이 된다는 생각은 해본 적이 없을지도 모른다. 이렇게 해서 우리는 아이의 진짜 의도에 답하면서도 아이가 이해할 수 있는 수준과 방법에 맞게 햇빛의 기능에 대한 아이의 이해를 넓혀줄 수 있다. 마찬가지로 동물이나 모양 몇 가지를 알고 있는 아이는 더 많은 동물과 모양을 배움으로써 지적 자극을 받을 수 있다. 일반적으로 수직적 가속화(완전히 새롭고 추상적인 개념의 도입)보다는 수평적 확대(아이가 이미 아는 것을 더 자세히 배우는 것)가 아이를 더 많이 자극할 수 있다.

질문은 아이의 지적 주도성과 사회적 주도성을 강화해준다. 이런 질문에 답하는 요령을 몇 가지 제시해보면 다음과 같다. 첫째 답이 막혔다면, 답을 도저히 모르겠다면, 아이한테 물어보라. 대부분의 아이는 묻고 있는 질문에 대한 답을 이미 가지고 있거나 갖고 있다고 생각한다. 그리고 무엇보다 아이가 질문을 하는 것은 답을 얻으려는 목적 못지않게 소통을 시작하려는 의도도 있으므로 기꺼이 자신이 가진 답을 이야기할 것이다. 그리고 아이의 답이 아무리 생뚱맞게 느껴지더라도 그 답을 받아주는 것이 중요하다. 예컨대 아이가 "빛나고 싶어서 그러겠지"라고 답한다면 "음, 재밌는 생각이네. 아마 그게 풀이랑 꽃이 자라는 데도 도움이 될 거야"라고 답하면 된다. 아이의 대답을 '사실의 진술'이 아니라 '의견의 표현'으로 받아들여라. 우리가 내놓을 수 있는 최악의 대답은 이런 것이다. "아냐, 틀렸어. 해는 살아 있는 물건이 아냐. 넌 대체 애가 왜 그러니!" 아이의 질문에 답하거나 반응을 보일 때 우리의 목표는 지적 주도성과 사회적 주도성을 키워주는 것이지 그것을 꺾는 것이 아니다.

아이가 성이나 죽음과 같은 민감한 주제에 관해 물어온다면 약간은 다른 문제가 생긴다. 다시 한 번 말하지만 아이의 언어 능력은 아이의 개념에 대한 이해를 훨씬 앞지른다는 점을 반드시 기억해야 한다. 또한 아이의 언어를 실제 이상으로 해석하지 않도록 주의해야 한다. 다음의 이야기를 들어보면 무슨 말인지 알 것이다. 일곱 살 된 아이가 어느 날 학교를 마치고 집에 와서 아버지에게 이렇게 물었다. "섹스가 무슨 뜻이에요?" 다소 놀란 아버지는 드디어

아들에게 기본적인 성교육을 할 때가 되었다고 판단했다. 아버지는 민망한 설명을 모두 끝낸 후에 아들에게 물었다. "그래, 이제 알겠지?" 아들이 답했다. "예, 그럼요. 그런데 여기 시험지에 섹스(여기서는 '성별'이라는 뜻)라고 적힌 곳에 M(남성)이랑 F(여성)가 있는데 어디에 체크 표시를 해야 하는지 아직도 모르겠어요."

아이들이 성교에 관해 아는 것은 기껏해야 아주 기초적인 수준이다. 아이들 수준에서는 성생활에 대해 별 관심도 없고 제대로 이해할 수도 없다. 대부분의 경우 유아가 성에 관해 묻는 것은 누군가(보통은 좀 더 큰 아이들이) 쉬쉬거리면서 성에 관해 말하는 것을 들었기 때문이다. 쉬쉬거리니까 아이는 그게 뭔가 특별하거나 비밀스럽거나 나쁘거나 혹은 셋 다라고 생각한다. 성이라는 단어의 의미 자체가 어린아이의 호기심을 자극하는 것이 아니라 그 단어를 말하는 방식 혹은 사용하는 방식이 호기심을 자극하는 것이다. 성에 관한 질문을 받으면 아이가 쓰고 있는 바로 그 단어를 써서 아이에게 무슨 뜻인지 물어보는 것이 가장 좋다.

어린아이와 성에 관해 이야기할 때는 간단하고 솔직하게 말해야 한다. 성기는 그냥 성기라고 부르고 비유법을 쓴다거나 복잡한 설명을 늘어놓는 것은 피해야 한다. 예컨대 아기는 어디서 오냐는 물음에 병원에서 온다고 답하는 것은 별 도움이 안 된다. 그럴 때는 이런 식으로 답하면 된다. "아기는 엄마의 배 속에서 자라는데 다 자라면 우리랑 있으려고 나오는 거야." 내 생각에 어린아이에게는 그 정도만 설명하면 충분하며 그 이상의 설명은 혼란을 주거나 아이를 당황하게 만들 가능성이 크다. 다시 한 번 말하지만 아이가 그 이상으로 계속 물어본다면 아이 자신은 어떻게 생각하는지 물어본 후 그대로 믿게 놔두면 된다.

한편 어린아이는 죽음에 대해 어른과 같은 방식으로 이해하지 못한다. 어린아이에게 죽음이란 멀리 가는 것이고 돌아올 수 있는 것이다. 생물학적으로 생명이 끝난다는 의미의 죽음을 이해하려면 생물학적 생명에 관한 기초적 이해가 필요한데 이런 이해는 대부분의 경우 여덟, 아홉 살은 되어야 습득할 수 있다. 한 가지 이야기를 예로 들어보면, 막내아들이 네 살 때 죽은 새 한 마리를 발견한 적이 있다. 나는 그것을 작은 비닐봉지에 담아 쓰레기통에 넣었다. 아들은 처음부터 끝까지 이 과정을 지켜보았는데 아무 말도 하지 않았다. 그런데 며칠 후 아들이 이렇게 물었다. "우리는 왜 사람을 땅에 묻어요?" 처음에 나는 며칠 전의 그 사건을 떠올리지 못했기 때문에 다소 놀랐다. 하지만 나는 다시 한 번 직업적 본능으로 아들에게 이렇게 되물었다. "땅에 묻으면 왜 안 되는데?" 아들이 답했다. "음, 쓰레기통에 넣으면 그렇게 더러워질 필요도 없고 다시 나오기도 쉽잖아요." 대부분의 유아들과 마찬가지로 딕에게도 죽음이란 영구적인 상태가 아니라 변할 수 있는 일시적인 상태였다.

아이가 추상적으로 죽음에 관해 묻는다면 질문을 다시 아이에게로 돌려 아이 스스로 찾아낸 답이 무엇인지 알아보는 게 좋다. 하지만 할아버지나 할머니의 죽음처럼 가족 가운데 누군가가 죽었다면 상황이 좀 다르다. 이럴 때는 간단하고 솔직한 것이 좋다. 예컨대 "할아버지는 돌아가셨고 우리는 할아버지를 사랑하니까 할아버지가 아주 많이 그리울 거야"같이 말하면 된다. 인과관계를 설명하는 것은 아이에게 잘못된 생각을 심어줄 수도 있기 때문에 피해야한다. 만약 "할아버지는 아파서 돌아가셨어"라고 말한다면 아이는아픈 사람은 모두 죽을 거라고 생각할 수도 있다. 혹은 "하느님이할아버지를 사랑하셔서 데려가신 거야"라고 말한다면 아이는 하느님이 자신을 너무 사랑해서 자기도 데려갈지 모른다고 생각해 잔뜩겁을 먹을 수도 있다.

유아가 질문을 하는 것은 자신의 주도성을 보여주려는 방법의하나일 뿐이다. 유아의 질문을 이렇게 강조한 이유는 어른인 우리가 질문을 무시하거나 "더 크면 알게 돼" 같은 말로 일축하는 경우가 많기 때문이다. 하지만 앞서 설명했듯이 아이가 질문을 하는 것은 지적, 사회적 주도성을 강화하려는 시도다. 따라서 기껏해야 아이의 답을 묻는 것밖에 아무것도 할 수 없다 하더라도 우리는 아이가 계속해서 질문을 하도록 격려해야 한다.

🎁 소속감이냐 소외냐

네 살쯤 되면 아이는 또래들과 또래 집단에 관심을 가지며 '내 친구'에 관해 이야기하기 시작한다. 사회적 '소속감'은 태어날 때부터갖고 있다 하더라도 아이가 나중에 사회에 통합되는 기분을 느낄지, 소외를 느낄지를 결정하는 데는 서너 살 시기가 매우 중요하다.이 시기에 튼튼한 소속감을 발달시키지 못하는 아이는 소외감을 발달시킬 수도 있다. 소외감은 아이가 나중에 능동적인 집단 구성원이 되기 힘들게 만들고 외톨이가 되기 쉽게 만든다. 집이나 학교에서 소속감을 키워주는 방법들을 살펴보기 전에 소속감의 다양한 측면과 소속감을 갖기 어렵게 만드는 '자연스런' 장애물들 몇 가지를 살펴보자. 이런 장애물들은 잘못된 교육이 아니라 아이가 소속감을 갖기 어렵게 만드는 '자연스런 혹은 불가피한' 장애물들이다.

소속감의 다양한 단면

아이는 부모와의 소통에서 처음으로 소속감을 느끼지만 유아기가 되면 점차 또래 집단에 대한 소속감이 나타난다. 장 피아제는 세 살 정도의 아이는 그가 '평행선 놀이'라고 부르는 것을 한다고 했다.[6] 평행선 놀이는 바로 옆에서 놀고 있지만 함께 노는 것은 아닌 상태다. 이때는 아이들의 대화 역시 평행선이다. 한 아이는 시장에 갔던 이야기를 하고 있는데 다른 아이는 자기가 만들고 있는 탑에 관해 떠든다. 이 단계에서 소속감이란 다른 아이와 함께 있다는 정도의 느낌에 불과하다.

　보통 네 살에 시작되는 다음 단계가 되면 아이는 피아제가 '협조적 놀이'라고 부르는 것을 시작한다. 이때는 정말로 서로 상호작용을 하는데, 예컨대 물건을 서로 돌아가며 쓰고 일방적으로 떠드는 것이 아니라 이야기를 '주고받는'다. 피아제는 협조적 놀이가 나타나는 이유가 아이에게 다른 아이의 관점을 취할 수 있는 능력이 시작되었기 때문이라고 본다. 아이는 이제 조금씩 다른 아이의 입장에서 생각해볼 수 있게 되기 때문에 협조적으로 놀 수 있을 뿐만 아니라 자신의 경험과 다르더라도 다른 아이의 경험(예컨대 한 아이가 다쳤을 때)에 공감하는 것이 가능하다.

아이의 소속감은 정신 능력 수준뿐만 아니라 다른 몇 가지 특징에 따라 결정된다. 이 점에서 소속감은 나중에 위기를 겪는; 에릭슨의 잠재적 성격 몇 가지와 비슷하다. 이런 위기의 해소는 아이의 어릴 적 경험에 영향을 받지만 위기를 결정짓는 다른 요소도 있다. 이것은 아이의 소속감도 마찬가지다. 가족에 대한 소속감이 일반적인 소속감에 매우 중요한 역할을 하지만 또래 집단에 받아들여진다는 느낌 역시 매우 중요하다.

아이가 또래 집단에 받아들여지는 문제는 모든 연령대에서 아이의 친근함 및 외향성과 관련이 있는 것으로 보인다. 개방적이고 친근하며 다른 사람을 배려하는 아이는 그렇지 않은 아이보다 또래에게 더 잘 호감을 얻고 잘 받아들여지는 경향이 있다. 똑똑한 아이가 덜 똑똑한 아이보다 인기 있는 편인 것도 사실이며, 이는 사회경제적 수준이 다르거나 인종적 배경이 다른 아이들에게서도 마찬가지로 발견되는 현상이다.[7]

외모 역시 또래 수용에 일정 역할을 하는 것 같다. 작고 마른 아이보다는 크고 건장한 아이들이 더 잘 받아들여지고, 매력적인 아이들이 그렇지 않은 아이들보다 호감을 더 많이 얻고 더 잘 받아들여질 가능성이 크다. 여자아이들은 예쁜 아이들(하지만 너무 예쁘지는 않은 아이들)이 가장 호감을 많이 얻고 잘 받아들여진다. 형제 중에 첫째냐 둘째냐도 일정 역할을 할 수 있다. 맏이인 아이는 더 경쟁적이고 불안한 경향이 있어서 또래들에게 잘 받아들여질 가능성이 약간 줄어든다. 막내나 외동인 아이들은 호감을 사는 경우가 많고 집단에 더 쉽게 받아들여진다. 이들은 가족 구성 내에서 위치가 바뀐 적이 없기 때문에 안정된 관점을 갖고 있고 긍정적인 경향이 있는데 이 점이 또래 수용이나 소속감에 도움이 된다.[8]

가정의 성격도 아이가 또래에 받아들여지고 인정받는 데 영향을 끼친다. 일반적으로 또래들에게 인기 있는 아이를 보면 공격적이거나 반사회적 행동은 제지하고 협력에는 보상을 주는 가정에서 자란 것을 알 수 있다. 불필요한 좌절이 거의 없고, 벌은 최소한이며, 부모가 아이를 좋아하고 인정하며 아이에게 이런 사실을 말해주는 가정 말이다. 즉 가족에 대한 소속감을 키워주는 양육 방식이 아이가 집단에서 받아들여지는 것도 쉽게 만들어주고 또래 집단에 대한 소속감도 키워준다.

소속감을 갖기 어렵게 만드는 장애물들

아이는 집에서 건강한 소속감을 얻을 수 있으며 반드시 유치원이나 어린이집에 가야 하는 것은 아니라는 점을 강조하고 넘어가야겠다. 가급적 아이를 부모의 활동에 참여시키는 것이 중요하다. 아이를 상점에 데려가고 아주 쉬운 심부름을 시키거나 부모가 무언가 고치고 있을 때 도구를 건네달라고 하면 아이의 소속감을 키울 수 있고 소외감을 막아준다.

어린아이에게 부모의 이혼이 그토록 힘든 일인 이유 가운데 하나는 이 시기가 아이로서는 소속감, 특히 가족에 대한 소속감을 정립해야 하는 시기이기 때문이다. 이 시기에 가족이 쪼개지면 어린아이는 자신이 어디에 속하는지가 분명하지 않으므로 소속감을 강화하기 힘들다. 양육권이 어떤 식으로 정해지든 이제 아이의 소속 감의 가장 기초를 이루는 가족이라는 단위는 더 이상 온전하지 않 은 상태가 된다.

아이가 네다섯 살일 때는 무슨 일이 있어도 부부가 이혼을 피 해야 한다는 얘기가 아니다. 인생은 그런 식으로 돌아가지 않으니 까 말이다. 하지만 이 시기가 아이의 소속감에 중요한 시기라는 사 실을 인식한다면 아이가 속할 수 있는 더 넓은 단위를 만들어줄 수 있을 것이다. 상당한 대가족이라면, 즉 조부모, 삼촌, 이모, 사촌 등 이 많이 있으면 이 일이 비교적 쉽다. 이 중요한 시기에 환영해주는 가족 구성원들을 자주 방문하면 아이가 사회적 고립감을 능가하는 소속감을 얻는 데 도움이 된다.

아이가 건강한 소속감을 얻는 데 가장 민감한 시기에 동생이 태어나는 경우도 흔하다. 새로 태어난 아기에게 너무 많은 관심을 기울이면 큰아이는 밀려나고 소외된 느낌을 받을 수도 있다. 네다 섯 살배기 아이는 부모가 소홀히 하지 않으려고 열심히 노력하고 동생을 돌보는 데 참여시켜도 여전히 그런 느낌을 받을 수 있다. 이 럴 때는 사랑하고 아낀다는 말을 끈질기게 되풀이해주고 아이를 부 모의 활동에 참여시키려고 집요하게 노력해야 한다. 버려졌다고 느 끼는 아이의 감정을 그대로 인정해버리고 애써 아이를 참여시키려 고 노력하지 않는다면 아이의 소외감을 부추길 수도 있다.

아이의 소속감을 위협하는 또 다른 장애물은 집 밖의 프로그 램에 참여하는 것이다. 때로 아이는 가정에서의 문제 때문에 집단 의 구성원이 되는 데 어려움을 겪을 수도 있다. 한 예로 내 환자 가운데 이런 아이가 있었다. 아이는 부모의 지나친 관심과 '응석받이'로 버릇없이 자랐는데 여동생이 태어난 이후 유치원에서 공격적이고 적대적인 아이로 돌변했다. 아이는 집에서 느낀 소외감으로 인해 유치원에서 말썽을 피웠고, 이런 행동은 다시 아이의 소외감을 더 키우고 소속감을 방해했다. 이 때문에 아이는 바라던 대로 집으로 돌려보내졌고, 속상하고 화가 난 부모는 다시금 아이의 소외감을 강화시켰다. 이 악순환을 깨는 데는 전문가의 도움이 필요했다.

평균적인 아이들보다 늦게 소속감과 소외의 단계에 접어드는 아이들도 있다는 얘기를 꼭 하고 넘어가야겠다. 이런 아이들은 혼자 혹은 형제자매와는 상당히 즐겁게 놀기도 하지만 무리 속에 있으면 많이 불편해한다. 이런 아이의 경우 (가능하다면) 6개월에서 1년 정도 기다려주면 보통 문제가 해결된다. 하지만 준비가 되기 전에 단체에 넣어야 하는 형편이라면 아이가 이 상황을 좀 더 편안하게 느낄 때까지는 돌봐주는 사람이 아이에게 조용한 장소를 허락하고 그룹 활동에서도 제외해주는 것이 도움이 된다.

지금까지 아이가 건강한 소속감을 얻는 데 방해가 될 수 있는 '자연스런' 장애물 몇 가지를 살펴보았다. 이번에는 가정이나 학교에서 소외감보다 소속감이 더 강해질 수 있게 아이를 격려할 수 있는 방법을 알아보자. 다시 한 번 강조하지만 어느 정도의 소외감을 느끼는 것은 중요하다는 점을 기억해야 한다. 소속감이 너무 크면 무작정 집단을 따라가는 성향이 생길 수 있는데 이것 역시 건강하다고 할 수 없다. 일정 정도의 소외감은 집단을 따를 때 조금은 조심할 수 있게 만들어준다.

틀

작고한 사회학자 겸 인류학자 어빙 고프먼[9]은 아이들이 소속감을 습득하는 주된 방법을 '틀frame'이라고 불렀다. 고프먼의 틀은 나름의 규칙과 기대, 암묵적 합의 등을 가진 반복적인 사회 상황을 말한다. 예컨대 유치원에서 하는 '물건과 함께 발표하기'는 하나의 틀이다. 유치원 중에는 아이들이 빙 둘러앉아서 어제 있었던 일을 이야기하거나 보여주면서 하루 일과를 시작하는 곳도 있다. 이런 틀에서 아이들은 둥글게 앉아야 한다는 것, 서로 돌아가면서 이야기한다는 것, 지금 말하고 있지 않은 사람은 이야기하는 사람의 말을 들어야 한다는 것을 배운다.

이때 틀의 규칙을 만드는 사람은 교사다. 교사는 틀의 규칙을 깨는 아이가 있으면 타일러서 규칙이 시행되게 한다. 틀을 확고하게 받아들이고 나면 아이들 자신이 그 틀을 강화할 수도 있는데, 예컨대 틀을 따르지 않는 아이를 보면 "쟤가 날 밀었어요!" 하는 식으로 불평을 하기도 한다.

어린아이들은 수많은 틀을 배우는데 이런 틀을 알게 되면 사회 상황에 적응하고 사회적 인식을 형성하는 작업이 쉬워진다. 이것은 소속감 형성에 매우 중요한데, 소속감은 사회적 상황에서 어떻게 해야 하는지를 아는 데서부터 시작된다고도 말할 수 있기 때문이다.

틀을 배운다는 것은 복잡하고 시간이 걸리는 일이다. 발달의 다른 측면들과 마찬가지로 틀을 배우는 데도 일반적으로 순서가 있다. 예컨대 유아는 '가족 식사'나 또래 집단의 '게임'이라는 틀을 배우기 전에 '먹는 틀'과 '노는 틀'부터 배워야 한다. 아이들에게 발달 수준에 맞지 않은 틀을 가르치면 잘못된 교육이 될 수 있다. 틀의 오용에 관해 알아보기 전에 나이에 맞게 건강하게 틀을 습득하는 방법부터 살펴보자.

유치원 아이가 배워야 하는 틀이 얼마나 많고 다양한지부터 생각해보자. 일어나기, 먹기, 상점 가기, 할아버지 댁 방문, 병원 가기, 친구와 놀기, 생일 파티, 휴가 등이 모두 그런 틀이다. 각각의 틀은 나름의 규칙과 기대, 암묵적 합의를 갖고 있다. 아이는 각 틀의 규칙만이 아니라 틀이 바뀌거나 충돌할 때 어떻게 대처하는지도 배워야 한다. 이런 것을 배우려면 아이에게는 여러 능력이 필요하고 부모에게는 인내가 필요하다.

간단한 틀조차도 얼마나 복잡한지 '저녁 먹기'라는 틀을 갖고 생각해보자. 배워야 할 규칙을 몇 가지만 나열해보면 다음과 같다. '식사 전에는 손을 씻어야 한다. 모두가 자리에 앉은 후에 먹기 시작해야 한다. 입을 다물고 있어야 하며 입안에 음식물이 있을 때는 말을 하면 안 된다. 모두가 식사를 끝내기 전에 자리에서 일어나려면 허락을 받아야 한다.' '잠자기'라는 틀 역시 똑같이 복잡하다. 잠옷을 입어야 하고, 양치를 하고, 엄마 아빠에게 인사를 하고, (가정에 따라) 기도를 해야 한다.

일단 습득되고 나면 틀은 아주 강제적인 성질을 띠게 된다. 그래서 틀의 정해진 규칙을 따르지 않으면 아이들이 크게 화를 내는 경우도 자주 있다. 아이들은 습관의 동물인 것만큼이나 틀에 대한 헌신적 추종자다. 예컨대 많이 들었던 이야기에서 한 부분을 뺐을 때 아이들이 그토록 과민 반응을 보이는 것도 그것은 틀을 깨는 일이고, 틀을 어기는 것은 괴로운 일이기 때문이다. 틀을 깨는 것은 변화하는 세상, 때로는 무서운 세상에서 안정감을 얻기 위해 아이들이 이제 막 의존하기 시작한 질서를 깨는 일이다.

부모가 사회화 과정의 틀에 대해 알고 있으면 틀에 관해 모를 때보다 여러 상황을 통솔하기가 더 쉬워진다. 먼저 중요한 것은 틀의 규칙을 말해주고 자주 그 규칙을 반복하는 것이다. 보통은 자동적으로 그렇게 된다. "여덟 시니까 잘 시간이야. 잠옷 입고 양치하는 거 잊지 말고." 하지만 부모들은 아이가 배웠으면 하고 바라는 틀을 하나하나 말로 표현하지 않아놓고 아이가 그렇게 하지 않을 경우 화를 내기도 한다. 아이가 틀에 있는 규칙을 따르지 않고 있다면 가장 먼저 할 일은 틀의 구성 부분을 낱낱이 말로 일러주었는지 확인해보는 일이다. 가끔씩 아이들이 틀을 잘 따르지 못하는 이유를 살펴보면 부모가 말로 규칙을 분명하게 설명해주지 않았거나 규칙에 대해 일관성 없이 표현한 경우들이 있다.

어린아이들이 겪는 문제 중에는 틀을 '바꾸는' 문제도 있다. 아이가 틀을 바꾸길 꺼려하면 우리는 아이가 틀 자체를 싫어하는 것으로 오인하기도 한다. 이것은 아이로서는 이해할 수 없고 괴로운 일일지도 모른다. 예컨대 아이가 책에 색칠을 하느라 정신없는데 상점에 가자고 아이를 불렀다고 생각해보자. 평소에는 이런 외출을 좋아하는 아이가 이번에는 나가기를 꺼려한다. 하지만 이런 반응은 가기 싫어서라기보다는 틀을 바꾸기가 싫은 것이다. 이것은 누구라도 아이의 입장이라면 이해할 수 있는 상황이다. 예컨대 우리도 일

요일 오후에 편안한 옷차림으로 아무렇게나 늘어져 있다가 다시 옷을 차려입고 외출하기는 쉽지 않다. 아무리 그 레스토랑이나 파티에 가고 싶더라도 말이다. 틀 바꾸기는 쉬운 일이 아니다.

이 점을 인식한다면 아이가 훨씬 쉽게, 힘들이지 않고 틀을 바꾸게 도울 수 있다. 요령은 언제나 아이에게 틀 바꾸기가 다가오고 있다는 것을 미리 알려서 지금 하는 일을 끝내도록 권하는 것이다. 전직 비행기 승무원이었던 한 유치원 교사는 이 일을 아주 멋지게 해내는 요령을 알고 있었다. 이 교사는 운동장으로 나가야 하는 것처럼 틀을 크게 바꿔야 할 일이 있으면 다음과 같은 말로 아이들을 준비시켰다. "자, 여러분, 이제 착륙합니다. 쟁반은 옆으로 치우고, 붓은 붓통에 넣고, 벨트를 매주세요. 열한 시 정각에 모두 밖으로 나가겠습니다." 틀을 바꾸기 5분 전 혹은 10분 전에 미리 아이들에게 알려주면 바꾸는 과정이 훨씬 더 쉬워진다.

물론 어떤 때는 아이들이 먼저 틀을 바꿀 준비가 되어 있을 수도 있다. 이런 상황 역시 세심하게 헤아릴 수 있어야 한다. 한 유치원을 방문했을 때였는데 젊은 인턴 교사가 아이들에게 책을 읽어주고 있었다. 10분쯤 지나자 아이들은 의자에 앉은 채로 몸을 뒤틀기 시작했다. 그래도 교사가 계속 책만 읽자 아이들은 이제 주위를 두리번거리고, 서로를 쿡쿡 찌르고, 이야기를 나누는 등의 틀에서 벗어난 행동들을 했다. 그런데도 교사는 아이들이 새로운 틀로 옮겨갈 준비가 되었다는 사실에는 아랑곳없이 중얼중얼 책만 계속 읽어나갔다. 사실 그 교사는 어른인 자신의 틀에 빠져 있었다. 아이들에게 동화를 읽어줄 때는 앉은 자리에서 끝까지(!) 읽어야 한다는 틀

말이다.

틀 바꾸기에 맞춰 아이들을 준비시키는 것 못지않게 중요한 일은 아이가 우리보다 먼저 틀을 바꿀 준비가 되었을 때를 알아차리는 것이다. 어린아이들은 자료나 정보를 처리하는 속도가 어른과는 다르다는 점을 기억해야 한다. 우리는 빨리 가고 싶은데 아이들은 느릴 때도 있고, 우리는 천천히 가고 싶은데 아이들은 빠를 때도 있다. 물론 아이들이 우리에게 맞춰 속도를 늦추는 법을 배워야 할 때도 있다. 저녁 식탁에서는 다른 사람들이 일어날 때까지 앉아 있는 법을 배워야 한다. 하지만 아이들이 우리보다 먼저 싫증이 났을 때 우리가 아이들의 틀에 맞추는 법도 배워야 한다. 서로의 틀 사이에 같은 점과 다른 점에 유의한다면 우리도, 아이도 생활이 훨씬 더 쉬워질 것이다. 또한 이것은 아이의 소속감에 중요한 영향을 미친다.

틀은 교육에서 '숨은 교육과정' 중 하나다. 헤드스타트 프로그램[10]에서 중요한 사실 한 가지가 밝혀졌는데, 헤드스타트 수업에 참석한 미취학 아동들은 비슷한 배경의 다른 아이들보다 특수반에 들어갈 가능성이 적다는 사실이다. 헤드스타트 프로그램을 통해 여러 가지를 배우지만 그중에서도 학교라는 환경에 제대로 적응할 수 있는 틀을 배웠다는 게 중요한 이유로 보인다. 학교에 있는 대부분의 틀은 중산층 가정에서 가져온 것이기 때문이다. 적절한 틀을 배움으로써 저소득층 아동들은 또래 집단에 대한 소속감을 얻을 수 있고 이를 통해 학교에 계속 남아 있을 수가 있다. 그에 반해 조기에 이런 틀을 습득하지 못한 저소득층 아동들은 소외감이 생겨 나중에 학교를 그만두게 될 수도 있다.

틀의 오용

아이가 집단에 받아들여지고 소속감을 갖기 위해서는 틀이 매우 중요하므로 가정에서나 학교에서나 아이가 틀을 습득하는 것을 방해하거나 잘못된 틀을 배우게 하는 것은 모두 잘못된 교육이다. 엥겔먼이 제안한 것과 같은 교육과정을 따르는 부모들은 아이에게 물건의 이름만 가르치는 것이 아니라 아주 구체적이고 엄격한 교육의 틀 역시 가르치고 있는 셈이다.

_물건을 분리한다.
_물건의 이름을 말한다.
_아이에게 그 이름을 따라 하게 한다.
_아이에게 물건을 가리키게 한다.
_아이에게 가리키는 물건의 이름을 말하게 한다.

이 틀 안에는 아이는 반드시 부모의 교육에 주의를 기울여야 하고, '옳은 답'과 '틀린 답'이 있으며, 옳은 답은 좋은 것이고 틀린 답은 '나쁜 것'이라는 생각이 포함되어 있다. 일찍부터 이런 틀을 배우는 아이는 지나치게 어른들의 지시에 의존하고, 반면 스스로 학습을 주도하는 것은 꺼릴 수 있다. 또한 부모의 (그리고 이후에는 교사나 또래 집단의) 틀에 전적으로 따라야만 소속될 수 있다는 생각에 지나치게 강한 소속감을 가질 수 있는 점도 큰 문제이다.

유아들에게 공부를 가르치려는 대부분의 프로그램이 지닌 가장 큰 문제점은 맹목적으로 순응해야만 수용되고 소속될 수 있다는 틀을 아이에게 가르친다는 것이다. 이것은 (균형 있는 소외감과 개인주의가 완충제 역할을 해주는) 건강한 소속감을 위태롭게 한다. 그리고 다시 말하지만 이런 조기교육이나 그 속에 들어 있는 틀이 아이에게 장기적으로 득이 된다는 증거는 전혀 없다. 그러니 아이의 건강한 소속감은 아무런 타당한 목적도 없이 위태로워지는 셈이다.

네다섯 살 시기는 아이에게 평생 동안 영향을 미칠, 건강한 주도성과 건강한 소속감을 습득하는 데 중요한 시기다. 주도성이 약한 상태로 어른이 되는 개인들은 죄책감을 갖지만 건강한 주도성을 습득한 개인은 그런 죄책감 없이 도전을 즐기고 새로운 프로젝트를 맡는다. 마찬가지로 건강한 소속감을 습득한 아이는 집단의 목표에 지나치게 순응하지도 않고 지나치게 멀어지지도 않는, 생산적이고 독립적인 집단 구성원이 될 수 있다.

아이가 주도성과 소속감을 습득할 수 있게 돕는 일은 어렵지 않다. 그저 아이의 강점과 한계를 인정하기만 하면 된다. 아이의 질문 수준에 맞는 답을 주거나 아이 스스로 자신의 질문에 답해보게 함으로써 주도성을 키워줄 수 있다. 마찬가지로 아이가 소외감을 느끼는 상황(이혼이나 동생의 출생 등)에 주의를 기울이고 가능한 한 아이를 부모의 대화와 활동에 참여시킴으로써 소속감을 키워줄 수 있다.

우리가 자기중심적으로 아이의 필요보다는 우리 자신의 필요를 우선시하면 이런 영역에서 아이를 잘못 교육하게 된다. 누구나 가끔은 그런 일을 저지를 수 있지만, 줄곧 그렇지만 않다면, 자기 말을 들어주고 질문을 진지하게 받아들여서 사려 깊게 답해주길 바라는 아이의 욕구를 무시하는 일은 생기지 않을 것이다. 부모가 자기중심적이 되면 아이에게 협조가 아닌 순응을 부추기는 틀을 가르치게 된다. 어린아이에게 건강한 주도성과 소속감을 심어주는 일은 한두 가지 공부를 가르치는 것보다 훨씬 중요한 일이다.

✲ 7장 ✲

근면성과 자신감 vs 열등감과 무력감

에릭슨에 따르면 대여섯 살에 시작되는 초등학교 시기는 아이의 근면성이 열등감보다 더 튼튼해질 것인지를 결정하는 위기의 시기다. 초등학교에 다니는 동안 아이는 어른이 되어서까지 이어질 습관을 배워야 한다. 제시간에 학교에 도착하고, 주의를 기울이고, 지체 없이 일을 깔끔하게 잘해내는 것 등이 이 시기에 습득하는 근면성이다. 반면에 아이가 학교생활의 요구에 부응하려고 노력하다가 지나치게 실패를 경험한다면 아이는 자신이 다른 사람보다 무능하다는 열등감에 사로잡히게 된다.

저학년이 될 때까지 아이가 운동 능력이나 지적 능력, 사회적 능력을 하나씩 얻을 때마다 아이를 도와주고 칭찬해주면 근면성을 키워줄 수 있다. 그러나 이때부터는 부모만이 아이의 근면성 습득에 참여하는 것이 아니다. 아이가 유치원이나 초등학교 1학년 때

접하는 경험 역시 근면성이 열등감보다 강해질지를 결정하는 데 매우 중요하다. 하지만 이번에도 약간의 열등감은 근면성이 과도해지지 않게 건강한 균형을 잡아주는 데 도움을 준다.

아이의 근면성과 열등감은 사회적 비교에서 비롯된다. 자신의 근면성에 대한 느낌은 부분적으로는 자신의 노력과 성과를 타인의 것과 비교하는 데서 결정된다. 열등감도 마찬가지다. 열등감은 언제나 타인의 성과를 비교하며 생긴다.

우리는 스스로를 타인과 비교할 뿐만 아니라 자신에 대해 평가를 내리기도 하는데, 이런 평가는 아이에게 자신감competence*이 무력감보다 강해질지를 결정짓는다. 자신감은 자신의 지식, 기술, 재능 그리고 이것들을 실제로 쓸 수 있는 능력에 대한 자기 확신에서 비롯된다. 그에 반해 무력감은 자신의 능력, 지식 그리고 이것들을 효과적으로 쓸 수 있는 능력에 대한 확신이 부족해서 생긴다. 저학년 시기, 특히 대여섯 살 시기는 자신감과 무력감 사이의 장기적 균형을 결정짓는 데 매우 중요한 시기다.

어릴 때 신뢰와 자율성, 주도성, 소속감 등을 북돋아주면 이제 막 싹트는 아이의 자신감에도 도움이 된다. 그리고 이런 것들은 모두 아이의 안정감과 자기 확신에 긍정적인 효과가 있다. 이렇듯 어릴 적 경험은 중요하다. 하지만 아이의 자신감과 무력감이 균형을 이루려면 학교에서의 경험 역시 중요하다.

---

* 특히 어떤 일을 해낼 수 있다는 자신의 '능력'에 대한 자신감을 말한다.

🌸 근면성이냐 열등감이냐

학교가 아이의 근면성에 어떤 영향을 미칠 것인가는 아이의 학습 방식과 교육과정의 '궁합'에 따라 크게 좌우된다. 아이의 학습 방식에 잘 맞춰진 교육은 아이가 잘 따라갈 수 있어서 근면성을 키우고 강화하는 효과가 있다. 하지만 더 큰 아이들에게나 가능한 학습 방식을 들이미는 교육은 어린 학생들에게 좌절과 실패를 주기 쉽고 이것은 강한 열등감으로 이어질 수 있다.

우리가 살펴볼 두 가지 학습 방식은 적절하게 이용할 경우 건강한 근면성에 이바지할 수 있지만 그러지 못할 경우 열등감의 원인이 될 수도 있다.

조작적 학습과 기초적 학습

큰 아이들이나 어른들의 학습은 상징적이고 파생적인 데 비해 어린 아이들의 학습은 조작적*이고 기초적이다. 어른인 우리는 생물과 무생물로 이뤄진 눈앞의 세상을 쉽게 당연한 것으로 받아들인다. 미래의 계획과 과제, 과거의 성공과 실패라는 상징적 세계에 너무나 사로잡힌 나머지 앞으로 다가올 일이나 지나간 일에 비해 눈앞의 세상을 부차적으로 볼 때가 많다. 특별한 요리나 좋은 와인을 음미하기 위해 현재에 집중할 때조차 우리가 느끼는 기쁨은 음식이나 와인 자체만이 아니라 많은 부분 경험 많고 세련된 미각에 의존한

---

* 손으로 이리저리 만져보며 익혀나가는 것을 말한다.

다. 어른이 되면서 접하는 새로운 경험도 과거의 유사한 경험과 미래에 예상되는 유사한 경험이 해석의 잣대가 된다.

하지만 어린아이들에게는 현재밖에 없다. 모든 경험은 새롭고 고유하다. 누구나 옥수수나 산딸기, 아이스크림을 처음 먹었던 순간을 잊지 못할 것이다. 하지만 이상하게도 어른이 되어 옥수수를 먹어보면 결코 어릴 때의 그 맛이 나지 않는다. 가게에서 사온 산딸기도 어릴 때 옆집 정원에서 따 먹었던 그 산딸기처럼 맛있지는 않다. 물론 일부는 과거에 대한 향수이고 일부는 지친 미뢰(맛봉오리) 때문이겠지만 맛있는 음식을 처음 맛보던 그 경험이 너무나 놀라웠기 때문이기도 하다.

마찬가지로 아이들에게는 아침부터 밤까지 자기 방에 있는 벽지의 색깔이 변하고, 빛과 그림자의 패턴이 바뀌고, 조용한 새들이 노래하고, 자동차나 트럭, 비행기, 진공청소기가 부릉거리는 기계음을 내는 것까지 모두 새로운 경험이다. 플라스틱 딸랑이의 매끈한 감촉, 담요의 터실터실한 느낌, 면도 안 한 아빠가 뽀뽀해줄 때 느껴지는 턱수염의 까칠함도 마찬가지다. 냄새 역시 신천지다. 아침, 점심, 저녁 식사마다 냄새가 모두 다르고 엄마의 향수나 아빠의 체취도 다르다. 불쾌해서 코를 찡그리고 고개를 돌리게 만드는 냄새도 있다.

아이는 사람과 물건들로 이루어진 눈앞의 세상과 직접 마주치면서 이들 경험을 오감으로 탐험한다. 그리고 각각의 경험을 결합해서 보다 복잡하고 완전한 윤곽을 만들어내거나 일상을 구성하는 기초적 개념들을 익히기도 한다. 이런 식의 조작적 학습은 나중에 시작될 상징적 학습에 필요한 전제 조건이다.

이 점에 관한 간단한 연구 결과를 하나 살펴보자. 어린아이에게 손가락 미로(탁자 위에 펼쳐놓고 아이가 손가락으로 여러 갈래의 홈을 따라가는 미로)를 제시하면 아이는 손가락으로 미로를 이리저리 돌아다니며 막다른 골목에 이르면 돌아서기를 반복하다 결국 몇 번의 시행착오를 거친 끝에 출구를 찾아낸다. 하지만 이미 상징적 학습 방식을 터득한 좀 더 큰 아이들에게 똑같은 미로를 제시하면 아이들은 손을 가져다대기 전에 눈으로 먼저 미로를 탐구해서 상징적으로 답을 도출한 후 시행착오 없이 단번에 손가락으로 올바른 길을 짚어내는 것을 볼 수 있다. 대체로 여섯, 일곱 살이 넘어가면 실제 조작이나 손으로 하는 조작보다 상징적 조작이 우선한다.

어린아이의 학습은 또한 이후의 학습처럼 파생적인 것이 아니라 기초적이다. 기초적 학습은 역사상 세상의 모든 아이가 배웠던 것이다. 기초적 학습은 사회나 문화가 학습하고 성취한 것에서 나오는 것이 아니라 우리의 동물적 유산의 일부이며 생존에 기초적인 부분이다. 좋은 냄새와 나쁜 냄새, 안정되고 안전한 소리, 신선한 맛과 상한 맛, 편안한 감촉과 고통스러운 감촉을 비롯해 시간, 공간, 인과성, 대상에 이르는 기초적 개념들은 아이가 살아남기 위해 반드시 습득해야 하는 것들이다.

좀 더 큰 아이들의 학습은 상징적이고 파생적이다. 글이나 말, 숫자 등을 포함하므로 상징적이고, 그 상징이나 개념은 문화를 통해 만들어지고 전해진 것이므로 파생적이다. 두 살이 되면 아이는 말을 배우고 일부 파생 개념을 습득하기 시작한다. 세 살에서 여섯 살 시기는 조작적-기초적 학습과 상징적-파생적 학습이 겹치는 시기다. 하지만 이 시기에도 일반적 학습 원칙은 그대로다. 대상과 그 성질, 관계를 탐구하고, 조작하고, 개념화하는 것이다.

이 나이 또래를 교육할 때는 어린아이들이 조작적이고 기초적인 방식으로 배운다는 사실을 염두에 두어야 한다. 다양하고 풍부한 교육 재료로 광범위한 탐구와 조작이 가능하게 해주면 아이의 근면성도 키워줄 수 있다. 하지만 교육 재료의 제공은 출발점에 불과하다. 유아교육을 전공한 교사들은 아이들이 탐구와 조작을 통해 최대한 많은 것을 배울 수 있게 안내하는 법을 알고 있다. 그렇기에 아이가 체계적이고 조직화된 방식으로 탐구하고 조작할 수 있는 모형을 제공하는 것이다. 이런 모형을 통해 아이는 학습에 체계와 방향이 있다는 것을 알게 되고, 이 점은 아이의 근면성에 중요한 부분을 차지한다.

아이의 학습이 조작적이고 기초적인 성질을 갖는다는 점을 무시하는 것은 잘못된 교육이다. 초등학교 1학년 교육과정을 유치원에 강요한다면 아직 상징적이고 파생적인 학습 경험을 할 준비가 되어 있지 않은 아이들에게 그런 경험을 강요하는 것이다. 나이에 비해 발달적으로 어린 아이를 상급 학년으로 진급시키는 것도 똑같은 부정적인 결과를 가져온다. 둘 다 아이의 근면성과 이후 학업과 직업에서의 성공에 장기적으로 부정적인 영향을 끼칠 수 있다. 아직 상징적이고 파생적인 방식으로 배울 준비가 되어 있지 않은 아이에게 정규교육을 실시할 때 나타나는 부정적 효과에 대해서는 많은 증거가 나와 있다.

먼저 유치원에서 정규교육을 실시하는 것에 관해서는 참조할 수 있는 비교문화적 자료가 있다. 덴마크에서는 초등학교 2학년이 될 때까지 읽기 정규교육을 실시하지 않는다. 그 전까지 아이들은 탐구적이고 조작적인 언어를 풍부하게 경험한다. 아이들에게 글을 읽어주고 대화를 나누며 자신의 이야기를 말해보도록 하고 통문자를 배우도록 격려한다. 덴마크는 문맹률이 0에 가깝다.[1]

프랑스에서는 국가에서 정한 읽기 프로그램이 유치원부터 시작된다. 따라서 프랑스 아이들은 5세부터 정규교육을 받는다. 덴마크와는 대조적으로 프랑스에서는 읽기에 문제를 겪는 아이들이 30퍼센트나 된다.[2] 일본 역시 읽기 정규교육을 일찍 시작한다. 하지만 프랑스보다는 읽기에서 문제를 겪는 아이가 적다. 일본어는 철자법이 소리를 적는 방식이기 때문에 프랑스어나 영어처럼 완전한 음성 표기식이 아닌 언어가 갖는 논리적 어려움이 일부 덜어지기 때문이다.[3] 음성언어는 각 기호가 한 가지 소리만 내기 때문에 여러 문자가 한 소리를 내고 한 문자가 여러 소리를 내는 언어에 비해 배우기가 쉽다. 어떻게 보면 음성언어와 음성언어가 아니거나 부분적으로만 음성언어인 언어의 관계는 디지털시계와 일반 벽시계의 관계와 비슷하다. 아이가 벽시계를 읽기 전에도 디지털시계는 볼 수 있듯이 비음성언어를 배우기 전에도 음성언어는 배울 수 있다.

너무 일찍 정규교육(상징적이고 파생적인 학습)에 노출된 아이는 단기적으로나 장기적으로나 부정적 영향을 겪는다는 증거들이 있다. 많은 연구를 통해 밝혀진 바에 따르면 5세 이전에 유치원에 들어간 아이는 그렇지 않은 아이들보다 학업 성적이 부진하거나 고등

학교를 중퇴할 가능성이 크다.[4]

최근의 한 박사 학위 논문에서 맥카티[5]는 발달적으로 어린(나이에 비해 어린) 유치원생들의 진급과 비진급의 효과를 조사했다. 보기 들물게 비진급의 영향을 장기적으로 조사한 연구였다. 맥카티는 8년이 지나면 진급시키지 않은 아이들이 또래 수용이나 교실 적응, 학업 성적에서 훨씬 더 앞선다는 사실을 발견했다. 따라서 진급시키지 않은 아이들이 더 건강한 근면성을 습득했다고 봐도 될 것이다. 그 원인은 진급했던 아이들은 조작적이고 기초적인 학습 방식을 벗어나기도 전에 정규교육에 노출되었기 때문이라고 볼 수 있다.

상징적이고 파생적인 교육이 단기적으로는 긍정적 효과를 가지지만 장기적으로는 부정적인 결과를 가져올 수 있다는 증거는 계속해서 쌓이고 있다. 아주 주의 깊게 진행된 '1983년 루이빌 실험'의 연구 팀은 네 가지 유치원 프로그램의 장단기적 효과를 비교했다. 두 개 프로그램은 교훈적(상징적-파생적) 교육과정을 사용했고, 다른 두 개 프로그램은 나이에 맞는(조작적-기초적) 교육 재료를 사용했다. 교훈적 프로그램에 참여했던 아이들이 단기적으로는 득을 보았지만 그 이점은 유지되지 않았다. 8학년이 되자 나이에 맞는 프로그램을 교육받았던 소년들이 읽기에서는 12개월, 수학에서는 10개월을 앞서 있었다. 소녀들의 경우에는 결과가 달랐다. 교훈적 프로그램에 참가했던 소녀들은 읽기와 수학에서 약간 나은 정도의 실력을 보였다. 그렇다면 소년들의 경우에 특히 교훈적 프로그램이 주는 눈앞의 이득이 장기적으로는 손실을 초래했다는 사실을 알 수

있다.[6]

대다수의 유치원 아이들은 상징적인 규칙이나 파생적인 정보를 배우는 정규교육을 받을 준비가 되어 있지 않다. 이런 교육이 유치원 수준에서 실시되면 아이들의 근면성이 위험해지고 더 큰 열등감을 경험할 가능성이 높아진다. 그리고 여러 증거들을 볼 때 어릴 때 근면성에 손상을 입은 아이들은 학교생활에도 실패할 위험이 있다. 상징적이고 파생적인 학습이 필요한 정규교육과 관련해서 '일찍 시작하는 것'은 좋지 '않다'.

침투성이 있는 학습

유아의 학습은 스며드는 성질, 즉 침투성이 있기 때문에 더 큰 아이들의 조직화된 학습과 교육에 사용되는 범주나 과목이 6, 7세 미만의 아이들에게는 존재하지 않는다. 유아는 자신의 사고나 지식을 읽기나 수학, 과학, 예술처럼 주제를 기준으로 분류하지 않는다. 오히려 유아의 사고는 과제나 활동, 틀을 중심으로 구성되어 있다. 각 과제와 활동, 틀에 포함된 기술이나 정보들은 나중에 가면 한두 가지 주제 중심의 범주 아래에 분류되겠지만 아직 유아기에는 그저 하나의 전체를 구성하는 일부일 뿐이다.

침투성의 예를 하나 살펴보면 이것을 구체적으로 알 수 있을 것이다. 네다섯 살 아이들이 야채수프 만들기 같은 공동 과제에 참여했다고 생각해보자. 어떤 아이들은 당근을 깎고, 다른 아이들은 셀러리와 피망을 썰고, 또 다른 아이들은 방울토마토의 꼭지를 따고, 나머지 아이들은 콩 껍질을 벗기고 있다. 채소가 모두 준비되면 아이들이 지켜보는 가운데 교사가 이것들을 모두 가스레인지 위의 냄비에 넣고 물과 양념을 넣은 후 불을 켠다.

이 활동을 통해 아이들은 무엇을 배울까? 아이들은 사회적 협동을 배운다. 모두에게 이익이 되는 공동의 과제에 각자가 기여하고 있는 것이다. 아이들은 모두 수프를 먹게 될 것이다. 채소의 이름과 색깔, 모양도 배우고 껍질을 벗긴 채소와 벗기지 않은 채소의 차이도 배운다.

아이들은 '바삭하다', '흐물거리다', '눅눅하다'처럼 밀도가 다른 것들을 어떻게 부르는지도 배운다. 또 '채소를 끓이면 부드러워지는구나'처럼 물리학과 화학도 배운다.

아이들이 수프 만들기를 하면서 배우는 것은 이뿐만이 아니다. 아이들은 조리법을 따르는 동안 수프에 넣을 당근과 콩, 토마토의 개수나 무게를 접하게 되므로 무게와 단위에 대해서도 배운다. 끓이는 시간도 재어야 하므로 시간에 대해서도 배운다. 수프를 만들면서 아이들은 과학과 언어, 수학, 예술, 사회적 소통 등에 관해 수많은 것을 배우고 있지만 이런 사실을 알지는 못한다. 아이들이 알고 있는 것 혹은 알아야 하는 것은 재미있게 수프를 만드는 중이라는 것이다.

유아 학습의 침투성을 제대로 인식하면서 아이들이 탐구적, 조작적 능력을 사용할 수 있게 다양한 과제와 활동, 틀을 제공하는 유아교육 프로그램은 아이의 근면성을 키워준다. 아이들은 수프를 준비하고, 빵을 굽고, 엄마나 친구에게 줄 카드를 만들고, 부활절 달걀을 넣을 종이 바구니를 만들고, 할로윈에 쓸 가면에 색칠을 하면서 많은 기초적 개념을 배운다. 뿐만 아니라 하나의 과제를 끝내고 결과물을 만들어 사용하거나 집에 가져가서 부모의 칭찬을 듣는 경험을 한다. 이런 성취감은 종이로 된 성적표보다 아이의 근면성에 훨씬 더 큰 도움이 된다.

유아 학습의 침투성은 유아에 대한 정규교육이 잘못된 교육이 될 수밖에 없는 또 다른 이유이기도 하다. 정규교육은 읽기나 수학 같은 특정 기술의 교육을 전제로 하지만 아이의 마음은 고정된 범주에 따라 작동하지 않는다. 어디든지 침투성이 있다. 유아들은 수많은 이유로 수업 내용에 집중하지 않을 수 있다. 교사는 파닉스에 열중하고 있는데 아이들은 단어의 의미를 파악하려고 기를 쓰고 있을 수도 있다. 중증 읽기 장애로 진단을 받은 아이가 있었다. 아이는 동화책을 읽고 싶었지만 첫 구절 다음 내용으로 넘어갈 수가 없었다. 알고 보니 이 아이는 '옛날 옛적에'가 무슨 뜻인지 이해하려고 애쓰고 있었다. '적에'가 어떤 의미인지 도무지 알 수 없었기 때문이다.

아이의 학습 침투성이 재조직되는 중에는 겉으로 보기에 학습을 회피하는 것처럼 보일 수도 있다. 내가 시각적 지각에 관해 연구할 당시의 일이다. 나는 청각 장애 아동의 지각 발달을 연구해보고 싶어졌다. 청각 능력이 없거나 제한된다는 것은 아이의 지각 능력을 향상시킬까(소위 보상론), 아니면 시각적 능력마저 손상시킬까(소위 상관관계론). 이 질문에 대한 답을 구하려고 나는 농아학교의 유아들을 테스트할 수 있는 허락을 얻었고 수화가 가능한 학생 하나를 조수로 채용했다.

항상 그래왔듯이 나는 테스트를 하기 전에 앞으로 테스트하게 될 아이들의 교실에서 미리 시간을 좀 보내기로 했다. 이렇게 하면 아이들이 나를 볼 수 있고 내가 있는 것에 좀 더 익숙해진 후에 과제를 시작할 수 있기 때문이다. 면담을 좀 더 편안하게 만들어주는 요령이었다. 하지만 이 아이들과 교실에서 보냈던 시간은 내가 겪어본 가장 괴로운 학교 경험이었다.

먼저 학교 자체는 기가 막히게 아름다웠다는 얘기를 하고 넘어가야겠다. 학교 건물은 오대호 연안에 위치한 오래된 저택을 새로 단장한 것으로 자녀 가운데 청각 장애아가 있던 한 가족이 기증한 건물이었다. 교실은 아름다운 목조로 된 천장 높은 방으로 유럽식의 넓고 커다란 창이 있었다. 하지만 으리으리한 체육관과 잘 가꿔진 잔디와 화단은 내가 그 교실에 들어서면서 받았던 느낌을 더욱 더 고통스럽게 만들었다.

가장 먼저 눈에 띈 것은 새하얀 색으로 칠해진 벽이었다. 좀 더 부드럽게 보일 수 있는 노랑이나 베이지색은 조금도 가미되지 않은 색상이었다. 새하얀 벽은 교실의 공허함을 더욱 강조했다. 벽에는 그 어떤 동물도, 식물도, 그림도 없었고 장난감이나 모형, 학습 재료도 없었다. 정말 아무것도 없었다. 교실 한가운데에 놓인 딱딱한 의자에 교사가 앉아 있고 그 주변으로 조금 더 작지만 똑같이 딱딱한 의자에 여덟 명의 아이가 빙 둘러앉아 있었다. 아이들은 수업 중이었는데 교사가 손가락으로 알파벳을 표현하는 동안 교사와 무릎 위의 책을 번갈아 보고 있었다.

나는 이런 류의 교실을 만들어내는 교육철학이 어떤 것인지 알고 있었지만 그런 교육철학이 이렇게까지 극단적으로 구현된 모습은 그 전까지 본 적이 없었다. 그들의 주장은 이랬다. '이런 아이들은 쉽게 주의가 흐트러지므로(아이들의 학습은 침투성이 있다) 아이들이 수업에 집중하게 만들려면 교실 환경은 지루하고 재미없어야 한다.' 앉아서 아이들이 따라 하는 것을 보고 있자니 속에서 계속 치미는 말이 있어서 하마터면 교사에게 그 말을 할 뻔했다. 그러나 나는 침묵을 지켰다. 나중에 혼자 학교 안을 걷다가 더 이상 내 목소리가 들리지 않겠다 싶은 곳까지 갔을 때 나는 교실에서 하고 싶었던 말을 내질렀다. "제발, 애들은 귀가 안 들릴 뿐이에요. 죽은 아이들이 아니라고요!"

이 교육철학에서 틀린 부분은 유아들에게 한 가지 과목만 교육하려는 사람들이 틀린 부분과 동일하다. 그것은 바로 유아의 학습 방법을 무시한다는 점이다. 청각 장애가 있는 어린아이들은 장애가 없는 아이들과 마찬가지로 제한된 방식이 아니라 침투성을 가지고 학습한다. 교실에서 그렇게 많은 것을 없애버리는 것은 아이들이 배울 수 있는 많은 것을 없애버리는 것과 같다. 청각 장애가 있는 아이들은 장애가 없는 아이들과 마찬가지로 동식물, 그림, 학습 재료 같은 풍부한 환경 때문에 산만해지는 것이 아니다. 아이들은 그런 경험을 자신이 배우고 있는 것에 통합시키고 있는 것이다. 가르치는 내용은 우리 마음대로 제한할 수 있지만 아이들이 배우는 내용을 우리가 제한할 수는 없다.

유아 학습의 침투성을 무시하고 교과 과목을 단독으로 가르칠 때 생기는 부정적 효과를 잘 보여준 최근의 두 연구가 있다. 한 연구는 공부 중심의 유치원에 다닌 아이들과 공부 중심이 아닌 유치원에 다닌 아이들을 15세까지 추적했는데, 공부 중심의 유치원에 다닌 아이들(과제 참여 방식이 아니라 교과목을 배운 아이들)은 나이에 맞는 프로그램을 들었던 아이들보다 10대가 되었을 때 비행을 저지를 가능성이 상당히 높았다.[7] 다른 연구에서는 공부 중심의 유치원에 다닌 저소득층 아동들이 전통적 방식의 어린이집에 다닌 비슷한 아이들보다 초등학교에 들어갔을 때 공격성을 더 많이 보이는 것으로 밝혀졌다.[8] 공격적인 모습을 보이는 것은 열등감의 표현인 경우가 많다.

탐구적이고 기초적이며 침투성이 있는 유아 학습의 특징을 무시하는 교육은 아이들의 근면성을 위태롭게 한다. 근면성이 손상되고 열등감이 높아진 상태로 아동기나 청소년기에 접어드는 아이들은 건강한 근면성을 가지고 다음 단계에 접어드는 아이들보다 학업에서 어려움을 더 많이 겪고, 학교를 중퇴할 가능성이 더 높으며, 더 공격적인 것으로 밝혀졌다. 유아에게 잘못된 교육을 실시하면 학생들도, 사회도 커다란 대가를 치른다.

🌸 자신감이냐 무력감이냐

무력감보다 강한, 건강한 자신감을 얻을 수 있느냐는 학교의 교육 과정과 아이의 학습 방식 사이의 궁합에 따라 좌우되기도 한다. 하지만 자신감을 키워주는 유아의 학습 방식에는 두 가지가 더 있다.

고학년에서 가져온 교육과정과 교수 방식을 초등학교 1학년이나 유치원 혹은 그보다 더 어린 아이들의 프로그램에 사용하면서 유아들의 고유한 방식 역시 점점 더 무시되고 있다. 약간의 무력감을 느끼는 것은 지나친 자신감을 막는 데 필요하지만 너무 일찍 너무 많은 실패를 경험하면 건강한 균형이 무너지기 쉽다.

구조적 필요

심리학자들은 보통 외부 동기(보상/벌)와 내부 동기(호기심, 자존감, 자부심)를 구분한다. 내부 동기의 하나가 '구조적 필요'인데, 이것은 지적 잠재력과 정신 구조를 실현하려는 아이의 욕구에서 비롯된다. 어린아이의 언어 학습은 구조적 필요의 좋은 예다. 어린아이들은 말하는 법을 가장 먼저 배운다. 아이들도 신체 기관(혀, 성대, 폐)을 가지고 있고 언어를 가능하게 해주는 뇌 구조를 갖고 있기 때문이다. 이런 기관들은 사용하면 사용할수록 더 많은 사용을 위한 자극이 된다. 예컨대 아기의 옹알이는 더 많은 옹알이를 위한 자극이 된다. 언어는 정교해질수록 더 많은 목적에 이바지하게 되지만 습득 단계에서는 구조적 필요의 표출이다.

일반적으로 구조적 필요가 가장 두드러지는 시기는 구조를 형성 중일 때이다. 일단 구조가 형성되면 내적인 구조적 필요는 줄어들고 다른 내적, 외적 동기들이 이미 완전히 형성되어 있는 구조의 사용을 활성화시킨다. 예컨대 언어 학습이라는 구조적 필요는 보통 11세에서 12세가 되면 사라지기 때문에[9] 그 이후에 외국어를 배우려면 (학사 학위를 따겠다거나 하는) 외부 동기가 필요하다. 그에 비해 어린아이는 주변 사람이 다른 언어를 사용하면 제2 언어를 아주 수월하게 배운다.

대여섯 살 때 아이는 새로운 정신 구조를 습득하는데, 피아제는 이것을 '구체적 조작'이라고 부른다. 일단 이런 구체적 조작을 습득하면 아이는 '모음 두 개가 이어오면 첫 번째 모음이 소리를 낸다'와 같은 규칙들을 배울 수 있다. 아이는 구체적 조작 덕분에 영어의 파닉스('a'와 같은 하나의 글자가 다른 식으로 소리가 날 수 있다는 것)를 이해할 수 있고, 수학 계산에 반드시 필요한 단위 개념을 이해할 수 있다. 아이에게 정규교육이 도움이 되려면 구체적 조작이 반드시 필요하다. 하지만 정규교육을 통해 구체적 조작을 배울 수 있는 것은 아니다.

구체적 조작을 습득하는 것과 관련된 구조적 필요의 증거는 아주 많다. 예컨대 아이는 구체적 조작 덕분에 양적 사고가 가능하다. 이 시기의 아이는 자주 양적 이해를 향상시켜주거나 넓혀줄 자극제를 찾는다. 내 아들은 이 시기에 택시 미터기를 체크하면서 숫자를 계속 읽어 나를 당황시키곤 했다. 또한 아들은 시키지 않아도 발달하고 있는 자신의 능력을 스스로 연습하며 들어줄 사람을 찾곤 했는데 예를 들면 이런 식이었다. "아빠, 내가 1,000까지 세는 거 들어볼래요?"

아이들이 동화를 좋아하는 이유 중에는 동화가 발달 중인 아이의 양적 능력을 자주 자극해주는 이유도 있다. 『골디 락스와 곰 세 마리』는 여러 가지 물건(그릇, 의자, 침대)의 크기가 이야기의 중요한 구성 부분이다. 『아기 돼지 삼형제』에서도 집이 점점 튼튼해

져서 늑대가 불어대는 바람을 버텨내게 된다. 『어부와 아내』에서는 아내가 점점 더 큰 집과 명예를 원하다가 결국은 자신들의 작은 오두막으로 돌아온다. 어린아이들이 이런 동화를 좋아하는 데는 여러 가지 이유가 있겠지만 양적인 자극도 분명 그중 한 이유다.

아이의 구조적 필요를 뒷받침해주고 격려해주면 자기 자신에 대한 또는 자신의 능력에 대한 아이의 자신감도 강화된다. 예컨대 아이의 질문에 답하는 것은 아이의 주도성을 강화해줄 뿐만 아니라 아이의 자신감을 뒷받침하는 언어 능력과 정신 능력에 대한 자극도 된다. 아이들이 숫자를 셀 때 들어주고, 말로 덧셈 뺄셈 문제를 내달라고 할 때 호응해주면 구조적 필요에 대한 자극이 될 뿐만 아니라 아이의 자신감도 커진다.

가정과 학교에서 아이가 이런 발달 과정을 풍부하게 연습할 수 있는 교육 재료를 제공하면 아이가 구체적 조작을 습득하기 쉽다. 색깔에 따라서 혹은 크기에 따라서 분류할 수 있는 이상한 조합의 단추 등이 바로 그런 학습 재료다. 점점 크게 혹은 점점 작게 배열할 수 있는 단계별 블록이나 스틱, 기하 형태 등도 유용한 학습 재료로서 구조적 필요에 도움이 된다. 하나씩 셀 수 있는 구슬이나 장난감 동전 같은 단위 재료도 아이의 정신 능력을 키워주고 훈련시킬 수 있다. 아이들은 또 글씨를 쓰려는 구조적 필요가 있기 때문에 철자법 걱정 없이 글을 쓰게 해주면 기발하면서도 꽤 읽을 수 있는 '창의적 철자법'을 만들어낼 것이다.

5, 6세용 교육 프로그램에 이렇게 풍부한 교육 재료를 제공한다면, 아이들에게 이런 것을 가지고 놀 수 있는 충분한 시간을 준다

면, 그리고 사려 깊게 안내해준다면 아이의 구조적 필요를 뒷받침할 수 있다. 그렇게 되면 아이는 자신의 능력에 대한 건강한 자신감을 갖게 될 것이다. 반면에 이 기간에 정규교육 프로그램에 들어간 아이들은 구체적 조작을 충분히 훈련하는 데 필요한 학습 재료나 안내를 받지 못한다. 정규교육은 이제 겨우 형성 중인 구체적 조작이 이미 있다고 가정하고 시작하기 때문이다. 이렇게 되면 아이는 좌절감, 난감함, 무력감을 느낀다.

무력감은 학습될 수도 있다.[10] 일부 학교는 학습 목표(기술, 지식, 가치)가 아니라 성과 목표(성적)를 강조함으로써 아이들을 학습된 무력감에 취약하게 만들고 있다는 주장도 있다.[11] 구조적 필요를 제대로 뒷받침해주지 못하는 것은 모든 아이에게 심각한 문제가 되지만 특히 지적인 천재성이나 특별한 재능을 타고난 아이들에게 더 문제가 된다. 이런 아이들이 구조적 필요를 채우고 연습할 기회를 얻지 못한다면 그것은 아이의 손실일 뿐만 아니라 사회 전체의 손실이다. 다음은 구조적 필요에 대해 적절한 안내와 지원, 자극을 받았던 특별한 재능의 아이에 관한 사례다.

달리트 워쇼는 1984년 BMI국제대회에서 학생 작곡가상을 받은 수상자 가운데 한 명이었다. 그녀에게 상을 안겨준 네 작품으로 된 모음곡의 제목은 〈펀 스위트Fun Suite〉*였다. 대회 당시 이미 이 곡은 록랜드 서버반 오케스트라와 덴버 심포니 오케스트라에서 연주가 된 상태

---

* 재미난 모음곡이라는 뜻이다.

였고 라디오로도 방송된 적이 있었다. 작곡 재능 외에도 달리트는 연주자이기도 해서 대회 몇 달 전에는 솔로 피아노 리사이틀을 열고 베토벤 소나타 G장조와 모차르트 환상곡 D단조를 연주했다. 1984년 BMI국제대회에서 상을 탔을 때 달리트는 아홉 살이었다!

피아니스트 릴리안 칼리르는 달리트의 연주를 이렇게 칭찬했다.

"정말로 비범한 연주자예요. 달리트의 창의성, 리듬, 기쁨 같은 것은 배우고 싶어도 배울 수 없는 예술적 기질이죠. 테크닉이 아주 뛰어나다고는 할 수 없지만 어디에서도 듣지 못할 소리를 만들어내죠." 그리고 달리트의 창작품에 대해서는 이렇게 말했다.

"설사 녹음된 것을 듣고 흉내 낸 것이었다고 해도 놀라웠을 거예요. 하지만 이건 그 수준을 훨씬 뛰어넘는 연주예요. 달리트의 작품들은 어마어마한 상상력을 보여줍니다. 내게 달리트 같은 딸이 있었다고 해도 어떻게 해야 할지 몰랐을 거예요. 혹시나 잘못 키울까봐 겁에 질렸겠죠. 재능을 제대로 도와주지 못할까봐서요."12

달리트의 천재성은 일찌감치 자연스레 드러났다. 달리트의 어머니가 했던 '교육'은 달리트의 흥미와 눈에 띄는 음악적 재능을 그대로 따라간 것이었다.

달리트는 아장아장 걸을 때부터 피아노에 관심을 보였다. 달리트가 세 살 반이 되자 루티(이스라엘 출신인 달리트의 아름다운 어머니. 그녀 역시 성공한 피아니스트다)는 달리트에게 수업을 해주기 시작했다. 달리트의 배우는 속도가 아주 빠르다는 것은 금방 알 수 있었다. 1년 후 제대로 된, 그렇지만 객관적인 의견을 듣고 싶었던 루티는 줄리어드 음악학교의 저명한 교수인 나디아 라이젠베르크를 설득해 달리트의 연주를 들려주었다. 라이젠베르크는 달리트에게 격려를 아끼지 않았다. 그리고 딸을 계속 가르치길 주저하고 있던 루티에게도 용기를 주었다. "지금처럼만 하세요." 라이젠베르크는 이렇게 말했다. "아이를 음악학교 같은 데 보내지 마세요. 그런 곳은 달리트의 연주를 로봇처럼 만들어버릴 테니까요."[13]

달리트를 음악학교에 보내는 것을 라이젠베르크가 우려했던 것은 우리가 이 책에서 우려하는 것과 꼭 같은 이유에서다. 달리트에게 정규교육을 받게 하는 것은 달리트의 연주를 로봇처럼 만들 뿐만 아니라 달리트의 자신감에도 영향을 줄 수 있었다. 엄마나 교사가 미리 결정한 것을 딸에게 가르치는 것이 아니라 딸이 원하는 내용을 가르쳐주었던 달리트의 엄마는 건강한 교육과 잘못된 교육의 차이를 본능적으로 알고 있었다.

지적 천재성을 보이는 아이들은 구조적 필요의 또 다른 예를 보여주기도 한다. 먼저 지적 천재성과 창의적 재능은 같은 것이 아니다. 사실 이것들은 서로 다른 생각 방식이다. 지적 천재성은 전통적 방식을 따르는 '수렴적 사고'를 반영한다. 그에 비해 특별한 재능을 가진 아이들은 전통적 사고방식에서 벗어난 '확산적' 방식으로 사고하는 경향이 있다. 달리트처럼 특별한 재능을 가진 아이들은 창의적이고 독창적인 데 비해 지적인 천재성을 가진 아이들은 정신적으로 조숙하다.[14]

지적 천재성을 가진 아이들은 엄청난 양의 전통적 지식을 습득해서 사람들을 놀라게 한다. 이런 아이들은 일찍부터 글을 읽고, 수학이나 역사, 과학과 같은 전통적 지식에 빠르게 통달한다. 지적인 천재성이 있는 아이들의 경우 구조적 필요는 전통적 형태의 지식을 빠르게 학습하고 통달하는 형태로 나타난다.

케빈 칼리어는 열 살이다. 케빈의 IQ는 169다. 케빈이 가장 싫어하는 질문은 "어쩜 그렇게 똑똑하니?"다. 그런 질문에 케빈은 이렇게 답한다. "그렇게 태어났나봐요."
케빈은 SAT 수학 부문에서 거의 700점(800점 만점)을 받았다. (…) 케빈은 지금 일리노이 주 레이크 포리스트에 있는 레이크 포리스트 아카데미 9학년에 재학 중이다. 그런데도 케빈은 조용하지만 확신에 찬 목소리로 이렇게 주장한다. "저는 그냥 보통 아이예요. 그냥 약간 똑똑한 것뿐이죠." 케빈이 좋아하는 것은 집에 있는 컴퓨터로 그래픽 작업을 하는 것과 피아노와 바이올린을 배우는 일이다.[15]

지적 천재성을 가진 아이들은 조기의 정규교육이 부정적이라는 원칙에 대한 예외처럼 보일 수도 있다. 무엇보다 이런 아이들은 대여섯 살에 열두세 살 아이가 하는 것을 하고 있으니까 말이다. 이런 아이들은 준비가 된 것이니 일찍부터 정규교육을 받는 것이 득이 되지 않을까? 별로 그렇지 않다. 오히려 지적 재능을 가진 아이들에게 가장 필요한 것은 앞서 대여섯 살 아이들에게 적절하다고 했던 교육 프로그램을 계속 연장시키는 일이다.

기억해야 할 점은 지적으로 재능 있는 아이들이야말로 극심한 구조적 필요를 갖고 있다는 점이다. 대부분의 경우 아이들은 일단 구조가 완전히 형성되고 나면(구체적 조작을 하는 7세 즈음) 구조적 필요가 소멸된다. 이때부터는 애착이나 자존감, 경쟁심 같은 보다 전통적인 동기가 작용한다. 하지만 지적으로 재능 있는 아이들은 구조적 필요가 소멸되지 않는다. 어쩌면 대부분의 아이들이 열두세 살쯤 겪는 다음 단계의 구조적 필요로 벌써 옮겨가는 중이기 때문일 수도 있다. 피아제가 '형식적 조작'이라고 부르는 고차적 정신 능력 말이다.

그렇다면 지적으로 재능 있는 아이들에게 가장 필요한 것은 조기 정규교육이 아니라 스스로 탐구하고 조사할 기회를 늘려주는 것이다. 이런 아이들의 교사는 전통적 개념의 교육을 할 것이 아니라 유아교육자들이 하는 교육을 해야 한다. 다만 차원을 좀 높여서 말이다. 이 아이들이 지적 잠재력을 실현하는 데 직접적인 교육보다 훨씬 더 중요한 것은 알맞은 과학 자료, 문학, 수학 자료와 함께 어느 방향으로 가야 할지 자상하게 안내해주는 것이다.

천재성이나 특별한 재능이 있는 아이들의 구조적 필요를 학교가 제대로 채워주지 못한다는 것은 유명인들의 전기를 보면 알 수 있다.

토머스 에디슨은 학교에 대해 이렇게 말했다. "내 기억에 나는 한 번도 학교에서 잘 따라가지 못했다. 내 성적은 언제나 학급에서 밑바닥이었다. 나는 선생님들이 내게 공감하지 못한다고 느꼈고 아버지는 내가 바보라고 생각했다." (…)

알베르트 아인슈타인의 지도 교사들과 부모는 아인슈타인이 둔한 아이라고 생각했다. 아인슈타인의 아들 알베르트 주니어는 이렇게 말했다. "사실, 아버지는 아주 얌전한 아이였을 거예요. 그때도 벌써 아버지는 수줍음 많고 외롭고 세상으로부터 움츠러들어 있었으니까요. 아버지의 선생님들은 심지어 아버지가 뒤처진다고 생각했죠. 아버지에게 들은 얘기로는 선생님들이 할아버지에게 아버지가 정신적으로 뒤떨어지고 사회성이 부족하다고, 항상 바보 같은 꿈속에 젖어 있다고 말했다고 해요."[16]

괴르첼은 500명의 뛰어난 인물들을 연구했는데 그중 300명 이상이 학교에서 심각하게 문제를 겪었다는 사실을 발견했다.

그들은 교육과정, 비합리적이거나 잔인한 교사들, 그들을 괴롭히거나 무시하거나 지루하게 만드는 다른 학생들, 그리고 실패한 교육에 대해 불만을 가졌다. 일반적으로 그들이 걱정한 것은 학교의 전체적인 상황이었지 똑 떼어서 말할 수 있는 단일한 불만이 아니었다.[17]

그렇다면 천재성과 특별한 재능을 가진 아이들에게 정규교육이란 나이를 불문하고 잘못된 교육이다! 다행히도 이들은 구조적 필요가 워낙 강력해서 스스로 자신의 능력을 실현하는 데 필요한 자양분을 찾아낼 능력이 있는 경우가 많다. 하지만 보통의 아이들은 그렇지 않다. 대여섯 살 아이에게는 차라리 자유롭게 놀리는 것이 정규교육보다 득이 될 수도 있다. 정규교육은 아이의 능력 실현을 저해하고 자신감보다 무력감을 커지게 만들 수도 있다.

🌹 아이의 놀이

발달의 모든 단계에서 놀이는 중요하지만 특히 5, 6세 아이에게는 특별한 중요성을 가진다. 자신감과 무력감의 균형이 결정되는 시기이기 때문이다. 이 중요한 시기에 이제 막 싹트는 아이의 자신감은 자주 공격받는다. 부적절한 교육이 구조적 필요를 방해할 뿐만 아니라 학교생활의 특징인 상처, 좌절, 거절 등의 수많은 감정과 경쟁, 또래 집단 참여 등도 아이의 자신감을 공격한다. 자신의 능력에 대한 아이의 자신감은 어른들이나 또래들로부터 끊임없이 도전받을 수 있다.

하지만 어린아이는 어른들과 같은 자기방어(합리화, 반동 형성, 투사 같은 것들)가 없기 때문에(자기방어는 나이가 더 들어서 습득하는 것으로 자신의 자신감이나 자존감에 대한 공격으로부터 스스로를 방어할 때 쓰는 방법이다) 놀이가 아주 중요해진다. 놀이는 어린아이가 마주치는 수많은 실제 혹은 가상의 공격과 모욕으로부터 스스로를 보호할 유일한 방법이다. 아이는 놀이를 통해 힘세고 유능한 어른들보다 더 힘세고 유능한 '슈퍼 히어로' 같은 능력을 발휘할 수 있다. 연극이나 역할 놀이를 통해 아이들은 자신의 능력을 발휘할 수 있고 결국에는 어른이라는 역할을 맡을 수 있다. 또한 또래들과의 놀이를 통해 사회적 능력과 친구를 사귀고 유지하는 능력을 발휘할 수 있다. 놀이는 언제나 자신을 위해 현실을 변형하는 일이다.

유아기 놀이가 갖는 이런 기능(아이의 자신감을 발휘하는 수단)은 자주 오해를 받는다. 놀이는 '아이의 일'이라고 합리화되기도 하는데 아이가 읽기와 쓰기, 과학 등을 배우는 또 다른 방법이라는 뜻에서다. 또한 놀이는 아이가 창의력을 표현하는 경로라고 설명되기도 한다. 이 말에는 아이가 스스로를 더 적절히 표현하려면 정규교육이 필요하다는 암시가 들어 있다. 어린아이가 놀이에서 무언가를 배우는 것은 분명하지만, 그리고 놀이가 아이의 창의력을 일부 반영하는 것은 분명하지만, 이런 것들은 놀이의 첫 번째 기능이 아니다.

유아의 놀이가 갖는 기능을 오해하는 바람에 종종 잘못된 교육이 나타나기도 한다. 놀이가 아이의 '일'로 간주된다면 놀이는 수업 계획이라고 번역될 수도 있다. 상점 놀이를 하는 아이는 물건에 가격표를 붙이고 판매액을 합산해보라는 요구를 받을지도 모른다. 또한 놀이가 아이의 창의적 충동의 표현이라고 간주된다면 아이는 자신이 그린 것이 무엇인지 말해보라는, 혹은 하늘과 풀을 좀 더 전통적인 색으로 칠하라는 요구를 받을지도 모른다. 안타깝게도 아이의 놀이를 이런 식으로 취급하면 자신감은 촉진되지 않는다. 정반대로 무력감을 일으킬 수도 있다.

누구나 평생토록 강력한 영향을 준 다음과 같은 경험을 기억할 것이다. 유치원생 때 나는 노래 부르는 것을 좋아했다. 비록 음정은 다 틀렸지만 이것은 내가 자신감을 발휘하는 나만의 방식이었다. 높은 사람이 방문했을 때 선생님이 반 아이들에게 노래를 시켰다. 그런데 선생님은 노래 지도를 시작하기 전에 나를 가리키며 말했다. "엘킨드, 너는 듣기만 해." 유치원에서 가수로서의 인생만 끝장난 것이 아니었다. 예술가로서의 인생 역시 끝장났다. 내가 커다란 빨간색 판지에 아주 근사한 콜라주를 완성한 후였다. 나는 멋진 생각이 떠올랐다. 가위를 꺼내 판지 귀퉁이를 둥글게 오렸다. 그걸 본 선생님은 이렇게 말했다. "망쳐버렸구나." 아홉 살 때 학교 신문에 내가 쓴 시가 실렸고 그것으로 내 인생은 작가로 결정되었다는 얘기를 하지 않을 수 없다.

여기서 말하고 싶은 것은 아이가 놀이로 만든 작품들은 아이의 자신감을 보호하고, 방어하고, 향상시키기 위한 노력으로 보아야 하며 존중해야 한다는 것이다. 이런 작품들에 관한 한 우리는 '좋은 말을 못하겠거든 입을 다물어라'라는 격언을 따라야 한다. 아이가 참여할 수 있는 다양한 놀이 활동을 충분히 제공하면서도 아이를 자기답지 않은 무언가로 만들려고 하거나 아이의 작품을 품평하지만 않는다면 아이의 자신감을 키우는 데 도움이 될 것이다. 그러지 않는다면 무력감에 대항할 수 있는 아이의 주된 무기를 빼앗아버리는 셈이 될 것이다.

대여섯 살은 근면성과 자신감을 습득하는 데 중요한 시기다. 일단 아이가 학교에 들어가면 우리는 더 이상 아이의 잠재적 성격 균형을 결정하는 주된 책임자가 아니다. 학교 역시 책임을 진다. 잠재적 성격의 위기가 어떻게 결정 날지에 관해서는 부모 못지않게 학교도 중요한 역할을 한다. 우리는 부모가 어떻게 해야 신뢰와 자율성, 주도성, 소속감을 키워주고 도와줄 수 있는지 알고 있듯이 학교교육이 어떻게 해야 근면성과 자신감을 키워줄 수 있는지도 알고 있다.

유아의 독특한 학습 방식을 인정하고 그에 맞춰 실시하는 교육은 건강한 교육이다. 유아의 학습 방식에 관해 우리가 아는 것들을 무시하고 더 큰 아이들에게나 맞을 법한 교육법을 사용하는 것은 잘못된 교육이며 아이를 열등감이나 무력감에 빠뜨릴 수 있다. 우리는 슈퍼키드와 유능한 아이에 대한 잘못된 생각을 극복해야 한다. 그리고 아이들이 튼튼한 근면성과 자신감을 가지고 유치원과 초등학교 1학년을 마칠 수 있는 경험들을 제공해야 한다. 아이들이 열정적으로 더 많은 학교교육을 받고 싶게끔 만들어야 한다.

4부

건강한 교육

내 아이를 위한 건강한 선택

부모들이 흔히 하는 질문

8장

내 아이를 위한 건강한 선택

자녀가 어릴 때 우리는 몇 가지 중요한 교육적 결정을 내려야 한다. 선택할 수 있는 상황이라면 어린 자녀를 조기교육 프로그램에 등록시켜야 할까, 말아야 할까? 자녀를 조기교육 프로그램에 참여시키기로 결정했다면 혹은 직업이나 경제적 상황 때문에 아이를 유아교육 프로그램에 참여하게 해야 한다면 어떤 프로그램이 좋을까? 이런 결정들을 내리고 나면 또다시 다음 단계의 어려운 결정들이 따라온다. '아이를 언제 어느 유치원에 보낼 것인가?' 건강한 유아교육이 무엇인지 알고 있다면, 유치원 등록과 관련해 뭘 선택할 수 있는지 안다면, 더 많은 정보를 바탕으로 이에 대한 결정들을 내릴 수 있을 것이다.

운 좋게도 아이를 이런저런 프로그램에 보낼지 말지 선택할 수 있는 경우 짐보리부터 '공부 중심' 종일반 유치원에 이르기까지 어마어마한 선택의 범위가 펼쳐진다. 앞에서도 이야기했듯이 이런 프로그램 중에는 아이를 아무 이유 없이 위험하게 만들기도 하기 때문에 애초에 고려조차 하지 말아야 하는 프로그램도 있다. 하지만 짐보리 등의 프로그램들은 아이에게 재미있을 수도 있고 부모에게도 다른 부모들을 만날 수 있는 기회의 장이 되기도 한다.

일부 부모에게는 아이를 유치원에 보내느냐 마느냐 자체가 문제가 된다. 일반적으로 건강한 유아교육 프로그램이라면 부모에게나 아이에게나 도움이 될 수 있다. 특히 아이에게는 다른 어른들이나 또래 아이들을 만날 기회라는 사회적 경험이 될 수 있다. 장난감이나 시설도 집보다는 훨씬 다양하기 때문에 유치원은 아이가 자율감과 주도성, 자신감을 향상시킬 수 있는 또 다른 기회가 될 수 있다. 또 유아교육을 전공한 교사는 아이가 여러 활동에서 최대의 효과를 얻는 데 필요한 지도와 방향을 제공할 수 있다.

하지만 유치원이 건강한 발달의 필수 요소는 아니다. 아이에게 다양한 사회적, 교육적 경험을 제공할 수 있을 만한 시간과 에너지가 있는 사람이라면 집에서도 아이에게 풍부한 유아교육 프로그램을 제공할 수 있다. 이렇게 하려면 유아교육의 기초적 원칙 몇 가지(예컨대 '무슨무슨 교육법 등의 이름이 중요한 것이 아니라 구체적 경험을 우선시할 것' 등)를 배워야 하고, 아이에게 적절한 조작적 학습 재료를 제공하며, 아이가 이런 재료를 가장 생산적으로 사용할 수 있는 방법을 안내해야 한다. 가끔은 옆집 아이와 함께 놀 기회도 만들어 자녀의 유아교육 프로그램을 풍성하게 할 필요도 있다.

그렇다면 유치원 형태의 유아교육은 아무 가치가 없다는 뜻일까? 전혀 그렇지 않다. 이것은 더 큰 아이들이 홈스쿨링을 하는 것과 비슷하다. 일부 부모는 아이를 집에서 교육할 만한 시간과 에너지, 의지를 갖고 있고 실제로 상당히 잘해내기도 한다. 하지만 이유가 뭐가 됐든 집에서 교육하지 않기로 결정한 부모들에게는 여전히 학교가 필요하다. 이것은 유치원도 마찬가지다. 이유가 뭐가 되었건 부모가 유치원에서 제공하는 지적, 사회적, 정서적 교육을 아이에게 제공할 수 없는 경우라면 유치원은 중요하다.

🌸 건강한 유아교육 프로그램 구분법

잘못된 교육은 언제나 특정한 역사적 순간에서 사회적 요인을 만족시키기 위해 급조된 임시방편이다. 반면 건강한 유아교육은 오랜 성공의 역사를 갖고 있다. 유아교육의 특수한 측면을 주장한 교육이론가는 많았다. 장 자크 루소, 요한 페스탈로치, 프리드리히 프뢰벨, 마리아 몬테소리, 루돌프 슈타이너, 존 듀이처럼 말이다. 후대의 교육자들은 이들의 이론을 더 정교하게 다듬고 연마했다. 오늘날 건강한 유아교육은 모든 연령대의 교육이 따라야 할 모범이다. 끊임없이 성장하며 발전해온 진화의 결과물인 건강한 교육은 겉으로만 번지르르한 다른 교육 열풍들과는 다르다.

오늘날 건강한 유아교육 프로그램은 집에서도, 공립과 사립 유치원에서도, 어린이집에서도, 어떤 때는 초등학교 1학년 교실에서도 발견된다. 모든 건강한 교육 프로그램이 가진 공통점은 그 모습에 관계없이 초점이 어린아이에게 맞춰져 있다는 것이다. 건강한 교육 프로그램은 유아의 특수성이 무엇인지 안다. 유아의 신체 크기, 학습 방식, 강점, 특수한 한계 등을 아는 것이다. 유아교육 전문가라면, 방법이나 용어는 다르더라도, 누구나 이 점을 강조한다.

무엇을 살펴야 하는가

유아교육 프로그램이 이토록 다양하다면 어떤 프로그램이 건강한 교육을 실시하고 어떤 프로그램은 잘못된 교육을 실시하는지 어떻게 알 수 있을까? 25년 이상 유치원에서 연구를 해오다보니 나는 이제 척 보기만 해도 이런 유치원들을 구분할 수 있는 요령이 생겼다. 그래서 이제 여러분과 함께 다양한 유아교육 프로그램들을 찬찬히 둘러보면서 부모들이 조심해야 할 시설이나 교육 재료, 교육 방법에는 어떤 것들이 있는지 알아보려고 한다.

유아교육 프로그램을 평가하기 위해 가장 중요한 일은 귀가 아니라 눈으로 살피는 일이다. 유치원장이 자신의 교육철학은 이러이러한 것이라고 아무리 이야기하더라도 그 사람의 말과 실제로 그곳에서 일어나는 일과는 아무 상관이 없을 수도 있다! 한번은 LA 교외 저소득층 동네에 있는 유치원을 방문한 적이 있다. 학교 건물은 작은 단층 건물로 콧구멍만 한 뒷마당이 딸려 있었다. 나는 그곳의

북적거리는 모습에 깊은 인상을 받았다. 안에서는 요리를 하는 아이들도 있고, 박스로 악기를 만들고 있는 아이들, 정물화를 그리고 있는 아이들도 있었다. 정물화를 위해 놓여 있는 과일들은 그야말로 예술적으로 배치되어 있었다. 뒷마당에는 작은 보트와 비행기 동체가 하나씩 놓여 있었는데, 아이들은 보트나 비행기를 한번 조종해보려고 열심히 자기 차례를 기다리고 있었다.

나는 유치원장에게 어떻게 이렇게 멋진 시설을 꾸미게 됐는지 물었는데 그녀의 대답이 정말 놀라웠다. 그녀는 학습이론과 행동 수정으로 유명한 스키너 교수의 학생이었다고 했다!* 그녀는 학교 전체가 철저하게 학습이론 원칙에 따라 지어졌다고 말했다. 나는 그 유치원장이 분명 자신이 믿는 대로 말한 것이라고 생각한다. 또 그녀가 믿는 철학과 실천 사이에 정말로 불일치가 있다고 생각하지도 않는다. 그리고 이것이야말로 유아교육 시설을 평가할 때 가장 중요하게 기억해야 할 부분이다.

일반적으로 나는 유치원의 이름과 상관없이(몬테소리든 발도르프든 플레이Play나 비헤이비어럴Behavioral 또는 그 무엇이든 간에) 아이에 대해 잘 아는 교사들은 실제로 교육하는 모습이 서로 비슷하다는 것을 알게 됐다. 다시 말해 같은 몬테소리 브랜드의 유치원인데도 교육하는 모습은 완전히 다를 수 있고, 전통적인 유치원인데도 가르치는 모습은 몬테소리 유치원과 비슷할 수도 있다. 한편 이것

---

* 스키너는 인간을 동물처럼 단순하게 파악한다는 비난을 받기도 했던 행동주의 심리학자이기 때문에 이 유치원의 다채로운 환경과는 도저히 연상이 되지 않아서 놀랐다는 의미이다.

은 아동 심리 치료사의 경우도 마찬가지다. 훌륭한 심리 치료사라면 그 사람이 프로이트주의자든 융주의자든 혹은 스키너나 랭크주의자든 상관없이 아이를 대하는 모습이 상당히 비슷하다. 한마디로 말해서, 유아 프로그램을 평가할 때는 브랜드를 믿지 마라!

유치원장이나 직원들이 유아교육 전공 학위를 갖고 있는지 물어보는 것도 나쁘지 않다. 전공이 건강한 유아교육의 필수 요건은 아니지만(일을 하면서 필요한 기술을 습득하는 교사들도 있다) 해당 유치원이 유아교육에 관해 탄탄한 기초를 갖고 있다면 더욱 안심할 수 있으니까 말이다. 교사 대 학생 비율은 중요한 질문이다. 대략적으로 유용한 기준을 제시하자면 교사 1명당 아이의 수가 아이 연령의 세 배를 넘어서는 안 된다. 그러니까 1세 아동이라면 교사 1인당 3명, 2세 아동이라면 1인당 6명 하는 식으로 말이다. 물론 이 비율은 이상적인 수치다. 하지만 건강한 교실이라면 이 비율을 크게 넘어서는 안 된다. 5세 이하의 아동에게 어른 1인당 20명이 넘는 수업 규모라면 건강한 교육을 실시하기가 쉽지 않다.

이제 유치원이나 어린이집 안으로 들어갔다고 상상해보자. 감을 잡기 위해 내가 가장 먼저 찾는 곳은 블록이 있는 곳이다. 커다란 나무 블록이 많다는 것은, 비록 모래투성이의 직사각형 블록이라고 할지라도, 건강한 교육 프로그램이라는 첫 번째 신호다. 블록은 어린아이들에게 기본적인 학습 재료다. 두세 살배기 아이들은 블록 위로 기어 올라가서 크고 작은 운동 도구로 쓸 수도 있다. 네다섯 살 아이들은 블록을 쌓아올릴 수도 있고 블록으로 다양한 놀이나 사회적 활동을 할 수도 있다. 따라서 블록 작업이나 블록 놀이는 아이의 자율성과 주도성을 발달시키고 근면성, 자신감, 소속감을 키워줄 수 있다.

그다음에 나는 동식물을 찾는다. 보통 햄스터나 애완용 쥐, 토끼 같은 것들이다. 동물은 어린아이들에게 중요한 학습 경험이다. 아이들은 동물을 구분할 수 있게 될 뿐만 아니라 먹이를 주고 우리를 청소하는 법을 배운다. 아이가 다른 생명을 돌보는 첫 경험이 되는 것이다. 또 동물이 새끼를 낳는다면 어린아이는 처음으로 번식을 경험할 수도 있다. 동물과 마찬가지로 식물도 아이에게는 자신에게 의존하는 생명을 돌보는 경험이 된다. 아이는 식물을 통해 새로운 색상과 형태를 배울 수도 있고 살아 있는 물체가 성장하는 것을 관찰할 수도 있다. 동식물을 돌보는 것은 아이의 자신감을 키우는 데 특히 중요하다.

나는 또 다양한 아동용 도서가 꽂혀 있는 책꽂이나 책장이 있는 독서 구역도 찾아본다. 좋은 삽화가 곁들여진 동화책이나 시집 등 그림책이 풍부하게 있어야 한다. 닥터 수스나 에즈라 잭 키츠 같은 현대 작가들의 작품도 있어야 한다. 아이가 누워서 책을 볼 수 있는 작은 카펫이나 베개 혹은 앉아서 책장을 넘길 수 있는 어린이용 흔들의자가 놓여 있는 것을 보면 기분이 좋다. 어떤 유치원은 독서 구역에 음악 플레이어를 놓아서 음악 영역으로도 사용할 수 있게 한다. 이런 독서 구역은 아이의 주도성을 뒷받침하고 키워준다.

또 하나 살펴보는 곳은 연극 구역이다. 방 한쪽 구석에는 남녀 모자나 신발, 셔츠 같은 어른들 옷이 널브러져 있어야 한다. 아이들이 '가게 놀이' 혹은 '소꿉놀이', '소방서 놀이' 같은 것을 할 때 입을 수 있게 말이다. 그림을 그릴 수 있는 이젤도 몇 개 있어야 하고 커다란 테이블 한두 개나 작은 테이블 대여섯 개도 필요하다. 그래야 아이들이 점토나 물감, 핑거페인트 같은 것으로 작업을 하고, 콜라주도 만들고 편지 쓰는 연습도 할 수 있다.

나는 또 목공 작업을 할 수 있는 구역이 있는지도 살펴본다. 아이들이 교사의 감독하에 못을 박거나 작은 나무 조각에 톱질을 해볼 수 있게 말이다. 무게를 달거나 크기를 측정하고 확대해볼 수 있는 학습 재료나 놀이, 실험을 위한 수조 테이블을 갖춘 과학 코너도 있다면 더욱 좋다. 피아노나 기타, 그것을 연주할 줄 아는 교사가 있다면 특히 가산점을 줄 수 있는 요소다. 하지만 아이들이 가지고 놀 수 있는 악기는 반드시 있어야 한다. 트라이앵글, 종, 심벌즈, 실로폰 같은 것들 말이다.

교실을 '흥미 중심'으로 꾸며놓는 것은 아이의 주도성을 키워주기도 하지만 아이가 자신이 놀고 싶은 곳을 선택할 수 있는 기회를 가질 수 있다는 점에서 좋다. 흥미 중심으로 배치하는 것은 앞서 말한 유아 학습의 침투성과 모순되는 것이 아니다. 이런 배치는 과목 중심이 아닌 아이들이 각 구역에서 다양한 개념을 배울 수 있는 '흥미' 중심이기 때문이다.

지금까지 시설 내부의 다양한 부분들을 살펴봤지만 시설 전체를 살펴볼 필요도 있다. 교실이 너무 어수선해서도 안 되고, 이 활동에서 다음 활동으로 이동하는 경로도 아이들이 찾아가기 쉬워야 한다. 나는 또 교실이 정기적으로 청소가 되는지, 학습 재료는 관리와 공급이 잘되는지도 살펴본다. 관리는 잘되지만 학습 재료가 적은 유치원보다는 조악하게 보이더라도 학습 재료가 많은 곳이 더 좋다고 생각한다.

다음은 실외를 살펴볼 차례다. 놀이 구역이 교실과 바로 연결되어 있으면 이상적이다. 이렇게 배치하면 더 안전할 뿐 아니라 시간도 절약되기 때문이다. 놀이 구역에는 크고 안전한 기어오르기 시설이 있어야 한다. 오래된 보트나 자동차 등의 앞좌석을 적당히 손보고 칠하고 안전하게 만든다면 아이들이 연극을 할 수 있는 실외 무대가 된다. 그네와 미끄럼틀, 커다란 모래통, 세발자전거를 탈수 있는 트랙도 있는지 찾아보아야 한다. 실외에서도 시설은 잘 관리되고 수선되어 있어야 한다. 그리고 놀이 구역은 완전히 울타리가 쳐져 있어야 한다.

지금까지는 건강한 유아교육 프로그램의 정적인 측면을 보았다. 이제 아이들이 이런 환경에서 실제로 어떻게 지낼지를 살펴볼 차례다. 보통 아침은 이런 식으로 진행될 것이다. 아이들이 도착해서 평상복을 벗어놓고 나면(그리고 각자의 이름과 사진이 붙어 있는 '사물함'에 넣고 나면) 동그랗게 모여서 아침에 할 활동들을 이야기한다. 출석을 부를 수도 있고, 오늘이 무슨 요일인지 얘기하거나 날짜와 온도에 대해 이야기할 수도 있다. 생일인 아이가 있으면 이야기를 할 것이고, 보통은 그 아이의 어머니가 보내온 쿠키나 컵케이크를 먹으며 축하하는 시간을 갖는다.

지금은 예전만큼 자주 하는 활동은 아니지만 나는 아침 모임에서 '물건과 함께 발표하기'가 중요한 부분을 차지한다고 생각한다. 이 단체 활동 시간에 아이들은 각자에게 일어난 중요한 일을 이야기할 수 있다. 동생이 태어났다거나 새로운 애완동물이 생겼다거나 특별한 여행을 다녀왔다거나 친척이 왔다는 것 등은 모두 특별한 일이다. 때로 아이들은 그 사건을 설명할 수 있는 물건을 가져올 수도 있다. 예컨대 한 아이는 아빠가 하와이에서 가져온 사탕수수를 보여주었다. 물건과 함께 발표하기는 특히 아이의 소속감을 향상시키는 데 도움이 된다.

물건과 함께 발표하기가 끝나면 아이들은 흔히 서로 다른 흥미 구역으로 흩어진다. 블록 구역으로 가는 아이도 있고, 연극 구역이나 독서 구역으로 가는 아이도 있다. 노련한 교사라면 아이들이 다양한 경험을 하게끔 하고, 한 구역에서만 시간을 보내지 않도록 할 것이다. 교사는 각각의 아이들을 따로 돌볼 수도 있고 작게 그룹을 만들어서 콜라주를 만든다거나 손, 발의 치수를 잰다거나 쿠키를 굽는 것 같은 특별활동을 할 수도 있다. 오전이 반쯤 지나면 아이들은 모두 모여서 주스와 크래커 같은 간식을 먹는다.

유아교육자의 능력이 가장 드러나는 것은 소그룹 활동을 할 때다. 유아교육을 효과적으로 하려면 각각의 활동들의 짜임새가 너무 빡빡해서도 안 되고, 너무 느슨해서도 안 된다. 예컨대 수조 테이블에서 수업을 한다면 교사는 아이들에게 코르크나 열쇠가 물에 뜰 것인지, 왜 그런지 물어볼 수 있다. 시범을 보일 물건은 교사가 골랐으니 여기까지는 교사가 수업 내용을 짜놓은 것이지만 토론의 방향은 아이들이 이끄는 대로 따라가는 것이 좋다. 한 아이가 코르크는 '동그란 모양이라서' 물에 뜬다고 말한다면 그 아이에게 다른 동그란 물건을 찾아서 물에 넣어보라고 얘기할 수 있을 것이다.

수업 재료를 제대로 고르는 것 못지않게 아이의 사고 방향을 따라가는 능력도 중요하다. 한 유치원을 방문했을 때다. 아이 몇 명과 함께 교사가 커다란 식품 저울 주변에 서 있었다. 교사는 솔방울을 저울에 올려놓으며 아이들에게 솔방울 네 개가 두 개보다 무거운지 물어보았다. 그런데 그 저울은 어린아이들에게는 맞지 않는 종류였다. 왜냐하면 아이들은 아직 단위 개념이 없을 뿐 아니라 저울에 쓰인 숫자들이 무엇을 뜻하는지도 몰랐기 때문이다. 그리고 솔방울의 무게는 직관적으로 분명하지도 않다. 교사가 양팔저울에 깃털과 못을 사용했더라면 좀 더 쉽게 목적을 이뤘을 것이다.

개인 활동과 소그룹 활동이 끝나면 아이들은 대그룹 활동을 한두 가지 할 수도 있다. 교사가 아이들에게 동화를 읽어줄 수도 있고 노래를 하거나 '사이먼 세즈'* 같은 단체 게임을 할 수도 있다. 이런 단체 활동이 끝나면 아이들은 보통 실외 놀이터로 향한다. 실외에서 아이들은 자신이 하고 싶은 놀이 활동을 고른다. 실외 놀이가 끝나면 보통 아이들은 돌아와서 조용한 활동을 하며 집으로 돌아갈 준비를 하거나 종일제 프로그램이라면 점심을 먹을 수도 있다.

종일제 프로그램의 경우 오후 활동은 보통 아침보다는 덜 활동적이다. 대부분의 아이들은 어른들과 마찬가지로 아침에 학습 능력이 가장 좋으므로 지적으로 어려운 과제들은 아침에 한다. 게다가 어린아이는 보통 이른 오후에 에너지가 급격히 떨어지므로 많은

---

* '사이먼 세즈'를 붙일 때만 지시한 행동을 하는 게임이다. 예를 들면 "사이먼 세즈 점프"라고 할 때는 점프를 해야 하지만 "점프"라고만 하면 반응하지 않아야 한다.

유치원들이 오전 내내 활동을 했다면 낮잠을 잔다. 종일제 프로그램에는 아이들이 쉴 수 있는 간이침대나 매트가 있어야 한다. 낮잠을 원하지 않거나 필요하지 않은 아이들은 음악을 듣거나 책을 보거나 교사가 책을 읽어주는 등의 활동을 하는데 모두 조용한 활동이다. 그리고 아이들이 모두 일어나면 단체 게임을 하며 이른 오후 시간을 보낸다. 이 시간대에는 《미스터 로저스 네이버후드Mr. Rogers' Neighborhood》* 같은 텔레비전 프로그램을 보게 할 수도 있다.

일상적인 날을 기준으로 했기 때문에 아직 이야기하지 않은 활동이 몇 가지 있다. 이것들은 매일 하는 것은 아니지만 중요한 활동이다. 아이들을 산책이나 외출에 데리고 나가는 것은 아주 중요한 학습 경험이다. 아이들은 소위 '무대 뒤'를 방문하게 해주는 동네 소방서나 빵집, 식당까지 걸어가볼 수 있다. 또 유치원에 특별한 '손님'이 올 수도 있다. 공연을 보여주는 사람처럼 말이다. 또 어떤 손님들은 아이들과 함께 노래를 부르거나 율동을 할 수도 있다. 이런 활동 외에도 할로윈 가면을 만드는 것부터 부활절 달걀에 색칠을 하는 것까지 종류를 바꿔가며 여러 활동을 하는 것은 아이들에게 다채롭고 흥미로운 경험이 된다.

모든 유아교육 시설이 앞서 설명한 요소들을 모두 갖추기란 쉽지 않다. 예컨대 몬테소리 유치원들은 보통 블록이나 그림판, 숫자 놀이용 구슬, 개념 학습용 그림 등이 풍부하다. 반면에 연극 재료, 모래 상자 등은 부족할 수 있다. 하지만 집에서 충분한 놀이 시간을

---

* 우리나라의 《뽀뽀뽀》 같은 유아용 교육 프로그램이다.

갖고 있고 놀이 재료 역시 풍부하다면 이런 것은 문제가 되지 않을 것이다. 중요한 것은 학습 재료들이 나이에 적합하고 아이들을 자극하며 장시간 아이들의 지적 관심을 잡아둘 수 있어야 한다는 점이다.

지금까지는 건강한 교육 프로그램에 초점을 맞춰 이야기했지만 나이에 맞지 않는 프로그램의 기준들도 이야기할 필요가 있다. 아이들이 '옳은' 답을 채워야 하는 문제가 쓰인 숙제장이 있다면 아주 나쁜 신호다. 건강한 유아교육에 숙제장은 해당되지 않는다. 물론 유아들도 글자나 숫자를 만들고 문제를 푸는 연습을 시작할 수 있다. 하지만 이런 일은 숙제장 없이 해야 한다. 어린아이들은 문제에 정답이 있다는 것을 배우기에 앞서 주도성, 자율성, 근면성, 자신감 등을 먼저 배워야 한다.

또 하나 유심히 지켜보아야 할 것은 반복 훈련이다. 반복 훈련이 위험한 이유는 유아들이 암기식 학습에 고정될 수 있기 때문이다. 유아기는 아이들이 학습 방식을 정립하는 시기다. 그런데 (흥미 영역들처럼) 다양한 방식을 활용하라고 격려하지 않는다면 아이는 특정 학습 방식에 고정될 수 있고 이것은 이후에도 아이에게 불리하게 작용할 수 있다. 예컨대 내가 작은 학교를 운영했을 때 여덟 살 된 아이가 한 명 있었다. 이 아이는 유치원 때부터 반복 훈련으로 배워온 아이였다. 아이는 모든 과제를 암기식 학습의 연습처럼 접근했다. 우리는 1년간 애를 먹고서야 이 아이에게 다른 학습 방식을 활용하게 할 수 있었다.

지금까지 자녀를 위한 건강한 교육 프로그램을 고르기 위해 살

퍼봐야 할 것들을 알아보았다. 사실 위에서 설명한 요건들에 완벽히 부합하면서도 편리하고 비싸지 않은, 그런 이상적인 프로그램은 없다. 하지만 이 모든 요소를 갖추지 못했을지라도 건강한 교육 프로그램은 아이에게 도움이 될 것이며 부모로부터 떨어진 스트레스를 줄여줄 것이다. 반면에 아이를 스트레스가 높은 공부 중심 프로그램에 참여시키는 것은 타협이 아니라 사회적 압력이나 개인적 불안 혹은 둘 다에 굴복하는 일이 될 것이다. 건강한 교육이라는 개념에는 결코 타협이 있어서는 안 된다.

🌸 유치원 입학과 나이 효과

아이의 근면성과 자신감이 열등감과 무력감보다 강해질지를 결정하는 데는 유치원과 초등학교 1학년 때의 경험이 결정적인 역할을 한다. 이때의 심리사회적 위기가 어떤 식으로 해소되느냐에 따라 장기적으로 아이의 학업적, 직업적 성공이 큰 영향을 받는다. 따라서 아이가 유치원과 1학년 때 긍정적이고 성공적인 경험을 가질 수 있도록 모든 노력을 다하는 것은 아무리 강조해도 지나치지 않을 만큼 중요한 일이다.

유치원과 1학년 교실에서 가장 어린 아이(생일이 가장 늦은 아이)가 같은 반의 가장 나이 많은 아이(생일이 가장 빠른 아이)보다 잘해내지 못한다는 것은 모두가 아는 사실이다. 앞으로 보게 되겠지만 유치원에서 가장 어린 아이와 가장 나이 많은 아이가 각각 네 살, 다섯 살이냐 다섯 살, 여섯 살이냐는 사실 중요한 문제가 아니다. 교육과정은 언제나 가장 어린 아이가 아니라 가장 나이 많은 아이에게 맞춰진 것처럼 보이기 때문이다. 유치원에서는 가장 나이 많은 아이의 나이에 맞춰 교육과정의 요구 수준도 높아진다.

유치원들은 여러 가지 방법으로 이 '나이 효과'에 대처해보려고 애썼다. 벌써 수십 년 전에 일부 유치원에서는 A, B 시스템을 채택했다. 겨울과 봄 출생인 아이들은 1월에 유치원을 들어가서 12월에 마치고, 여름과 가을 출생인 아이들은 가을에 유치원을 들어가 7월에 마치는 시스템이었다. 하지만 이 방법은 너무 번거로워 폐기되었다. 그럼 이제 요즘 유치원들은 나이 효과에 대응하기 위해 프로그램에서 어떤 방법들을 시도하고 있는지 몇 가지 살펴본 후 부모들은 어떤 선택을 할 수 있을지 알아보자.

🌸 학교와 나이 효과

유치원들은 나이 효과를 해결해보려고 갖가지 방법을 시도해왔다. 유치원 입학 연령을 바꾸기도 하고 '이행반'을 운영하기도 한다. 또 전체 아이들에게 '준비도' 검사를 의무화하기도 하고, 유치원이나 1학년에 입학할 아이들 모두에게 선별 작업을 하기도 한다.

입학 시기
지난 30년간 유치원들은 입학 연령을 계속 높여왔다. 에듀케이셔널리서치 서비스ERS에 따르면 1958년 당시 대부분의 주에서는 12월이나 1월까지 5세가 되는 아이들만 그 전 가을에 입학을 허가했다. 1985년에는 11월 1일 이후에 태어난 아이들은 가을에 유치원 입학을 허가하지 않는 주가 80퍼센트가 넘었다. 심지어 미주리 주와 콜로라도 주 등의 일부 학군에서는 입학 연령을 여름 출생자까지로 늦추고 있다.

입학 연령이 이렇게 올라가는 데는 많은 이유가 있다. 먼저, 비록 많은 지역에서 아직 의무교육은 아니지만 공공 지원을 받는 유치원들은 이제 모든 주에서 공립 교육의 일부가 됐다. 유치원에 입학하는 아이들의 수가 늘어나면서 입학 자격 조건도 명확해졌는데, 입학 연령을 높이면 더 어리거나 준비가 덜 된 아이들의 유치원 입학을 제한할 수 있다.

하지만 안타깝게도 유치원 입학 연령을 높이는 것이 언제나 원했던 결과를 가져오는 것은 아니다. 유치원이 보편화되자 초등학교 1학년 교실에 들어오는 아이들에 대한 교사들의 기대 수준도 높아졌다. 1학년생 가운데 유치원에 다닌 아이가 일부에 불과했을 때는 교사들이 모든 신입생이 글자를 알고, 10까지 수를 세고, 친구들과 협동할 수 있을 거라고 기대하지 않았다. 그래서 과거 1학년 교사들은 아이들마다 학과 능력과 사회적 능력의 수준이 다양할 것이라고 생각하고 유연하게 대처할 준비가 되어 있었다.

하지만 이제 유치원이 보편화되자 1학년 교사의 기대는 보다 단일화되었다. 1학년 신입생들이 모두 유치원을 다녔으므로 글자의 소리나 셈하기, 협동 등은 당연히 알아야 했다. 이제 이런 공부 능력과 사회적 능력이 없는 1학년은 결함이 있는 것으로 간주됐다. 그리고 1학년에 대한 이런 새로운 요구가 유치원 교육의 성격을 바꿔놨다. 이제 유치원 교사들은 아이들에게 반드시 1학년 준비를 시켜야 한다고 느끼게 됐다. 사정이 이렇다보니 유치원 교사들은 과거에 비해 정규교육을 더 많이 할 수밖에 없게 됐다.

유치원이 보육 시설이라기보다 공인된 공공 교육의 일부로 변질되자 부모들의 기대 역시 바뀌었다. 아이가 집으로 숙제를 가져오지 않으면 아이가 아무것도 배우지 않는다고, 유치원이 제 할 일을 안 하고 있다고 느끼는 부모들이 생겼다. 1학년 교사들과 마찬가지로 이제 부모들도 아이가 유치원을 마칠 때까지 1학년에 대비한 일정 수준의 공부 목표를 달성하길 바란다.

이제 우리는 사실상 신개념의 '공부 중심' 유치원을 갖게 됐다. 유능한 아이 개념과 마찬가지로 이 새로운 유치원도 아이에게 좋은 교육이 무엇인가에 관한 지식을 기초로 만들어진 것이 아니라 사회적, 경제적 고려에 따라 만들어진 것이다. 이미 지적했듯이 여러 비교문화적 자료들은 정규 학교교육을 늦게 도입하는 것이 빨리 도입하는 것보다 이롭다는 사실을 분명히 보여주고 있다. 하지만 유치원을 보다 공부 중심으로 만들면서 우리는 상당수의 유치원 아이들이 잘못된 교육을 겪게 만들고 있으며 그 아이들의 근면성과 자신감을 위태롭게 만들고 있다.

결국 유치원 입학 연령을 높이는 것은 원했던 결과를 가져오지 못했다. 더 어린 아이들을 입학시키지 않음으로써 애써 얻었던 것을 입학한 아이들의 학과 부담을 높임으로써 다시 잃어버린 것이다.

이행반

아이들과 1학년 교육과정 사이의 불일치 문제를 프로그램적으로 해결하기 위해 만든 또 다른 전략은 '이행반' 또는 '전前 1학년반'의 설치다. 이런 학급이 만들어진 것은 아이가 유치원을 '반복'한다는 낙인을 피하는 동시에 아이를 1학년에 한 단계 더 가깝게 준비시키려는 데 있다. 하지만 아무리 이런 식으로 유치원에서 '낙제'한 사실을 가려도 아이들은 속아 넘어가주지 않는다. 그런데도 대다수의 부모와 교사들, 행정가들은 아이에게 유치원을 반복시키면 아이가 학교의 요구에 적응하며 생기는 성숙 문제를 해결할 수 있을 거라고 믿는다.

하지만 안타깝게도 현재 나와 있는 이행반 효과에 관한 연구 결과들은 이런 '시간이 주는 선물'[1]의 관점을 뒷받침하지 않는다. 그레델러[2]는 이행반이 학교 성적에 미친 영향을 조사했던 다섯 개의 연구 결과를 검토했는데, 이행반이었던 아이들이 곧장 1학년이 된 아이들보다 학업 성적이 눈에 띄게 좋았던 경우는 단 하나뿐이었다. 그 외 연구들이 밝힌 내용에 따르면 1학년이 될 만큼 성숙하지 않거나 준비가 되지 않아서 유급된 아이들은 같은 평가를 받고도 유급되지 않았던 아이들에 비해 성적이 조금도 낮지 않았다.[3]

이행반 연구들을 검토한 셰퍼드와 스미스는 다음과 같은 결론을 내렸다.

호언장담에도 불구하고 1학년이 되기 전에 1년을 더 보낸다고 해서 문제가 해결되지는 않는다. 이들 프로그램에 다니는 아이들은 똑같은 위험에 놓였으나 1년을 더 다니지 않은 아이들에 비해 사실상 아무런 이점도 보여주지 않는다. 오히려 진급하지 못한 데 대한 정서적 대가를 치러야 하는 경우가 많다. 부모와 교사가 아이에게 그 결정을 아무리 조심스럽게 전한다고 하더라도 말이다.[4]

검사

반에서 가장 어린 아이가 겪을 수 있는 피해를 검사를 통해 막을 수 있을까? 이런저런 검사를 통해 아이가 유치원에서 성공적으로 적응할지 못할지를 알 수는 없을까? 많은 학교 시스템들이 실제로 이게 가능하다고 생각한다. 그래서 아주 다양한 종류의 검사를 통해 아이가 학교에 들어갈 준비가 되었는지 평가하고, 아이의 성과를 측정하고, 장차 학습 장애를 겪을 수 있는 아이들을 가려내보려고 한다. 1977년 뉴욕 주에 있는 177개 학군을 대상으로 실시한 설문 조사에 따르면 이런 심사에 사용된 검사와 절차는 151가지나 되었다. 또 미시건 주에서 1984년 실시한 설문 조사에 따르면 미취학아동과 유치원생, 1학년생을 평가하기 위해 사용된 검사의 종류도 111가지였다.

'준비도 검사'는 기본적으로 일반적 능력을 측정하는 것이며 지능검사와 유사하다. 예컨대 게셀 (준비도) 검사는 아이의 사회적, 정서적, 운동적, 지적 성숙도를 상대평가하도록 설계되었다. 이런 검사에서는 아이의 점수를 같은 나이의 대규모 아이들의 점수와 비교한다. 같은 연령대의 기준 점수 이하를 받은 아이들은 나이에 비해 '어린' 것으로, 그래서 아마도 아직 유치원이나 학교에 갈 준비가 되지 않은 것으로 여긴다. 안타깝게도 준비도 검사는 지능검사와 상관성을 보여주었다. 이 말은 곧 준비도에서 낮은 점수를 받은 아이는 미성숙했거나 정신 능력이 낮을 수 있다는 뜻이다.

준비도 검사는 아이가 저학년 때 어떤 성적을 받을지에 대해서는 잘 예측해주지 못한다. 이는 검사 자체와 학교교육의 상황과 일부 관련이 있다. 어린아이들은 시험을 잘 치르지 못한다. 검사관이 아주 노련하지 않은 이상 아이의 능력을 제대로 읽어내지 못할 가능성이 제대로 읽어낼 가능성만큼이나 크다. 또한 검사 결과는 실제 학교 환경처럼 아이가 자신보다 더 성숙하거나 덜 성숙한 아이들과 함께 배치되었을 때 어떤 모습을 보일지에 대해서는 알려주지 않는다.

'성취도 검사'는 읽기나 수학 같은 특정 영역에서 아이가 얼마나 능숙한지를 평가해보려는 검사다. 널리 이용되고 있는 '메트로폴리탄 성취도 검사'가 그 좋은 예다. 이 검사는 '성취도' 검사라고 되어 있지만 실제로는 읽기와 수학 분야에서 아이의 현재 능력 수준을 알려준다. 따라서 이 검사는 아이의 실력에 맞춰 교육하려는 교사에게는 유용하다. 교사가 검사 결과에 따라 실제로 맞춤식 교육을 할 수 있는 자유와 시간과 에너지가 있느냐는 별개의 문제지만 말이다.

'선별 검사'는 특수 교육이 필요한 아이들을 찾아내는 데 사용된다. 이런 테스트는 학습을 저해할 수 있는 시력과 청력 장애가 있는지 알아보기 위해 으레 실시하는 시력, 청력 검사와 비슷하다. 매카시 선별 검사는 학습 장애 가능성 때문에 치료가 필요한 아이들을 찾아내는 것을 목표로 하는데, 이런 검사는 잘 교육받은 노련한 검사관이 실시한다면 유용할 수 있지만 학습 장애 가능성에 관해 거짓 신호를 줄 가능성도 크다.

전국의 학교에서는 준비도나 성취도, 학습 장애 가능성을 측정하기 위해 이런저런 검사들을 널리 사용하고 있지만 모두 한계가 있다. 비용과 시간은 많이 들지만 전반적으로 투자한 것만큼의 결과를 보장하지는 않는 것으로 보인다. 준비도 검사의 기본적인 오류는 문제가 아이와 학교 프로그램 사이의 적합도에 있다고 보는 것이 아니라 아이 자신에게 있다고 본다는 점이다.

✿ 나이 효과에 대처하는 부모의 선택

나이 효과에 대처하기 위해 학교가 제시하는 것 외에도 부모에게는 몇 가지 선택권이 있다. 그중 하나는 아이가 학교의 요구에 부응할 준비가 되어 있지 않다고 느낄 경우 아이를 집에 두는 방법이다. 또 다른 방법은 아이의 다양한 성숙 수준에 맞출 수 있는 충분히 유연한 교육과정을 가진 사립 유치원과 학교에 아이를 입학시키는 것이다.

입학 늦추기

자녀가 여름이나 가을 출생일 경우 부모들은 아주 어려운 결정을 내려야 한다. 아이를 그해 가을에 유치원에 보내 반에서 가장 어린

아이를 만들 것인가 아니면 1년을 기다려서 가장 나이가 많은 아이로 만들 것인가 하는 결정이다. 아이의 유치원 입학을 미루는 것은 아이를 학교에서 유급시키는 것과는 많이 다르다. 아이가 일단 학교에 입학하고 나면 나중에 학년을 반복하거나 이행반으로 옮긴다고 해도 실패에 따른 부정적 효과는 되돌려지지 않는다.

하지만 입학 자체를 미루는 것은 완전히 다른 문제다. 유치원 입학을 미룬 아이는 그 시간 동안 집에 있건 외부 시설에 있건 실패를 경험하는 것은 아니기 때문이다. 연구 결과들이 일관되게 보여주는 결론은 유치원 학급에서 가장 나이 많은 아이가 가장 어린 아이보다 학업적으로나 사회적으로 더 잘해낸다는 것이다.[5]

미시건 주 그로스 포인트에서 실시된 연구가 참고할 만하다. 그로스 포인트의 학교들은 14년간의 추적 조사를 실시한 후 영재아들의 조기 입학 제도를 폐지했다. 그 이유는 다음과 같다.

1. 조기 입학 아동의 거의 3분의 1은 적응을 잘 못한 것으로 드러났다.
2. 실험이 끝났을 때 조기 입학자들 가운데 뛰어난 리더로 판단된 아동은 20명 중 1명뿐이었다.
3. 거의 4명 중 3명은 리더십이 완전히 부족했다.
4. 영재아 입학생 4명 중 1명 정도는 학교에서 평균 이하이거나 유급을 당했다.[6]

입학 연령의 효과는 절대적인 것이 아니라 상대적이라는 점을 강조해야겠다. 하와이에서 실시된 한 연구가 이 점을 잘 보여준다.

하와이에서는 학교 입학자를 12월 31일생을 기준으로 자르는데, 하와이 소재 학교의 학생 15만 4,000명의 성적을 검토한 결과 12월생들은 학습 장애로 진단받을 확률이 1월생보다 2배나 높았다.[7]

뿐만 아니라 반에서 가장 어리기 때문에 받았던 영향은 나이가 든다고 해서 사라지지 않는다. 오하이오 주 와파코네타에서 실시된 한 연구는 여름 출생자들 가운데 5세가 된 직후 유치원에 입학한 아이들과 그렇지 않은 아이들을 비교했다. 조사 대상 학생들은 모두 3학년을 마쳤고 일부는 6학년을 마쳤다. 결과는 매우 인상적이었다. 남자아이들의 경우 입학을 미뤘던 아이들 가운데 79퍼센트가 평균 이상의 성적을 받은 반면 일찍 입학한 아이들은 27퍼센트만이 평균 이상의 성적을 받았다. 여자아이들의 경우는 늦게 입학한 아이들의 71퍼센트가 평균 이상의 성적을 받은 반면 조기 입학한 아이들은 22퍼센트만이 평균 이상이었다.[8]

결론은 분명하다. 유치원 반에서 가장 나이 많은 아이는 가장 어린 아이보다 학업에서 더 잘해낼 가능성이 훨씬 높다. 그렇다면 여름이나 가을 출생자들의 경우 입학을 늦출 이유가 충분한 셈이다. 하지만 안타깝게도 아이를 1년 더 학교 밖에 둘 형편이 안 되는 부모들에게는 입학을 늦추는 것이 가능하지 않은 선택일 수도 있다.

사립학교

공립학교에서 제공하는 교육에 만족하지 못하는 일부 부모는 다른 선택을 내릴 수도 있다. 몬테소리나 발도르프 학교 같은 프로그램과 다수의 사립학교는 아이가 혼자서 적응해야 하는 부담을 줄이고 프로그램이 아이에게 맞출 수 있도록 작은 수업 규모와 개별 지도, 유연하고 아동 중심적인 교육과정 등을 제공한다.

몬테소리 학교: 몬테소리 학교는 이탈리아의 유명한 의사이자 교육자인 마리아 몬테소리의 업적에서 시작되었다. 몬테소리 학교는 유아의 독특한 학습 방식을 잘 염두에 두고 있으며 유아 학습의 조작적이고 침투적인 성격에 맞는 다양한 학습 재료를 고안했다. 몬테소리의 학습 재료는 자기 명시적이어서(퍼즐을 맞출 때 아이들은 자신이 저지른 실수를 직접 볼 수 있다) 아이들이 스스로 학습 방향을 정하고 책임질 수 있다. 아동 크기의 의자와 테이블을 유아교육에 도입한 사람도 몬테소리였다.

몬테소리 학교는 공부 중심이라는 명성을 갖고 있다. 맞는 말이지만 어디까지나 건강한 의미에서다. 아이들은 유치원 수준의 읽기와 쓰기를 접하지만 매우 조작적인 방식이다. 예컨대 아이들은 까칠한 재료로 쓰인 글씨를 식별해서 나무로 만든 글자들을 조합해 단어 쓰는 법을 배운다. 또 통문자로 된 기능어(예컨대 '정지', '가시오' 등)를 배우고 난 후 모양과 색깔에 대한 단어를 배운다. 한편 같은 몬테소리 학교라도 실제로는 매우 다양한 형태가 있다. 다만 교사들은 모두 잘 교육받은 사람들이고, 교육과정은 유연하고 아동 중심적이며, 아이들은 각자의 속도에 맞춰 진도를 나갈 수 있다는 공통점이 있다. 이제 몬테소리 학교는 초등학교까지 이어지기도 하며, 때로 고등학교까지 이어지는 곳도 있다.

발도르프 학교: 발도르프 학교는 독일의 철학자이자 교육자인 루돌프 슈타이너의 저술과 업적에서 시작됐다. 슈타이너는 학교에서 지나치게 공부를 강조하는 것이 못마땅했다. 그는 아이들의 미적 측면이 간과되고 있다고 느끼고 지능과 함께 미적 측면도 발달시켜야 한다고 생각했다. 발도르프 학교는 아이의 모든 작업에서 창의성을 강조한다. 교사와 아이들은 교육과정과 책을 직접 만들어낸다. 한 교사가 같은 그룹의 아이들과 길게는 8년까지도 함께하는데 이러한 과정을 통해 교사 역시 아이들과 함께 성장한다는 점에서 훌륭한 교육과 학습의 좋은 예를 보여준다.

기타 사립학교들: 많은 사립학교들이 작은 규모의 부담 없는 수업을 제공함으로써 아이들이 각자의 속도에 맞춰 공부를 시작할 수 있게 한다. 일부 학교에서는 '다연령 수업'을 하기도 하는데, 한 교사가 유치원생과 초등학교 1학년생을 함께 가르치는 방법이다.

다연령 수업에는 많은 이점이 있다. 첫째, 연말까지 한 아이를 완전히 알게 된 유치원 교사가 그 아이를 1학년 교사에게 보내면 1학년 교사는 처음부터 다시 시작해야 한다. 하지만 같은 아이를 2년간 맡으면 아이가 무엇을 배웠는지 교사가 제대로 알 수 있다. 둘째, 아이들의 능력이 매우 다양할 것이므로 어떤 아이든 자신에게 맞는 소그룹을 찾을 수 있게 된다. 마지막으로 첫해에 가장 어렸던 아이가 다음 해에는 가장 나이 많은 아이가 되므로 나이 많은 아이의 장점을 경험할 수 있다.

아이를 사립학교에 보내기 전에는 여기저기를 둘러보기 바란다. 몬테소리 학교도 가보고, 발도르프 학교도 가보고, 다른 사립학교도 방문해보라. 수업 내용을 물어보고 교실도 방문해보라. 훌륭한 유치원 교실이란 앞서 설명한 건강한 교육 프로그램의 요건을 많이 갖춘 곳이다. 유치원 교사와 상담을 할 때는 그 교사의 일반적인 목표가 무엇인지, 연말까지 아이가 무엇을 성취하길 바라는지 물어보라. 아주 많은 자세한 목표(통문자 50개, 색깔 네 가지, 기하 형태 네 가지를 익히게 하겠다)를 가진 교사보다는 대여섯 가지의 일반적 목표(글자의 소리와 숫자를 익히게 하겠다)를 가진 교사가 더 좋다. 왜냐하면 후자의 교사는 정해진 교육과정보다는 개별 아이를 우선시하기 때문이다.

🌸 결론

여름 또는 가을 출생인 아이를 1년간 집에 둘 수 있거나 사립학교에 보낼 수 있는 부모는 그럴 만한 경제적 여유가 없는 부모에 비해 분명 이점이 있다. 이것은 학교가 나이 효과라는 문제에 제대로 대처하지 못해서 생긴 매우 불공평한 현실이다.

입학 연령을 올린다거나 이행반을 만든다거나 준비도 검사 혹은 선별 검사를 의무화하는 등의 정책 변경으로는 이 문제를 해결할 수 없다. 이런 정책 가운데 그 어느 것도 진짜 문제를 다루고 있지 않기 때문이다. 진짜 문제는 융통성 없고 공부 부담이 큰 교육과정이 요즘 유치원에 널리 보급되어 있다는 점이다. 따라서 공평한 해결책은 부모나 아이가 아니라 학교에서 찾아내야 한다.

나이 효과에 대한 정책적 해결책으로서 유급이나 이행반을 인정해서는 안 된다. 하지만 개인 차원에서 보면 특정 학교의 특정 아이에게는 유급이나 이행반이 최선의 대안일 수도 있다. 이런 결정은 각각의 아이에 대한 평가와 유치원과 이행반의 수준, 아이가 그 결정을 편안하게 받아들이는지 여부 등을 고려해서 내려야 한다. 결정을 내리는 사람은 어른일 수밖에 없지만 유급되거나 이행반으로 갈 가능성에 대해 아이는 어떤 반응을 갖고 있는지 반드시 들어보아야 한다. 한 예로 이행반에 너무 칭얼거리고 욕심쟁이인 아이가 있다고 차라리 유급시켜달라고 말한 아이도 있었다. 유급이나 이행반과 관련해서는 어떤 결정이 되었든 아이의 의견을 반드시 반영해야 한다.

학교는 유치원과 1학년 교육과정을 2, 3학년 교실이 아니라 유아 교실과 비슷하게 바꿈으로써 유치원생들이 겪는 어려움을 없앨 수 있다. 초등교육이 지배하고 있는 유치원과 1학년 교육을 '해방' 시키려면 학년과 숙제장을 없애고 유아교육을 전공한 교사들을 배치하는 방안도 동반되어야 한다. 장기적으로 볼 때 학교에 널리 퍼져 있는 잘못된 유아교육을 없애는 데는 지금 쓰고 있는 임시방편적 해결책보다는 이런 유치원과 1학년의 '해방' 노력이 훨씬 효과가 있을 것이다.

부모들이 흔히 하는 질문

9장은 나 자신에게 다시 한 번 기회를 주려고 마련한 장이다. 지난 몇 년간 나는 미국과 캐나다 전역에서 부모들과 교육자, 건강 전문가들을 대상으로 많은 강연을 했다. 강연에서는 이 책에 나와 있는 내용의 상당 부분을 압축적으로 다루었고, 시간과 여건이 허락하면 강연이 끝난 뒤 질의응답 시간도 가졌다. 하지만 아쉬움도 많았다. 시간이 지난 뒤 내가 했던 답변들을 떠올리며 '다르게 답할걸', '더 철저하게 답할걸' 했던 적이 한두 번이 아니었다. 그래서 이번 장에서는 내가 받았던 질문들 가운데 몇 가지에 대해 다시 한 번 답해보려고 한다. 다행히도 이번에는 곰곰이 생각할 시간이 충분했다.

❣ 선생님께서는 어린아이에게 읽기와 수학을 가르치면 안 된다고 하셨는데요, 하지만 아이가 읽기를 가르쳐달라고 하면 어떻게

해야 하나요? 저희 딸은 계속 저에게 글자의 이름과 소리를 물어보았고, 인쇄된 단어들을 보면 어떻게 읽냐고 물었습니다. 그러다가 어느 틈에 아이는 글을 읽고 있었어요. 혼자서 깨친 거예요! 아이에게 글자의 이름과 소리를 알려주지 말았어야 하나요? 단어들의 뜻도 알려주지 말았어야 하는 건가요?

A 부모님께서 아주 잘 대응하셨다고 생각합니다. 스스로 읽고 싶어하는 아이를 가로막아서는 안 됩니다. 아이가 읽기를 시작하고 싶어하면 도와주고 격려해줘야 합니다. 정보를 요구하는 아이에게 적절히 답해주는 것은 절대로 잘못된 교육이 아닙니다.

하지만 자녀분은 예외에 해당하네요. 유치원에 가기 전에 글을 이해하면서 읽는 아이는 고작 1에서 3퍼센트밖에 되지 않습니다. 대부분의 아이는 5, 6세가 넘어가기 전에는 읽기의 원리에 관심을 보이지 않습니다. 아이가 그쪽으로 관심을 보이지 않는데 그런 원리들을 가르친다면 잘못된 교육을 하는 게 됩니다.

Q 규율은 어떻게 해야 하나요? 신뢰와 자율성, 근면 등에 관해 말씀하시면서 규율에 대해서는 전혀 말씀이 없으시네요. 마치 아이들은 절대로 잘못된 행동을 하지 않으니까 우리는 응원과 격려만 해야 한다는 얘기처럼 들립니다. 저희는 딸아이를 응원하고 격려하지만 딸아이는 여전히 우리에게 반항하고 우리를 힘들게 합니다. 응원과 격려가 듣지 않을 때는 어떻게 해야 하나요? 그만 잠을 자라고 하거나 물건을 치우라고 해도 아이가 말을 듣지 않을 때 제가 쓸 수 있는 요령 같은 것이 있을까요?

A 규율은 태도이지 요령이 아닙니다. 부모가 상황을 통제하고 있다고 느끼면 그 감정은 어떤 식으로든 아이에게 전달됩니다. 반면에 부모가 아이의 행동을 통제할 수 있을지 어떨지 자신 없어 하면 이런 감정 역시 아이에게 고스란히 전달됩니다. 아이의 발달단계와 생각과 감정 그리고 아이가 어떤 심리 단계에 있는지 알면 좋은 점 중의 하나가 상황을 훨씬 잘 장악하고 있다는 느낌을 가질 수 있다는 겁니다.

그러나 안다는 사실만으로는 충분하지 않습니다. 우리 자신의 자신감, 할 수 있다는 느낌이 중요합니다. 언제나 둘째아이가 첫째 아이보다 훨씬 키우기 쉬운 것은 바로 이 때문이죠. 한 번 해본 것에 대해서는 훨씬 노련하고 능숙해지니까 다양한 상황을 감당할 수 있다는 자신감도 훨씬 커지지요. 그리고 이런 자신감은 아이에게도 그대로 전달됩니다. 그렇다고 해서 부모의 권위를 행사할 필요까지 사라지는 것은 아니지만 권위를 행사하기가 훨씬 쉬워집니다. 저는 강연을 할 때 아무도 선뜻 질문을 하지 않으면 이렇게 말합니다. "이제 두 번째 질문을 받아보죠." 정말 많은 부모들이 둘째아이부터 시작할 수 있으면 좋겠다고 느낄 거예요.

하지만 일반적으로 규율을 잡는 데 가장 중요한 것은 부모님의 마음 상태입니다. 부모를 이기는 아이들을 보면 언제나 부모들 스스로 통제를 못하겠다는 느낌을 갖고 있어요. 속으로 되뇔 부분은 당신은 어른이고, 아이는 아이일 뿐이라는 점입니다. 책임자도, 통제할 수 있는 사람도, 부모지 아이가 아닙니다. 그리고 아이들은 책임자도, 통제하는 사람도 되고 싶어하지 않아요. 부모가 통제권을 넘겨주면 받기야 하겠지만 아이도 부모만큼이나 겁이 날 겁니다. 최고의 규율은 부모의 의지를 말로 표현하고, 말한 것은 의지로 보여주는 것입니다.

Q 선생님께서는 잘못된 교육을 상당히 우울하게 묘사하시는데요, 정말로 우리가 아이에게 그렇게 나쁜 짓을 하고 있는 건가요? 아이에게 명품 옷을 입히고 체육관에 보내고 음악 수업을 시킨다고 쳐요. 그게 뭐가 그렇게 끔찍한 일인가요? 아이를 버리고, 학대하고, 유기하고, 거부하는 부모들도 있잖아요? 아이에게 그렇게 많은 것을 해주는 우리 같은 부모는 '좋은 사람'인데, 선생님은 왜 그 '나쁜 사람'들은 비난하지 않고 우리를 비난하는 것인지 도무지 이해가 안 가네요.

A 여러분이 좋은 사람이라는 점이 바로 문제니까요. 미성숙하고 이기적이고 잔인한 사람들이 자녀에게 해를 끼친다면, 그건 범죄죠. 하지만 아이를 사랑하고, 돌보고, 좋은 의도를 가진 부모들이 아이를 아무 이유 없이 위험하게 만든다면, 그것은 비극입니다. 물론 아이에게 명품 옷을 입히고 체육관이나 음악 수업에 보내는 것은 전혀 잘못된 일이 아닙니다. 하지만 좋은 것도 잘못 쓰이면 나쁜 것이 되는 게 현실입니다. 우리가 아이의 정신 건강을 위험하게 만드는 것은 오직 너무 일찍, 잘못된 이유로 그런 사치나 수업을 제공할 때입니다.

Q 하지만 정말로 지금 여기 모인 부모들 가운데 일부는 자녀에게

나쁜 일을 하고 있다고 생각하시나요?

A 꼭 그렇지는 않습니다. 제 책을 읽고 제 강연에 참석하는 부모님들은 대개 제가 옹호하는 양육 철학과 가치에 동의하는 편이지요. 여러분이 제 책을 읽고 제 강의에 오신 것은 여러분이 옳다고 느끼는 것을 지지해줄 사람을 원하기 때문입니다. 여러분과 생각이 다른 이웃들이나 친구가 많으니까요. 그래서 저는 여러분이 확신할 수 있게 자료와 논거를 제시하려고 최선을 다합니다. 가끔은 망설이고 있는 부모님들을 건강한 교육 쪽으로 돌려세우는 데 성공할 때도 있습니다. 하지만 제가 정말로 제 말을 전하고 싶은 부모님들은 결코 제 말을 듣지 않으리라는 것도 알고 있죠.

Q 아이를 압박하는 것에는 반대하시는 것 같은데요, 하지만 압박이라는 게 필요할 뿐만 아니라 아이에게도 좋은 것 아닌가요? 성공한 운동선수들을 보면 독하게 훈련시킨 코치가 있고, 성공한 사업가들에게도 몰아붙인 부모가 있는 경우가 많잖아요. 저는 아이를 닦달하지 않으면 아이가 뭐든 쉽게 생각하고 인생에서 아무것도 이루지 못할까봐 걱정이 됩니다. 언제 몰아붙여야 하고 언제는 그러지 말아야 할지 어떻게 알 수 있나요?

A 아마 지금 하신 질문이 자녀 양육에서 가장 어려운 문제가 아닐까 싶습니다. 아이가 음악 수업을 듣지 않으려고 하면 억지로 듣게 해야 할까요? 아이가 숙제를 제대로 하지 않으면 빨리 끝내라고 야단을 쳐야 할까요? 아이가 사교성이 없으면 친구들과 놀라고 강요해야 하는 걸까요? 그리고 일단 아이를 압박하기로 마음먹었

다면 대체 어떤 방법을 취해야 하는 걸까요? 보상을 제시해야 할까요, 벌을 주겠다고 협박해야 할까요, 아이 자신을 위한 일이라고 설득해야 할까요, 아니면 죄책감과 공포심을 이용해야 할까요?

이런 것들은 모두 어려운 질문이라서 간단하고 쉬운 답이란 없습니다. 유일한 가이드라인이 있다면, 부모님 자신의 동기를 점검해보라는 거예요. 여러분이 가장 신경 쓰는 게 정말로 아이를 위한 것인가요? 아니면 다른 개인적인 동기나 포부가 결정적인 요인인가요? 정말로 아이를 위한 최선을 걱정해서 그런 것이라면 어떤 방법을 동원하든, 아이를 몰아붙여도 해가 되지는 않을 겁니다. 여러분이 그렇게 애를 쓸 만큼 아이를 아낀다는 사실이 아이에게 그대로 전달될 거예요. 무관심이 훨씬 나쁘니까요.

반면에 부모 자신의 동기가 아이에 대한 최선보다 우선한다면 아이를 몰아붙이는 것은 해가 되기 십상입니다. 이용당하는 것을 좋아하는 사람은 없지요. 아이가 무언가를 해내야 한다는 압박을 받고 있는데, 그것이 본인을 위한 일로 포장되어 있지만 실상은 부모의 욕구를 만족시키려는 것이라면, 결국에는 아이도 진실을 깨닫게 됩니다. 그렇게 되면 아이는 부모의 동기뿐만 아니라 방법에도 반항할 거예요. 그리고 그 결과는 부모가 의도한 것과는 정반대가 되는 경우가 많지요.

Q 텔레비전은 어떻게 할까요? 유아들은 텔레비전을 얼마나 봐야 하나요? 어떤 프로그램이 '건강한' 프로그램이고, 어떤 것이 선생님이 말하는 '잘못된 교육'인가요?

A 5세 미만의 유아는 하루 두 시간 이상 텔레비전을 봐서는 안 됩니다. 대략 그렇다는 얘기이기 때문에 예외는 있지만 그래도 기억해두면 좋은 가이드라인입니다. 《세서미 스트리트》나 《미스터 로저스 네이버후드》 같은 프로그램, 디즈니에서 나온 영화들이나 프로그램이 유아에게 적당합니다. 경찰 수사극 같은 것은 유아들에게 건강할 것 같지 않아요. 유아들은 거기에 나오는 폭력이 진짜가 아니라 연기라는 것을 제대로 모르기 때문에 어른들이 보는 것보다 훨씬 더 무서울 수가 있거든요. 아이들에게 그런 프로그램을 보여주는 것은 아무 이유 없이 무섭고 불안하게 만드는 일이죠. 아이들에게 그다지 교육적인 내용도 아니고요.

Q 선생님은 아이들이 수업을 받는 것에 반대하시는 것 같은데요, 저희 네 살배기 딸은 발레 수업을 받고 있고 아주 좋아합니다. 그렇다면 뭐가 잘못된 건가요?

A 일반적으로 말하면 저는 그게 발레든 테니스나 일본어든, 유치원생에게 정식 수업을 받게 할 필요는 없다고 생각합니다. 물론 아이는 분명 발레 수업을 즐기고 있을 겁니다. 또 아이의 선생님이 세심하고 충분히 잘 아는 분이라면 아마 해가 되지도 않을 거고요. 하지만 그렇지 않다면 아이가 다칠 위험도 있습니다. 유아들은 아직 뼈나 근육이 강한 운동을 하기에 충분히 성숙하지 못했으니까요. 발레나 스키, 테니스, 체조 등에서 필요한 근육들을 사용하기에는 말이죠.

제 생각으로는 그런 프로그램은 모두 유아에게 잘못된 교육이 된다고 생각합니다. 그런 수업을 받는다고 해서 지속적으로 득이 된다는 증거는 전혀 없고, 괜히 아이를 신체적인 부상 위험에 노출시키니까요. 아이들이 발레나 아이스스케이팅, 음악 등을 시작해서 결국 성공한 전문가가 되는 경우도 많다는 것은 저도 잘 압니다. 하지만 그들이 예외인 것이지 보편적인 경우는 아닙니다. 일찍 시작해서 성공한 경우보다는 일찍 시작해서 좌절과 불행 그리고 부상을 경험한 아이들이 훨씬 더 많습니다.

Ｑ 명문 유치원 입학에 대해 너무 단호한 태도이신 것 같습니다. 그런 유치원들 다수가 사립 명문 학교와 연계된 경우가 많고, 명문 유치원에 다닌 아이들은 나중에 명문 초등학교나 중고등학교에 들어갈 때도 혜택이 있는 경우가 많습니다. 그리고 좋은 사립학교에 들어가는 것은 아이가 명문 대학에 지원할 때 유리하고요. 그러니까 아이를 명문 유치원에 보내려는 부모들이 그렇게 멍청한 것 같지는 않은데요.

Ａ 말씀하신 것은 물론 사실입니다. 하지만 부모들이 아이를 명문 유치원에 보내려고 기를 쓰는 것을 제가 걱정하는 것은 그 이유가 잘못되었기 때문입니다. 만약 그 부모들이 명문 유치원이 질 높은 교육을 제공한다(실제로도 제공합니다)고 생각해서 아이를 등록시킨다면 전혀 문제가 되지 않을 거예요. 하지만 요즘에는 아이에게 일찍 공부를 시켜 경쟁에서 유리하게 만들어주겠다는 생각에서 명문 유치원에 등록하는 부모들이 너무나 많습니다. 아이로니컬하게도 그런 부모들은 명문 유치원에 공부 중심의 수업을 하라고 압력을

넣어 교육의 질을 망치고 있습니다. 실제로 원래의 사립학교는 양질의 교육을 제공하기 때문에 학생들이 대학에 들어갈 때 유리했던 것인데 말이죠.

Q 저는 이혼했고 네 살배기 아들이 있습니다. 전남편과 제가 공동 양육권을 갖고 있어요. 브라이언은 주중에는 저와 있고 주말이나 휴일, 여름방학에는 아빠에게 가 있습니다. 저는 아이를 재촉하지 말라는 선생님의 철학에 동의합니다. 그런데 전남편은 그렇지가 않아요. 아이가 공부 중심의 프로그램을 들어야 한다고 생각할 뿐 아니라 새 부인과 함께 집에서 아이에게 읽기를 가르치려고 하고 있어요. 저는 어떻게 해야 할까요?

A 지금 어머니께서 하실 수 있는 일은 지금 가진 생각을 그대로 고수하는 겁니다. 아이 아빠가 하는 일을 되돌릴 수는 없을 것이고, 아이 아빠의 교육철학을 바꾸기도 힘들 겁니다. 어머니께서 하셔야 할 일은 어머니와 함께 있을 때 브라이언에게 무얼 기대하는지 분명하게 알려주는 일입니다. 브라이언이 읽기 수업은 안 하냐고 물으면 이렇게 말씀을 해주세요. "여기서는 읽기 수업은 안 해도 돼. 네가 원하면 엄마가 읽어줄게." 아이 아빠나 아이 아빠의 교육 우선순위를 깎아내릴 필요는 없습니다(그리고 그래서는 안 됩니다). 어머니가 하실 일은 본인 집에서는 본인의 우선순위대로 행동하는 거예요. 브라이언 나이의 아이라면 그런 것을 충분히 잘 구분할 수 있습니다.

학교교육과 관련해서는 어느 정도 타협이 필요할 겁니다. 몬테소리 학교 정도면 타협이 되겠네요. 몬테소리는 아동 중심으로 부담을 주지 않는 교육을 하면서도 공부 역시 많이 포함하고 있으니까요. 그러면 두 분 모두가 받아들일 수 있겠죠.

Q 선생님께서 옹호하시는 유아교육은 좀 구식이 아닌가 약간 걱정이 됩니다. 지금 말씀하시는 것은 1980년대보다는 1950년대에 맞는 제안인 것 같아요. 요즘은 세상이 험하잖아요. 약물 남용이며, 온갖 범죄에, 이혼에, 좋은 학교에 들어가려면 경쟁이 치열하고, 취업 기회는 줄어들고, 핵전쟁 위협이나 무기 확산이나 환경오염 같은 것은 말할 것도 없고 말이죠. 선생님이 말씀하시는 교육으로 정말로 아이들이 이런 세상에 대한 준비가 될까요? 아이들을 더 일찍 교육시키려는 사람들이 맞는 게 아닐까요? 게다가 배울 것도 너무 많은데 일찍 배우는 것이 더 낫지 않을까요?

A 물론 말씀하신 것들은 맞는 얘기입니다. 요즘 세상은 5, 60년대와는 많이 다르죠. 그리고 제기하신 의문은 정말 중요한 질문이라고 생각합니다. 혹독하고 빠르게 변하는 세상에 아이들을 가장 잘 준비시킬 수 있는 방법은 무엇인가 하는 질문 말이죠. 말씀하신 반응은 요즘의 많은 부모들, 그리고 과거의 많은 부모들도 모두 갖고 있던 자연스러운 반응입니다. 급변하는 사회 변화에 뒤지지 않게 교육 속도를 올려야 할 것 같은 생각이 들지요.

하지만 혹독하고 빠르게 변하는 세상에 아이를 가장 잘 준비시킬 수 있는 방법이 조기에 정규교육을 도입하는 거라고 확신한다면 잘못된 생각입니다. 그런 생각을 뒷받침해주는 증거는 어디에도 없으니까요. 오히려 반대 증거가 상당히 많죠. 아이에게 일찍부터 공부를 시키는 것은 과거에도 소용이 없었고 지금도 마찬가지입니다. 예컨대 매사추세츠 주에서는 1800년대 초에 2세에서 4세 사이 아동의 30퍼센트 이상을 학교에 보내 읽기와 쓰기를 가르쳤습니다. 이런 조치가 나오게 된 건 사회가 농경 경제에서 산업 경제로 빠르게 변하고 있는데 아이들을 어떻게 해야 가장 잘 준비시킬 수 있을지 걱정했던 부모와 사업가들 때문이었죠. 지금처럼 아이들을 빨리 시작시켜야겠다는 충동이 자연스럽게 들었던 겁니다. 비슷한 시기에 영국에서도 로버트 오웬이 비슷한 조기교육을 시도했습니다. 하지만 미국에서나 영국에서나 실험은 실패했습니다. 어린아이들에게 읽기와 쓰기를 가르칠 수 없었지요.

이 책 전반에 걸쳐 저는 요즘 나온 증거와 논거들을 최대한 보여주려고 했습니다. 혹독하고 힘든 세상에 아이들을 가장 잘 준비시키는 방법은 결코 조기교육이 아니라는 증거들이죠. 튼튼한 신뢰와 자율성, 주도성, 소속감, 근면성, 자신감을 가지고 세상에 뛰어드는 아이들은 공부를 잔뜩 한 아이들보다 더 잘 준비가 될 겁니다. 미래에 무엇과 맞닥뜨리게 되든 말이죠. 공부가 성공한 인생을 만들어주지는 않습니다. 오히려 건강한 인격이 성공한 인생을 만드는 거죠.

Ⓠ 아직도 확신이 들지 않네요. 조기의 자극이 효과가 없는지 어떻게 아시나요? 글렌 도먼 같은 사람들이 무언가 알고 있을 수도 있잖아요. 혁신적인 생각을 가졌던 많은 사람들이 동료들로부터 폄

하를 당했죠. 하지만 그건 동료들이 근시안적이고 편협해서 정말로 혁신적이고 중요한 새로운 아이디어를 받아들이지 못한 것이었어요. 혁신적인 사람들과 그들이 내놓은 프로그램에도 기회를 줘야 하지 않을까요?

A 혁신적인 아이디어를 가진 사람들에게 귀를 기울여야 하는 것은 분명합니다. 그들이 프로그램의 효과를 증명할 기회를 줘야 하는 것도 맞고요. 문제는 대부분의 조기교육 프로그램들이 제대로 그리고 체계적으로 조사된 적이 없다는 거예요. 오랜 시간이 지나면 진정으로 혁신적인 아이디어들이 그랬듯이 진실이 드러날 겁니다. 하지만 진실, 과학적 진실은 증명이 되어야 합니다. 신념으로 택할 수 있는 문제가 아니에요. 지금까지의 연구 결과에 따르면 정시적으로나 지적으로 그리고 문화적으로 풍족한 환경에서 돌봐주는 부모와 함께 성장한 아이는 일찍 '자극'을 준다고 해서 너 똑똑해지지 않는다는 증거가 우세합니다.

제 생각에는 우리가 현실을 직시해야 할 것 같습니다. 잘못된 교육은 돈이 되지만 건강한 교육은 그렇지 않죠. 조기교육 옹호자들의 논리가 약해질 수밖에 없는 것은 그런 사람들은 뭔가 물건을 팔고 있기 때문입니다. 그들이 하는 말 중에서 어디까지가 진실이고 어디부터는 물건을 팔기 위한 것인지 구별하는 것은 쉽지 않은 일입니다.

Q 아이를 어린 나이에 여러 프로그램에 등록시키는 동기가 아이에 대한 진짜 걱정 못지않게 지위의 문제인 경우도 많다고 하셨는

데요. 그런 이론도 가능하지만 부모인 저로서는 현실을 직시할 수밖에 없습니다. 우리 아이를 공부 중심의 유치원에 보내지 않는다면 우리 아이는 유치원에서 글을 읽지 않는 반면 다른 또래들은 글을 읽고 있을 거예요. 다른 부모들이 왜 그런 유치원에 아이를 보내는가와는 상관없이 제가 우리 아이를 공부 중심의 유치원에 보내지 않으면 다른 아이들이 우리 아이보다 유리해진다는 말이죠. 이건 정말 부모로서의 문제이지 지위의 문제가 아니에요.

A 질문에 감사드립니다. 어려운 문제지요. 결국 이 문제는 부모만이 풀 수 있는 문제입니다. 다양한 조기교육 프로그램의 장단점에 대해 저는 최대한 많은 증거를 보여주려고 했습니다. 또 부모들이 아이를 압박감이 심한 프로그램에 보내게 되는 동기에 대해서도 자세히 설명하려고 했고요. 아이를 압박감이 심한 프로그램에 보내지 않는 것이 아이에게 해가 된다고, 정말로 그렇게 느끼신다면, 아이를 보내도록 하세요. 길게 보았을 때 부모님이 옳은 일을 하지 않았다고 죄책감을 느끼거나 아이가 해낼 수 있을까 불안감을 느낀다면 그게 오히려 그런 프로그램에 보내는 것보다 더 부정적인 영향을 줄 테니까요.

Q 아내와 저는 둘 다 일을 하고 있기 때문에 세 살배기 딸아이를 집 근처 어린이집 종일반에 맡기고 있습니다. 그런데 어린이집에서 아이에게 읽기를 가르치기 시작했어요. 딸아이는 글자를 따라 쓰는 숙제장을 집에 가져오기까지 합니다. 그 점만 제외하면 우리에게는 아주 이상적인 어린이집입니다. 편리하고, 깨끗하고, 잘 운영되

고, 시간도 마음대로 조정할 수 있고요. 하지만 저희는 선생님의 철학에 동의하고 어린이집이 숙제장 같은 것은 그만뒀으면 좋겠어요. 어떻게 하면 좋을까요?

A 어린이집 원장님과 대화를 통해서 걱정되는 부분을 이야기하세요. 부모들이 그런 것을 원한다고 생각해서 그렇게 하는 어린이집들도 있습니다. 여러 부모가 항의를 한다면 그만둘 거예요. 만약 다른 부모들은 대부분 생각이 다르고 여러분은 계속 아이를 그곳에 보내고 싶다면, 아이가 하는 일에 대해 칭찬해주세요. 지나치게 강조하지는 마시고요. 아이에게 글을 읽어주거나 놀아주거나 재미난 곳에 나들이를 가는 등 함께 시간을 보내세요. 그렇게 하면 아이에게 여러분이 중요하게 생각하는 가치를 전달할 수 있고, 학과 경험에 대해서도 제대로 된 관점을 심어줄 수 있을 겁니다.

Q 제 아들은 11월에 다섯 살이 되는데요, 학교 입학은 10월생까지로 정해집니다. 만약 제가 굳이 입학시키겠다고 하면 학교는 테스트를 통해서 받아줄 거예요. 하지만 선생님이 말씀하신 '나이 효과'를 생각하면 이게 옳은 일일까요? 그리고 저는 사회적 양심을 느끼는데요. 저는 비록 아들을 1년 더 데리고 있을 여유가 되지만 그럴 여유가 안 되는 부모들도 있다는 것을 압니다. 그래서 1년 더 데리고 있자니 약간은 양심의 가책이 느껴집니다.

A 어려운 결정입니다. 결국은 본인의 양심을 따라야 하겠죠. 반에서 가장 어린 아이가 될 경우 남자아이들이 특히 불리하다는 말씀을 드리지 않을 수 없네요. 항상 그런 것은 아니지만 아이가 나이

효과의 피해자가 될 가능성은 언제나 존재합니다. 결국 제 생각에는 아이에게 최선인 것을 생각하셔야 할 것 같습니다. 하지만 그 어떤 아이도 나이 효과로 고생할 필요가 없게 유치원과 1학년의 '해방'을 위해 학교 측을 변화시키려고 노력하는 일은 계속해야 하겠죠. 나이 효과야말로 가장 파괴적인 잘못된 교육이니까요.

Q 우리 아이는 나이 효과의 피해자예요. 아들은 11월생인데 학교 입학 기준이 12월 1일이라서 학교에 들어갔죠. 우리 부부는 둘 다 일을 하기 때문에 아들을 1년 더 데리고 있는 것이 정말 힘들었거든요. 그런데 이제 학교에서 아이를 다시 유치원에 다니게 하는 게 좋겠다는 거예요. 아들이 1학년이 될 준비가 안 되었다고요. 저희는 어쩌면 좋을까요?

A 안타깝게도 아이는 잘못된 교육의 피해자가 분명하네요. 이미 어느 정도 타격을 입었고요. 유급의 부정적 효과에 관해 새로 나온 자료를 보면 진급을 한 아이들도 유급된 아이들만큼 잘해낸다고 합니다. 그러니 아이를 진급시켜달라고 요구하는 것도 좋겠네요. 다만 가능하다면, 저라면 개인 교사를 붙여주어서 공부를 따라가게 해주겠어요. 개인 교사가 아이에게 일대일의 관심을 기울여주면 유급 때문에 손상되었을지도 모를 자신감과 근면성을 회복하는 데도 도움이 될 겁니다.

Q 우리 아이는 영재아고 IQ가 150이 넘습니다. 그리고 말씀하신 대로 정보를 닥치는 대로 집어삼킵니다. 말씀하신 대로 영재아들이

대부분 학교를 지루하고 재미없게 느낀다면 저는 학교교육과 관련해서 아이에게 무엇을 해줘야 할까요?

A 몇 가지 방안이 있습니다. 하나는 학교에 한 학년을 월반시켜 달라고 요구하는 겁니다. 영재아들에게는 나이 효과가 작동하지 않죠. 그리고 이런 아이들은 더 높은 학년이라는 도전 과제가 필요합니다. 조사 결과를 보면 영재아들은 반에서 가장 어린 아이가 되어도 잘 적응하고, 친구를 사귀거나 노는 것 등에도 문제가 없다고 합니다. 일부 학교는 영재아나 특별한 재능을 가진 아이들을 위한 프로그램을 갖고 있는데 이런 프로그램도 도움이 됩니다. 유일한 문제라면 이런 식으로 뽑히는 아이들은 쉽게 알려져서 꼬리표가 붙는다는 것이죠. 이 점은 다소 부정적인 영향이 있을 수 있습니다.

또 하나 도움이 되는 것은 어떤 식으로든 집 밖에서 아이의 경험을 넓혀주는 것입니다. 요즘은 영재아들을 위한 여름학교 프로그램이 많이 있습니다. 이런 프로그램에 가면 다른 똑똑한 아이들도 만날 수 있고 영재아들을 잘 이해하는 어른들도 있어서 아이들이 정말 좋아하죠. 아이가 특정 분야의 영재라면 그 분야의 고등학교 교사나 대학교수를 소개해주는 방법도 있습니다. 많은 교사들이 해당 분야의 영재에 흥미를 느끼고 기꺼이 멘토 역할을 해줍니다. 아이의 독서라든가 기타 활동도 안내해주고요.

Q 제 아들은 나이 효과의 희생자인데 학교에서 잘 따라가지 못합니다. 반면에 동생인 딸아이는 뭐든 잘해요. 딸아이는 봄 출생이고 아들은 가을 출생입니다. 딸아이는 외향적이고 활달한데 아들은 좀

수줍음을 타요. 하지만 무엇보다 중요한 건 딸아이는 똑똑해서 벌써 읽기 능력이 오빠보다도 앞선다는 거예요. 어떻게 해야 아들이 동생보다 못하다고 느끼지 않을 수 있을까요?

A 아이들을 있는 그대로 받아들이고, 가능한 한 비교하지 않도록 애써보세요. 아이가 잘할 수 있는 일을 찾아보고 그걸로 칭찬해주세요. 가장 중요한 것은 아이를 사랑한다는 것과 있는 그대로 받아들인다는 것을 느끼게 해주는 것입니다. 잘 못하는 것 때문에 거부받는다는 느낌을 갖지 않도록 말이죠.

Q 우리 딸은 1학년인데 벌써부터 집에 숙제를 가져옵니다. 1학년도 숙제가 필요한가요?

A 일반적으로 저는 유치원생이나 1학년의 숙제에는 반대 입장입니다. 숙제는 학급 토론이나 발표의 보조물로 사용될 때 가장 유용하니까요. 교사가 숙제를 꼼꼼하게 읽을 수 있는 시간과 에너지가 있다면 숙제가 아이에게 의미 있는 학습 경험이 될 수도 있습니다. 하지만 유치원생과 1학년들은 여전히 숙제장보다는 조작적 활동이 필요합니다. 너무 일찍 '맞다', '틀리다'에 집중하는 것은 부정적인 경험이 될 수 있습니다. 특히나 어리고 따라가기 힘든 아이들에게는 말이죠. 아이가 건강한 근면성과 자신감을 습득한 이후에도 숙제할 시간은 얼마든지 있습니다.

Q 선생님은 유아에게 정규교육을 도입하지 말아야 하는 논거로 장 피아제의 연구를 많이 인용하시는데요, 교육적 결정의 근거로

사용하기에 피아제의 연구는 얼마나 확실한가요?

A 장 피아제는 프로이트와 함께 20세기의 가장 독창적이고 많은 업적을 내놓은 심리학자입니다. 유아 사고의 발달에 관한 피아제의 연구는 세계 곳곳에서 반복되었고 매우 유사한 결과들이 나왔습니다. 따라서 발달단계에 관한 피아제의 설명은 전체 심리학 분야에서도 가장 탄탄한 자료를 갖고 있다고 볼 수 있습니다. 피아제가 교육과정을 제공한 적은 없지만 피아제의 업적은 교육과정을 분석할 때 가장 강력한 도구로 사용됩니다. 피아제의 이론을 바탕으로 아이들의 정신 발달단계에 꼭 맞는 교육과정을 만들 수 있는 거지요.

Q 아이를 몰아붙이는 문제에 대해서는 선생님의 말씀에 동의합니다. 하지만 우리 아이는 도통 동기를 느끼지 못하는 것 같아요. 아이에게 구조적 필요가 있는 것인지 저는 아직도 그 증거를 보지 못했습니다. 하루 종일 텔레비전만 보려는 아이는 어떻게 하시나요?

A 내적인 동기에 얼마나 끌리는지는 아이마다 다릅니다. 하지만 모든 아이가 조금씩은 내적 동기를 갖고 있습니다. 아이가 텔레비전 이외의 활동에는 거의 흥미를 보이지 않는다면 보통은 텔레비전을 탈출구로 이용하고 있는 겁니다. 아이의 동기 부족은 실패나 비난에 대한 두려움에서 비롯되었을 수도 있습니다. 또 뭔가 위험한 정보를 알게 될까 하는 두려움이나 가족 문제에 대처해야 하는 두려움이 원인일 수도 있습니다.

　동기가 없는 아이는 스트레스를 받은 아이입니다. 가장 먼저 할 일은 아이의 당면한 생활 상황을 점검해보는 겁니다. 이혼이나 별거가 있었다면 공포 반응이 생긴 것일 수도 있습니다. 이사를 했거나 동생이 태어났거나 사랑하는 할아버지가 돌아가신 경우에도 마찬가지입니다. 학교 환경이 지나치게 부담되는 경우 겉으로는 동기가 없는 것처럼 보이지만 실제로는 공포 반응일 수 있습니다.

아이의 생활에서 가장 큰 스트레스가 뭔지 알아내 완화시켜줄 수 있다면 아이의 동기를 회복시켜줄 수 있습니다. 이혼이나 죽음의 경우라면 가장 중요한 것은 아이와 함께 이 사건에 관해 대화를 나누는 것입니다. 한 번이 아니라 많은 대화가 필요합니다. 학교 환경에서 느끼는 부담이 심하다면 아이를 그만두게 하고 부담이 덜한 교육 환경으로 옮겨주는 것도 한 방법입니다. 동기가 없다는 이유로 아이를 질책하거나 놀리는 것은 효과도 없고 오히려 역효과를 낳을 수 있습니다.

𝒬 저는 할머니인데요, 선생님 표현대로 하면 '우유 쿠키형 부모'네요. 우리 아이들은 선생님 덕분에 아무 문제가 없었습니다. 문제는 며느리예요. 며느리는 엄청난 '학위형 부모'입니다. 유아들에게 알려진 교육과정이란 과정은 모두 구비하고 있어요. 학습 카드, 책, 테이프, 단어 공부용 전자기기까지 없는 게 없습니다. 그래서 불쌍한 우리 손자는 놀 시간이 없어요. 겨우 18개월인데 말이죠! 틈만 나면 손자는 티슈 박스로 가요. 손자가 가장 좋아하는 장난감이거든요. 하지만 며느리는 언제나 손자에게 반복 훈련을 시킵니다. 우리 아들은, 그 멍청한 놈은 며느리가 그러는 걸 그냥 두고만 봅니

다. 제가 어떻게 하면 좋을까요?

A 저희 어머니 말씀처럼 '휘말리지 마세요'. 세대마다 나름의 실수가 있는 법이지요. 할머니께서 무슨 말씀을 하셔도, 어떤 행동을 하셔도 며느리의 행동은 바뀌지 않을 겁니다. 끼어드신다면 마찰만 생길 뿐이고, 그러면 결국 손자를 자주 못 보시게 될 겁니다. 손자와 있는 시간에는 자녀분들이 그 나이 또래였을 때 함께했던 활동들을 해보세요. 지금으로서는 손자를 맘껏 예뻐하시고 평화를 유지하는 게 손자에게 가장 좋은 일입니다.

Q 제 질문은 방금 말씀하신 할머니와 정반대입니다. 저는 세 살배기 딸에게 부담을 주지 않으려고 노력했어요. 딸에게 책을 많이 읽어주고 함께 산책을 하고 음악을 들려주고 말이죠. 저는 딸아이가 혼자 있는 시간을 꼭 만들어서 주도성을 배울 수 있게 했어요. 그런데 문제는 시어머니입니다. 시어머니는 당신의 딸이 네 살일 때 올림픽 스케이팅을 시키고, 제 남편에게는 체조를 시키려고 했어요. 반항했던 남편은 항상 누나의 그늘에 가려 있어야 했고, 그래서 정서적으로 상처가 많지요. 그런데 이제 시어머니가 제 딸에게도 당신 돈을 들여서 같은 일을 하려고 해요. 저는 어떻게 하면 좋을까요?

A 시어머니께 정말 감사하지만 호의를 받아들일 수가 없다고 말씀하세요. 짧고 다정하게 말씀하시고 자세한 얘기를 하거나 설명을 하지는 마세요. 그랬다가는 논쟁만 불러일으킬 뿐이니까요. 필요한 것은 시어머니에게 확고한 최종 거절 의사를 밝히는 겁니다. 아이

교육은 지금 하는 그대로 계속하시고, 혹시 그 문제가 다시 불거지면 똑같이 정중하지만 최종 의사라는 것을 표현하세요. 그러면 시어머니도 결국 더 이상 얘기해봤자 소용없는 문제라는 것을 깨닫게 될 겁니다.

Q 집에 컴퓨터가 있는데요, 네 살배기 아들이 컴퓨터를 시작해야 할지 고민입니다. 어떻게 생각하시나요?

A 그건 주로 아이에게 달렸습니다. 아이에게 컴퓨터로 놀고 싶은지 물어보세요. 그렇다고 하면 아이에게 키보드를 누르면 화면에 뭐가 나타나는지 보여주세요. 아이가 좋아하면 아이의 이름과 같은 글자 쓰는 법을 보여줄 수도 있겠죠. 또는 아이에게 이야기를 해보라고 하고 받아쓴 다음 다시 아이에게 읽어줄 수도 있고요. 아이가 정말로 관심을 보이고 좋아한다면, 그리고 컴퓨터에 그래픽 기능이 있다면 아이에게 컴퓨터로 기초적인 그림 그리기를 보여줄 수도 있고, 결국은 컴퓨터 게임도 가르쳐줄 수 있겠지요.

반면에 아이가 컴퓨터에 그다지 흥미를 보이지 않는다면 굳이 가르치려고 하지 마세요. 아이가 좀 더 나이를 먹고 관심 패턴이 바뀌면 얼마든지 다시 가르칠 수 있으니까요. 아이가 그쪽으로 관심이 없는데 컴퓨터를 배우라고 강요할 필요는 전혀 없습니다. 준비도 되지 않은 아이에게 강요하면 아이가 이미 가지고 있는 흥미조차 사라질 수 있습니다.

Q 약 1년 전에 시어머니가 자살하셨습니다. 다섯 살 된 아들에게

는 할머니가 어떻게 돌아가셨는지 이야기해주지 않았습니다. 아이는 잘 받아들인 것처럼 보였습니다. 우리는 시어머니에 대한 이야기도 자주 하고 아들도 기분 좋게 할머니를 기억하고 있어요. 그런데 이제 남편은 아이에게 '진실'을 말해주고 싶어합니다. 혹시나 다른 사람에게서 그 이야기를 듣게 될까봐서요. 선생님 생각은 어떠세요?

A 사실 어린아이는 자살을 제대로 이해하지 못합니다. 여섯 살 아이에게 이미 말씀하신 내용 외에 다른 얘기를 더 해야 할 이유는 없어 보이네요. 아이가 청소년이 되면 할머니가 어떻게 돌아가셨는지 들을 시간이 충분히 많이 있을 겁니다. 그리고 그때는 자살이 무엇인지 알 뿐 아니라 어쩌면 할머니의 자살 이유도 일부 이해할 수 있을 거예요. 특히나 할머니가 아픈 상태였다면 말이죠. 남편분의 생각은 조금 멀리 갔다는 얘기를 하지 않을 수가 없네요. 혹시 누군가 잔인하고 사악한 사람이 있어서 아이에게 얘기를 한다고 하더라도, 혹은 아이가 우연히 엿들었다고 하더라도, 여전히 제대로 이해하지 못할 겁니다. 제 생각에는 오히려 남편분이 여전히 어머니가 자살했다는 사실을 받아들이는 데 어려움이 있는 것 같네요. 충분히 이해할 만한 일이지만 남편분은 전문가에게 자신의 감정에 대해 털어놓을 필요가 있습니다. 자신의 집착을 아들에게 전가하지 않도록 말이죠.

Q 그러면 이혼은 어떤가요? 아이에게 이혼은 언제 이야기할 수 있나요? 아이가 이해하지 못한다면 '아빠는 출장가셨어'라고 말하

고 아이가 10대가 될 때까지 거짓말을 해도 되는 건가요?

A 죽음과 이혼은 상당히 다르다는 말씀을 드리고 싶습니다. 아이는 할머니가 돌아가셨다는 이야기를 듣고 할머니를 위해 슬퍼할 수가 있었습니다. 돌아가신 방식은 애도 과정에 도움이 되는 것도 아니니까 굳이 자세히 이야기할 필요가 없는 것이고요. 할머니의 죽음처럼 이혼도 아이에게 꼭 이야기해야 하는 부분입니다. 아이에게 어떤 일이 생길지를 아주 자세하게 설명해주는 것이 중요해요. 아이가 어디에 살게 되고, 누가 아이를 돌봐줄 것이고, 부모는 더 이상 서로를 사랑하지 않지만 여전히 아이를 사랑한다는 얘기를 해주어야 합니다.

하지만 할머니의 죽음을 아주 자세하게 설명할 필요가 없는 것처럼 왜 이혼을 하는지도 아이에게 자세히 설명할 필요는 없습니다. 아이가 감당할 수 있도록 우리가 도와주어야 하는 부분은 죽음이나 이혼이라는 사실 자체지 사건의 원인에 대한 것은 아니니까요. 원인에 집착하는 것은 아이가 아니라 우리 자신입니다.

Q 세 살배기도 들어갈 수 있는 유치원 이전 놀이 과정을 운영하는 학교도 있는데요, 여기에도 역시 나이 효과가 영향을 미치나요?

A 유치원 이전 놀이 과정은 어린아이에게 공적인 돌봄 서비스를 제공하는 곳입니다. 진짜 유치원은 아니에요. 제공되는 프로그램이 나이에 적합하다면 부모에게는 유용한 아이 돌봄 서비스가 될 수 있습니다. 반면에 프로그램이 아이에게 다양한 기술들을 '가르치려고' 든다면 그 결과는 유치원의 영향과 비슷할 겁니다. 어린아이들

이 실패와 실패로 인한 온갖 심리적 결과를 경험하게 되겠죠. 아이들이 공부 때문에 압박을 받는 환경이라면 나이 효과는 세 살배기들 사이에서도 관찰될 수 있다는 게 제 생각입니다.

Q 말씀하시는 종류의 잘못된 교육이 얼마나 널리 퍼져 있나요? 다른 나라에서도 벌어지고 있는 일인가요?

A 캐나다는 미국보다 아동 중심의 프로그램을 가진 편이고, 보다 나이에 적합한 프로그램을 갖고 있습니다. 하지만 캐나다의 부모와 교육자들도 우리가 겪는 압력들을 일부는 똑같이 경험하고 있으니 뒤로 물러서게 될지도 모릅니다.

유럽의 경우는 서유럽이나 동유럽이나 모두 아이들이 6, 7세가 되기 전에는 공부를 시작하지 않습니다. 대부분의 아이들은 6, 7세가 되어야 상징적 학습과 파생적 학습이 가능하니까요. 하지만 최근 실시된 국가 간 학교 성적 비교 때문에 여러 나라가 자신들의 위치를 자각하고 순위를 높여야겠다는 자극을 받게 되었습니다. 안타깝지만 그래서 자주 제안되고 때로는 시행되기도 하는 방법이 바로 아이들에게 더 일찍 공부를 시키는 것입니다. 아직 이런 일이 벌어진 것은 아니지만 이미 스칸디나비아 국가들에서는 그런 압력이 점점 커지고 있습니다.

물론 일본은 특별한 경우입니다. 문화나 전통, 인종에서 워낙 극단적으로 동질적인 나라니까요. 유아기 수준에서는 특정한 능력을 익히는 것보다 아이가 올바른 태도를 가지고 어른의 지도를 받고 열심히 노력하고 맡은 일을 완수하는 것을 더 강조하고 있습니다. 일본은 이제 어머니들이 주로 유아교육을 책임지는데 그로 인한 피해가 벌써 나타나고 있어요. 일본 어머니들 중에는 '양육신경증'이라는 것에 걸리는 사람들도 있습니다. 일부 극단적인 경우지만 자신이나 아이를 실패자라고 느낀 어머니가 아이를 데리고 자살하는 경우까지 생기고 있습니다.

일반적으로 유아교육이 잘못된 정도에 있어서 미국은 다른 국가들보다 10년 정도 앞서 있습니다. 하지만 다른 나라들은 미국의 사회 혁신에서 좋은 부분보다는 나쁜 부분을 자주 모방하기 때문에 다른 나라에서도 잘못된 교육이 늘어날 가능성이 큽니다.

Ɋ 그러면 어떻게 되는 건가요? 선생님 말씀에 따르면 우리는 수많은 어린아이들을 잘못 교육하고 있는 건데요. 이게 미래에 어떤 영향을 주게 되는 건가요?

A 저는 점쟁이도 아니고 점쟁이인 척하고 싶지도 않습니다. 제가 드릴 수 있는 말씀은 제가 임상적으로 느끼는 인상이에요. '이런 일이 벌어지겠구나' 하는 느낌이오.

머리말에서도 이야기했듯이 오늘날 부모들은 70년대나 80년대 초에 아이들을 재촉했던 부모들과는 다릅니다. 지금의 10대들은 재촉을 받은 아이들이고 주로 스트레스 징후를 보이지요. 너무 일찍 너무 심하게 몰아붙여서 나타나는 징후들이에요. 저는 90년대의 10대들은 지금의 10대들보다 신경증을 더 많이 가지고 있을 거라고 짐작합니다. 지금의 10대들보다 집착이나 강박, 공포증, 심신 증상을 더 많이 보일 거예요.

다만 제가 짐작이 가지 않는 부분은 문제의 범위입니다. 우리가 가정과 학교에서 벌어지는 잘못된 교육의 위험성을 깨닫는다면 손상 범위는 그렇게 크지 않고 영향을 받는 아이들의 수도 비교적 적을 수 있습니다. 하지만 우리가 잘못된 교육이 어린아이들에게 무슨 짓을 저지르고 있는지 인정하지 않는다면, 상당수의 미래 세대가 성격상의 문제를 겪거나 일을 시시하게 느끼는 사람이 될 위험이 있습니다.

Q 이 많은 잘못된 교육을 멈추기 위해 우리는 무얼 할 수 있을까요?

A 우리 사회의 특징 가운데 하나는 문제를 인식하면 뭔가 조치를 취하려고 한다는 점입니다. 우리 사회는 점차 잘못된 교육의 원인과 위험성을 인식해가고 있다고 생각합니다. 잘못된 교육에 반대 목소리를 높이는 전문가들도 늘고 있고, 미디어도 이렇게 변화된 심리를 반영하기 시작했습니다.

우리는 모든 부모에게 슈퍼키드 심리의 부조리와 잘못된 교육의 위험성뿐만 아니라 건강한 교육의 가치에 관해 재교육을 실시해야 합니다. 재교육이 필요한 것은 부모들만이 아닙니다. 유능한 아이라는 사고방식에 사로잡혀 있는 교사나 행정가, 입법가들도 재교육이 필요합니다.

자유의 대가는 끊임없는 경계심이라고들 합니다. 건강한 교육의 대가도 마찬가지입니다. 아이들도 자기 나름의 권리와 욕구, 특수한 능력, 나름의 학습 우선순위를 가진 사람이라는 점에 유의하지 않는다면, 언제든 우리는 잘못된 교육을 저지르게 될 겁니다. 부모와 교육자들은 아이들이 지닌 특수한 속성을 잊지 않도록 끊임없이 경계해야 합니다. 이것이 높은 대가라면 대가일 수도 있지만 그 대가의 결과는 충분히 그럴 만한 가치가 있습니다. 건강하고, 행복하고, 책임감 있고, 많은 것들을 이뤄내는 젊은 세대를 보게 될 테니까요.

1장 건강한 교육, 잘못된 교육

1. U. S. Census Bureau. Statistical Abstract of the United States, 106th edition, 1986.

2. National Association for the Education of Young Children Education Information Service. 1834 Connecticut Ave. N. W., Washington, DC 20009.

3. *Parenting Advisor*, vol. 2, 7, July–August 1986.

4. Ibid.

5. Ibid.

6. *New Age Journal*, January 1985, 54쪽.

7. *Child Magazine*, October 1986, 96쪽.

8. R. Lacayo, "Getting Off to a Quick Start," *Time*, Oct. 8, 1984.

9. E. B. Fiske, "Early Schooling Is Now the Rage," *New York Times*, Apr. 13, 19, 1986, 24~30쪽.

10. Early Childhood Literacy Development Committee of the International Reading Association, "Lieracy Development and Pre–First Grade," *Young Children*, 1986, 10~11쪽.

11. G. Doman, *Teach Your Baby to Read*, London: Jonathan Cape, 1961, 116쪽.

12. S. Engelmann and T. Engelmann, *Give Your Child a Superior Mind*, New York: Cornerstone, 1983, 102쪽.

13. S. Ledson, *Raising Brighter Children*, Toronto: McClelland and Stewart, 1983, 68쪽.

14. S. Ludington-Hoe, *How to Have a Smarter Baby*, New York: Rawson Associates, 1985, 3쪽.

15. S. Prudden, *Suzy Prudden's Exercise Program for Young Children*, New York: Workman, 1983, 3쪽.

16. D. Rylko, *Watersafe Your Baby in One Week*, Reading, MA: Addison-Wesley, 1981, xvi쪽.

17. B. Bloom, *Developing Talent in Young People*, New York: Ballantine, 1985, 271~272쪽.

18. Ibid., 273쪽.

19. Ibid., 25쪽.

20. J. Cox, N. Daniel, and B. D. Boston, *Educating Able Learners*, Austin, TX: University of Texas Press, 1985.

21. Ibid., 13쪽.

22. Ibid., 20쪽.

23. Ibid., 21쪽.

24. Ibid., 21쪽.

25. Ibid., 22~23쪽.

26. Ibid., 23쪽.

27. Ibid., 23쪽.

28. J. Eccles, S. G. Timmer, and K. O'Brien, *Time, Good and Well Being*. Ann Arbor, MI: Institute for Social Research, 1985.

2장 슈퍼키드 심리: 잘못된 교육을 실천하는 부모들의 유형

1. "Kiddies in the fast lane," *Time*, Sept. 9, 1985, 57쪽.

2. J. S. Mill, *Autobiography*, London: Oxford University Press, 1924.

3. N. Wiener, *Ex-Prodigy, My Childhood and Youth*, New York: Simon & Schuster, 954.

4. L. White, "Sports Training Injuring Children," *Boston Globe*, Feb. 11, 1985.

5. C. Rux, "Are the Stakes Too High in the Kiddie Beauty Game?", *Abilene Reporter News*, Dec. 30, 1984.

6. Ibid.

7. B. Greene, *Good Morning Mary Sunshine*, New York: Penguin, 1985, 22쪽.

3장 유능한 아이: 저소득층 교육 프로그램의 왜곡

1. J. Bowlby, *Child Care and the Growth of Love*, London: Penguin, 1950, 16쪽.

2. L. Lipsitt, "Babies Are Lot Smarter Than They Look," *Psychology Today*, Dec. 1971, 23쪽.

3. J. B. Watson, *Behavior: An Introduction to Comparative Psychology*, New York: Holt, 1914/1958, 104쪽.

4. J. S. Bruner, *The Process of Education*, Cambridge, MA: Harvard University Press, 1962, 22쪽.

5. 브루너는 자신의 가설이 실제로 반박된 적은 한 번도 없다고 믿고 있다. 하지만 그의 가설은 널리 오해된 것도 사실이다. 유아에 관해 브루너는 내게 이렇게 이야기했다. "언제나 아이가 지금 어디쯤 와 있는지를 아주 정확히 알고 있어야 하네. 그래야 아이의 이해 수준과 한계에 맞게 교재를 조정하지."

6. B. Bloom, *Stability and Change in Human Charateristic*, New York: Wiley, 1964, 207~208쪽.

7. Ibid., 214쪽.

8. 블룸은 여전히 학습에서 어린 시절이 매우 중요하다고 생각한다. 하지만 이 말을 읽기, 쓰기, 셈하기를 배워야 한다는 뜻으로 해석하는 사람들을 보면 개탄을 금치 못한다. "내가 보기에 정말 방향이 잘못된 것은 일부 부모와 유치원 프로그램이 아이들에게 읽기, 쓰기, 간단한 셈하기를 가르치려고 시도하는 것이다. (…) 나는 이 중대한 시기의 학습 경험이 보다 중요한 목표에 맞춰져야 한다고 믿는다. 이 시기는 아이들이 보통 1, 2학년 때 배우는 특정 기술이 아니라 '배우는 법'을 배워야 할 때이다. (…) 아이들이 6, 7세에 읽기를 배우는 게 좋다는 말은 더 어릴 때 배우면 더 좋다는 뜻이 아니다. 아이에게 읽기, 쓰기, 셈하기를 일찍 가르치려고 소중한 유아기를 빼앗는 것은 결코 정당화될 수 없다고 생각한다." B. Bloom, *All Our Children Learning*, New York: McGraw-Hill, 1981, 69~70쪽.

9. J. McV. Hunt, *Intelligence and Experience*, New York: Ronald, 1961, 362~363쪽.

10. F. L. Goodenough, in L. Carmichael (ed.), *Manual of Child Psychology*, New York: Knopf, 1954, 75~76쪽.

11. P. Aries, *Centuries of Childhood*, New York: Knopf, 1960, 75쪽.

12. L. Pollack, *Forgotten Children*, Cambridge: Cambridge University Press,

1983, 267~268쪽.

13. D. P. Gardener and Y. W. Larsen, *A Nation at Risk*, National Commission on Excellence in Education, U. S. Department of Education, 1983.

4장 지위와경쟁: 사회적 압력으로 인한 조기교육

1. T. Veblen, *The Theory of the Leisure Class*, New York: Modern Library, 1934, xiv쪽.

2. C. Tuhy, "The Care and Feeding of Suprebabies," *Money*, Nov. 1984, 88~94쪽.

3. E. Bowen, "Trying to Jumpstart Toddlers," *Time*, Apr. 1986, 7, 66쪽.

4. R. Coles, *Privileged Ones*, Volume V of *Children of Crisis*, Boston: Little, Brown, 1977, 369~370쪽.

5. A. Toffler, *The Third Wave*, New York: William Morrow & Co., 1980.

6. J. Martin, *Miss Manners' Guide to Raising Perfect Children*, New York: Atheneum, 1984, 9쪽.

7. G. Malesky, "Boost Your Baby's Brain Power," *Children*, 1985, 50~52쪽.

8. L. Langley et al., "Bringing Up Superbaby," *Newsweek*, Mar. 18, 1983.

9. D. W. Johnson et al., "Review of Research on Competition and Achievement. Effects of Cooperation, Competition and Individualized Goal Structure on Achievement: A Metanalysis," *Psychological Bulletin*, 89, 1981, 47~62쪽.

10. R. L. Helmreich et al., "Achievement Motivation and Scientific Attainment," *Personality and Social Psychology Bulletin*, April 1978, 222~226쪽.

11. D. Sanders, "The Relationship of Attitude Variables and Explanations of Perceived and Actual Career Attainment in Male and Female Businesspersons," 미출판 박사 학위 논문, University of Texas at Austin, 1978.

12. T. J. Peters, *In Search of Excellence: Lessons from America's Best*, New York: Warner Books, 1984.

5장 신뢰와자율 vs 불신과수치, 의구심

1. L. A. Stroufe et al., "The Role of Affect in Emerging Social Competence,"

in C. Izard, J. Kagan, and R. Zajonc (eds.), *Emotion, Cognition and Behavior*, New York: Cambridge University Press, 1984, 289~318쪽.

2. A. Sagi et al., "Security of Infant-Mother-and-Metapelet Attachments Among Kibbutz-Reared Israeli Children," in I. Bretherton and E. Waters (eds.), *Growing Points of Attachment Theory and Research. Monographs of the Society for Research in Child Development*, 50 (1-2 Serial No. 209), 1985, 257~275쪽.

3. 이는 돌봐주는 사람이 양질의 보살핌을 제공했을 때에만 유지되는 결론이다.

4. B. Spock, "Kids and Sperkids," *Omni*, Sept. 1985, 28~29쪽.

5. E. Erickson, *Childhood and Society*, New York: Norton, 1950, 79쪽.

6. Ibid., 252~253쪽.

7. S. Freud, "Character and Anal Eroticism," *Collected Papers*, Vol. II, London: The Hogarth Press, 1949, 45~46쪽.

8. 유아 성욕을 이야기할 때 프로이트가 '성욕sexuality'이라는 단어를 넓은 의미로 썼다는 점을 기억해야 한다. 프로이트는 성욕을 식욕이나 배설 욕구, 성적 만족 욕구 등에 공통되어 있는, 점진적 흥분과 갑작스런 흥분의 감소라는 패턴을 나타내는 뜻으로 사용했다. 예컨대 배고픔은 몇 시간에 걸쳐 천천히 커지지만 음식을 섭취하면 빠르게 감소한다. 마찬가지로 배설 욕구도 천천히 커지다가 배설 후 빠르게 감소한다. 성욕도 분명 똑같은 패턴을 갖고 있다. 유아의 식욕과 배설 욕구를 '성적'이라고 묘사하는 것은 이렇듯 넓은 의미에서 흥분의 점진적 증가와 갑작스런 감소라는 똑같은 패턴을 공유한다는 점 때문이다.

9. J. B. Watson, *Psychological Care of the Infant and Child*, New York: W. W. Norton, 1928.

10. C. A. Aldrich and N. M. Aldrich, *Babies Are Human Beings*, 2nd ed., New York: The Macmillan Co., 1954.

11. D. G. Prugh, "Personality Development Through Childhood," in H. C. Stuart and D. G. Prugh (eds.), *The Healthy Child*, Cambridge, MA: Harvard University Press, 1960.

12. G. A. Gesell and H. Thompson, "Twins T and C from Infancy to Adolescence," *Genetic Psychology Monographs*, 24, 1941, 3~121쪽. McGraw, M., *Growth: A Study of Johnny and Jimmy*, New York: Appleton-Century

Crofts, 1935.

13. D. Rylko, *Watersafe Your Baby in One Week*, Reading, MA: Addison-Wesley, 1981, 29쪽.

6장 주도성과 소속감 vs 죄책감과 소외

1. E. Erikson, *Childhood and Society*, New York: Norton, 1950, 255쪽.

2. J. Bruner, "Learning How to Do Things with Words," in J. Bruner and A. Garton (eds.), *Human Growth and Development*, Oxford: Clarendon Press, 1978.

3. J. Piaget, *Play, Dreams and Imitation in Childhood*, New York: Norton, 1951.

4. E. Linden, *Apes, Men and Language*, New York: Saturday Review Press, 1974.

5. J. Piaget, *The Child's Conception of the World*, London: Routledge & Kegan Paul, 1951.

6. J. Piaget, *The Language and Thought of the Child*, London: Routledge & Kegan Paul, 1952.

7. M. E. Bonney, "A Sociometric Study of Some Factors Relating to Mutual Friendships at the Elementary, Secondary and College Levels," *Sociometry*, 9, 1946, 21~47쪽. W. W. Hartup, "Peer Interaction and Social Organization," in P. H, Mussen (ed.), *Carmichael's Manual of Child Psychology*, New York: John Wiley & Sons, 1970.

8. J. R. Staffieri, "A Study of Social Stereotypes of Body Image in Children," *Journal of Personality and Social Psychology*, 7, 1967, 101~104쪽. N. Cavoir and P. R. Dorecki, "Physical Attractiveness, Preceived Attitude Similarity and Academic Achievement as Contributors to Interpersonal Attractiveness Among Adolescents," *Developmental Psychology*, 7, 1973, 44~54쪽.

9. E. Goffman, *Frame Analysis*, New York: Harper & Row, 1974.

10. R. H. McKey et al., *The Impact of Head Start on Families and Communities*, Washington, DC: CSR, 1985. 헤드스타트 프로그램 종합 평가 및 이용 계획에 관한 최종 보고서.

7장 근면성과 자신감 vs 열등감과 무력감

1. M. Jansen, "Denmark," in J. Downing (ed.), *Comparative Reading*, New York: Macmillan, 1973.

2. P. Ruthman, "France," in J. Downing (ed.), *Comparative Reading*, New York: Macmillan, 1973.

3. T. Sakamoto and K. Makita, "Japan," in J. Downing (ed.), *Comparative Reading*, New York: Macmillan, 1973.

4. J. K. Uphoff and J. Gilmore, "Pupil Age at School Entrance—How Many Are Ready for Success," *Educational Leadership*, Sept. 1985, 86~90쪽.

5. B. M. C. McCarty, "The Effect of Kindergarten Non-Promotion of the Developmentally Immature on Self-Concept, Peer Acceptance, Academic Aptitude, Classroom Adjustment and Academic Achievement," 미출판 박사 학위 논문, University of the Pacific, Stockton, CA, 1986.

6. L. B. Miller, and R. P. Bizzell, "Long Term Effects of Pre-School Programs 6, 7, 8th Grades," *Child Development*, 1983, 725~741쪽.

7. L. J. Schweinhart, D. P. Weikart, and M. P. Lerner, "A Report on the High/Scope Preschool Curriculum Models Through Age 15," *Early Childhood Research Quarterly*, 1, 1985, 15~45쪽.

8. R. Haskins, "Public School Aggression Among Children with Varying Day-Care Experience," *Child Development*, 1985, 689~703쪽.

9. E. Lennenberg, *Biological Foundations of Language*, New York: Wiley, 1967.

10. M. E. T. Seligman, *Helplessness: On Depression, Development and Death*, San Francisco: Freeman, 1975.

11. C. Dweck, "Bases of Facilitating and Debilitating Cognitive-Affective Patterns," Toronto, Canada, 1985. 2년마다 열리는 아동발달연구학회의 정기 학술대회에 제출된 논문이다.

12. T. Schwartz, "Whiz Kids," *New York* magazine, Sept. 1984, 42쪽.

13. Ibid., 44쪽.

14. J. W. Getzel and P. W. Jackson, *Creativity and Intelligence*, New York: Wiley, 1962.

15. R. Reagan, "To Know a Genius," *Parade* magazine, Apr. 9, 1983.

16. V. Goertzel and M. G. Goertzel, *Cradles of Eminence*, Boston: Little,

Brown, 1962, 248쪽.

17. Ibid., 241쪽.

8장 내 아이를 위한 건강한 선택

1. Gesell Institute of Human Development, *A Gift of Time … A Developmental Point of View*, New Haven, CT: 1982.

2. G. R. Gredeler, "Transition Classes: A Viable Alternative for the At Risk Child?", *Psychology in the Schools*, 21, 1984, 463~470쪽.

3. L. A. Shephard and M. L. Smith, "Effects of Kindergarten Retention at the End of First Grade," *Psychology in the Schools*. 인쇄 중인 상태의 글을 참고.

4. L. A. Shephard and M. L. Smith, "Synthesis of Research on School Readiness and Kindergarten Retention," *Educational Leadership*, 44, 1986, 78~86쪽.

5. J. K. Uphoff, "Age at School Entrance: How Many Are Ready for Success," *Educational Leadership*, Sept. 1985, 86~90쪽.

6. P. E. Tawhinney, "We Gave Up on Early Entrance," *Michigan Education Journal*, May 1964.

7. G. R. Diamond, "The Birthdate Effect—A Maturational Effect," *Journal of Learning Diabilities*, Mar. 16, 1983, 161~164쪽.

8. J. E. Gilmore, "How Summer Children Benefit from a Delayed Start in School," Cincinnati, May 1984. 오하이오학교심리학자협회Ohio School Psychologists Association에 제출된 논문.

참고 문헌

Aries, P., *Centuries of Childhood*, New York: Knopf, 1962.

Bloom, B., *Stability and Change in Human Characteristics*, New York: Wiley, 1964.

Bloom, B., *All Our Children Learning*, New York: McGraw-Hill, 1981.

Bloom, B., *Developing Talent in Young People*, New York: Ballantine, 1985.

Brazelton, T. B., *Toddlers and Parents: A Declaration of Independence*, New York: Delacorte, 1974.

Bruner, J. S., *The Process of Education*, Cambridge, MA: Harvard University Press, 1962.

Bruner, J. S., *Actual Minds, Possible Worlds*, Cambridge, MA: Harvard University Press, 1986.

Coles, R., *Privileged Ones*, Vol. V of *Children of Crisis*, Boston: Little, Brown & Co., 1977.

Cox, J., N. Daniel, and B. D. Boston, *Educating Able Learners*, Austin, TX: University of Texas Press, 1985.

DeMauss, L. (ed.), *The History of Childhood*, New York: Psychohistory Press, 1974.

Demos, J., "Developmental Perspectives on the History of the Childhood," in T. Rabb and R. Rotberg (eds.), *The Family in History*, New York: Harper & Row, 1973: 127~140.

Doman, G., *Teach Your Baby to Read*, London: Jonathan Cape, 1963.

Doman, G., *Teach Your Baby Math*, New York: Pocket Books, 1982.

Eastman, P., and J. L. Barr., *Your Child Is Smarter than You Think*, New York:

Morrow, 1985.

Engelmann, S., and T. Engelmann, *Give Your Child a Superior Mind*, New York: Cornerstone, 1986.

Erikson, E. H., *Childhood and Society*, New York: Norton, 1950.

Fraiburg, S., *The Magic Years*, New York: Scribners, 1959.

Freud, S., *The Ego and the Id*, Standard edition, vol. 21, London: Hogarth Press, 1961.

Froebel, F., *The Education of Man*, New York: D. Appleton & Co., 1893.

Getzels, J. W., and P. Jackson, *Creativity and Intelligence*, New York: Wiley, 1962.

Goertzel, V., and M. G. Goertzel, *Cradles of Eminence*, Boston: Little, Brown, 1962.

Goffman, E., *Frame Analysis*, New York: Harper Colophon Books, 1974.

Green, J. A., *The Educational Ideas of Pestalozzi*, New York: Greenwood, 1914.

Greene, B., *Good Morning Mary Sunshine*, New York: Penguin, 1985.

Inhelder, B., and J. Piaget, *The Growth of Logical Thinking from Childhood Through Adolescence*, New York: Basic Books, 1958.

Ledson, S., *Raising Brighter Children*, Toronto: McClelland and Stewart, 1983.

Linden, E., *Apes, Men and Language*, New York: Saturday Review Press/E. P. Dutton, 1985.

Ludington-Hoe, S., *How to Have a Smarter Baby*, New York: Rawson Associates, 1985.

McGraw, M. B., *Growth: A Study of Johnny and Jimmy*, New York: Appleton-Century Crofts, 1935.

McKay, R. H., L. Cordelli, H. Ganson, B. Barrett, C. McConkey, and M. Plantz, *The Impact of Head Start on Children, Families, and Communities*, Washington: CSR, Inc., 1985.

Mill, J. S., *Autobiography*, London: Oxford University Press, 1924.

Montessori, M., *The Montessori Method*, New York: Schocken, 1964.

Moore, R., and D. N. Moore, *School Can Wait*, Provo, UT: Brigham Young University Press, 1979.

Papert, S., *Mindstorms*, New York: Basic Books, 1980.

Piaget, J., *The Psychology of Intelligence*, London: Routledge & Kegan Paul, 1950.

Piaget, J., *The Child's Conception of the World*, London: Routledge & Kegan Paul, 1951.

Piaget, J., *The Language and Thought of the Child*, London: Routledge & Kegan Paul, 1952.

Piaget, J., *The Origins of Intelligence in Children*, New York: International Universities Press, 1952.

Piaget, J., *The Construction of Reality in the Child*, New York: Basic Books, 1954.

Piaget, J., *Play, Dreams and Imitation in Children*, New York: Norton, 1962.

Pollack, L., *Forgotten Children*, Cambridge: Cambridge University Press, 1983.

Postman, N., *The Disappearance of Childhood*, New York: Delacorte, 1982.

Rousseau, J. J., *Emile*, New York: E. P. Dutton, 1955.

Skinner, B. F., *The Behavior of Organisms*, New York: Appleton-Century Crofts, 1938.

Spock, B., *Baby and Child Care*, New York: Pocket Books, 1976.

Turkle, S., *The Second Self*, New York: Simon & Schuster, 1984.

Veblen, T., *The Theory of the Leisure Class*, New York: Modern Library, 1934.

Watson, J. B., *Behaviorism*, New York: Norton, 1925.

White, B. H., *The First Three Years of Life*, Englewood Cliffs, NJ: Prentice-Hall, 1975.

Wiener, N., *Ex-Prodigy: My Childhood and Youth*, New York: Simon & Schuster, 1954.

미리
배우지 않아도
좋아요

발행일   2015년 9월 10일 (초판 1쇄)

지은이   데이빗 엘킨드
옮긴이   이지연
펴낸이   이지열
펴낸곳   미지북스
          서울시 마포구 성암로 15길 46(상암동 2-120번지) 201호
          우편번호 121-830
          전화 070-7533-1848   팩스 02-713-1848
          mizibooks@naver.com
          출판 등록 2008년 2월 13일 제313-2008-000029호

책임 편집 서재왕
출력   상지출력센터
인쇄   한영문화사

ISBN   978-89-94142-43-2 03370
값   12,800원

· 블로그 http://mizibooks.tistory.com
· 트위터 http://twitter.com/mizibooks
· 페이스북 http://facebook.com/pub.mizibooks